예제로 배우는
CATIA V5 기초

예제로 배우는
CATIA V5 기초

Part Design, Surface Design

김한승·강병호·김창완 지음

좋은땅

① CATIA V5 시작하기   7

② Part Design   11

    1   Pad, Pocket   12

    2   Chamfer, Fillet   26

    3   Shaft, Groove   43

    4   Multi-sections Solid   58

    5   Removed Multi-sections Solid   70

    6   New Plane Definition   81

③ Generative Shape Design   103

    1   Sweep, Trim   104

    2   Multi-Section Surface   121

    3   Offset, Intersection, Projection   146

    4   Extrude, Sweep   166

    5   Revolve   190

1

CATIA V5 시작하기

1. CATIA V5 초기 화면을 빈 화면으로 시작하기

- 기본적으로 CATIA V5를 실행하게 되면 Assembly가 실행이 된다.
- 다른 Workbench를 사용하기 위해서는 매번 창을 닫아야 하기 때문에 실행 시 빈 화면으로 시작 되도록 설정하는 것이 좋다.
- [고급 시스템 설정(시스템 속성) 실행 → 고급 → 환경 변수(N) → 새로 만들기(W)]을 실행하고 그림과 같이 입력한다.

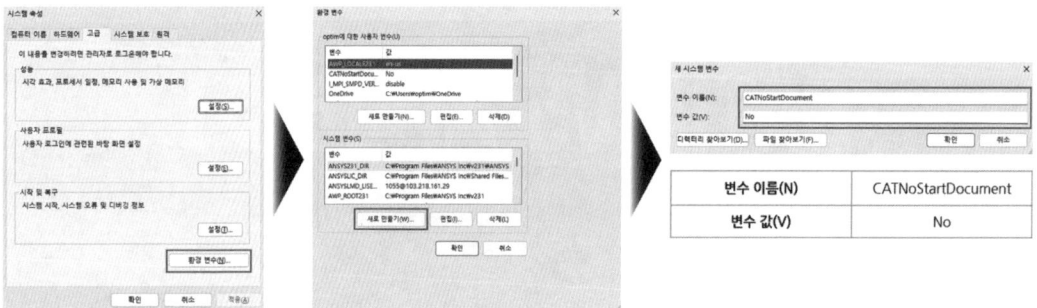

2. User Interface Language 설정

- [PullDownMenu: Tool → Customize → Options]에서 User Interface Language를 'English'로 선택한다.
- 기본 값은 시스템 OS 언어로 설정되어 있으며, 변경 후 CATIA V5를 재시작해야 한다.

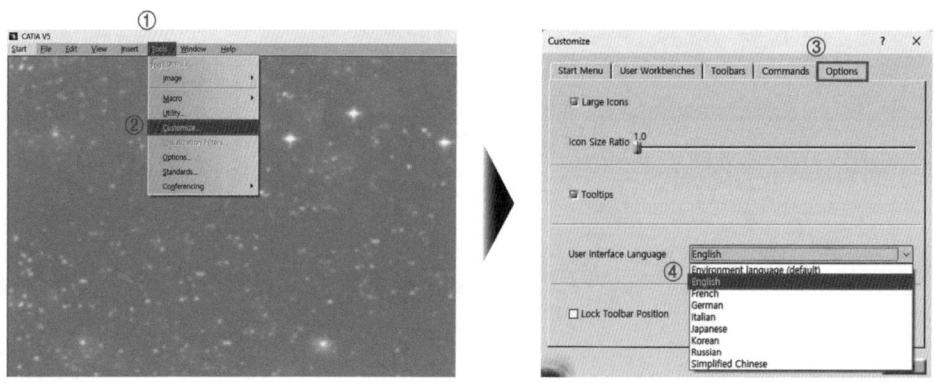

3. 단축키 설정하기

- [View → Toolbars → Customize → Commands]를 클릭한다.
- 단축키를 설정하고자 하는 Command를 선택하고 [Show Properties]를 클릭하고 [Accelerator]에 원하는 단축키 조합을 입력한다.

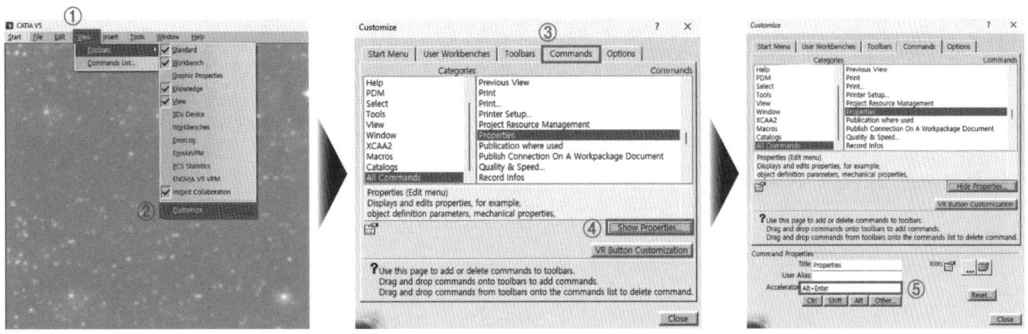

4. 마우스 조작법

① 피처 이동(Move): ⓒ 버튼을 누른 상태를 유지한 상태로 마우스를 움직인다.

② 확대 & 축소(Zoom In & Out): Ⓑ, ⓒ 버튼을 동시에 누른 후 Ⓑ 버튼을 놓고 마우스를 상(확대), 하(축소) 방향으로 움직인다.

③ 회전(Rotate): Ⓑ, ⓒ 버튼을 동시에 누른 상태로 마우스를 원하는 방향으로 움직인다.

④ 속성: Ⓑ 버튼을 클릭한다.

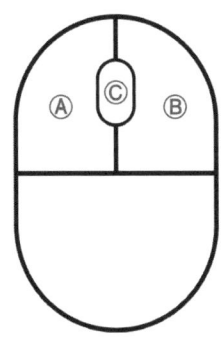

Ⓐ	마우스 왼쪽 버튼
Ⓑ	마우스 오른쪽 버튼
ⓒ	마우스 휠 버튼

2
Part Design

1. Pad, Pocket

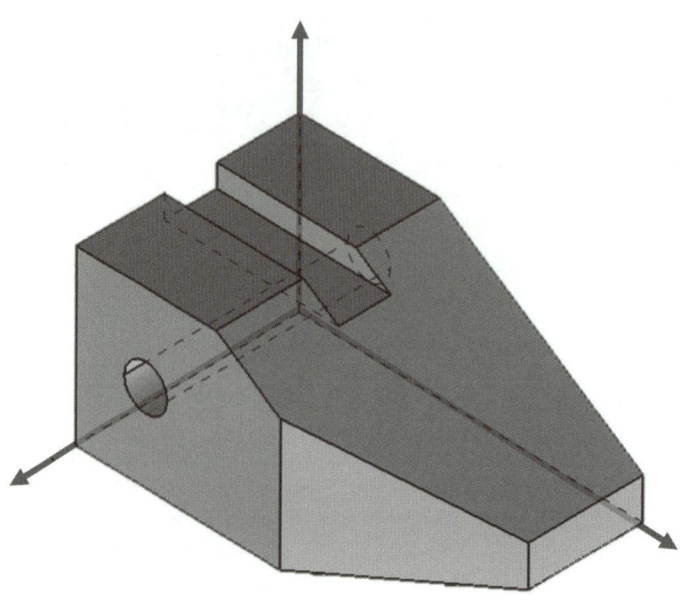

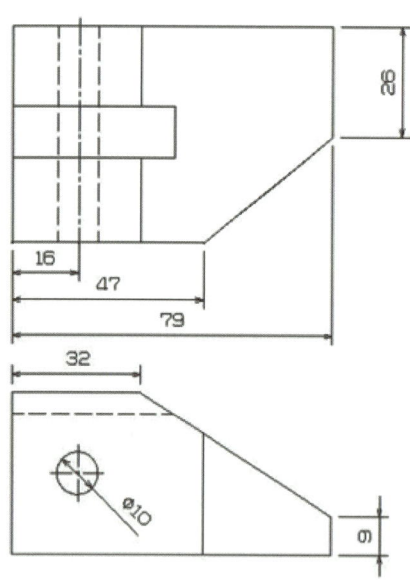

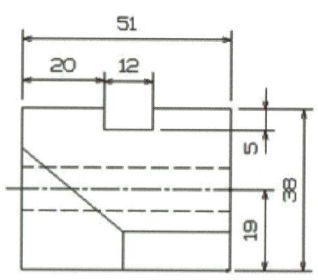

1-1. Pad, Pocket

- [PullDownMenu: Start → Mechanical Design→ Part Design]을 실행한다.
- [Enter part name]에 'Partdesign1'을 입력한 뒤 다음과 같이 설정하고 [OK]를 클릭한다.

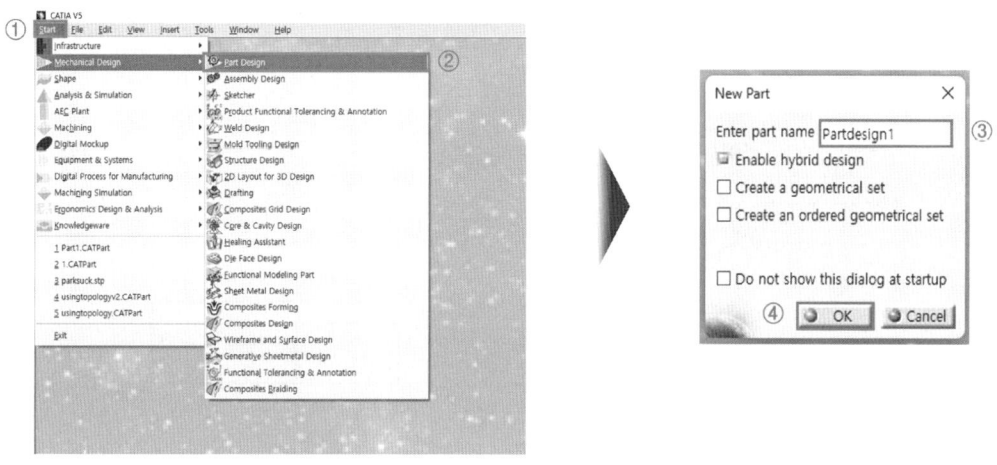

- [Specification Tree]에 xy Plane을 선택한 상태로 [Sketcher:]를 클릭한다.
- [Sketch Tool]에 [Snap to Point:]를 클릭하여 비활성화 한다.

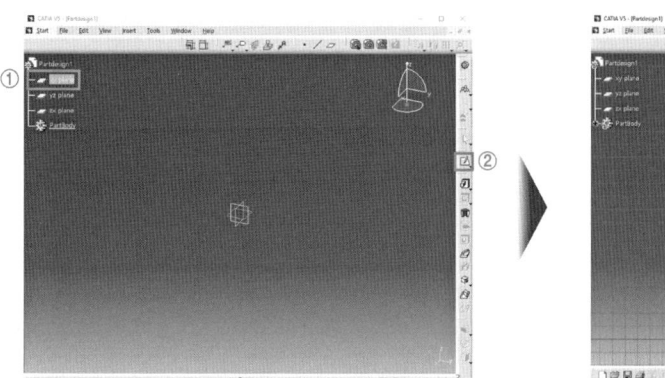 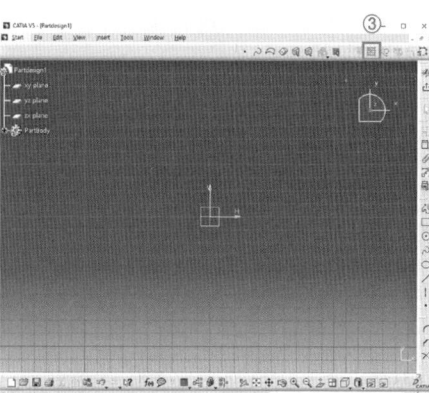

2. Part Design

1-2. Pad, Pocket

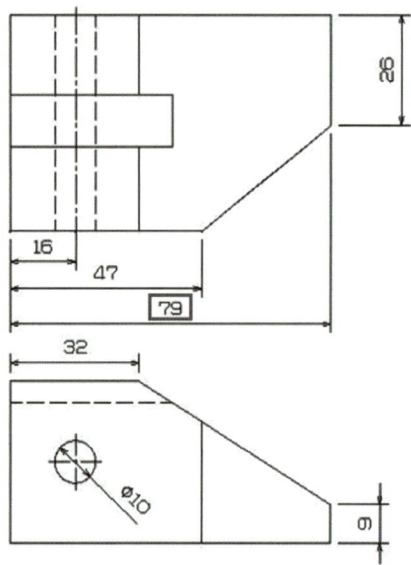
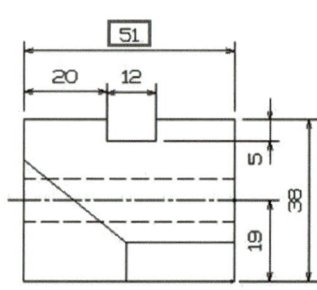

- [Rectangle: 🔲]을 클릭하고 좌측 하단 꼭짓점이 중심점과 일치하도록 사각형을 그린다.
- [Constraint: 📐]을 클릭하고 사각형의 가로 길이(가로선 클릭)와 세로 길이(세로선 클릭)을 정의한다.

＊Icon을 Double Click하면 명령을 연속으로 수행할 수 있다.(명령 취소: ⟨ESC⟩)

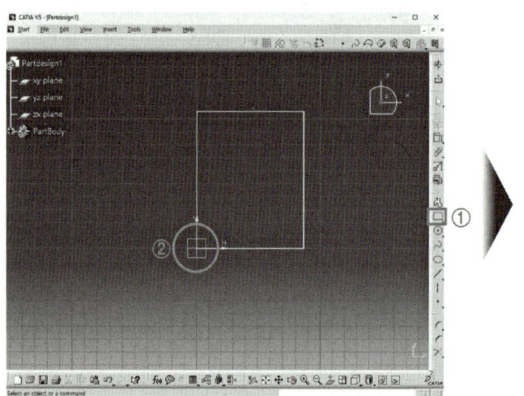
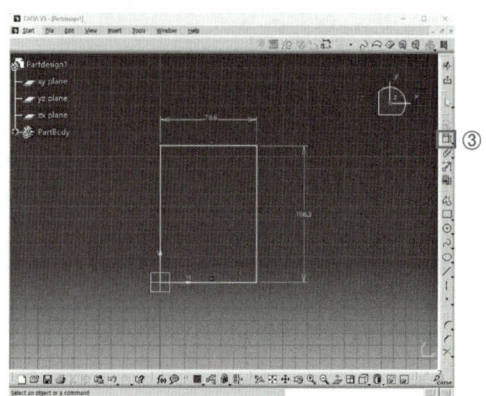

1-3. Pad, Pocket

- 각 치수선을 더블클릭하여 도면에 맞게 치수를 기입한 뒤 [OK]를 클릭한다.
- 모든 치수 입력이 완료되었다면 [Exit workbench:]을 클릭하여 Sketch를 종료한다.

  *Sketch를 종료하기 전 완전정의(모든 선이 초록색)가 되었는지 꼭 확인해야 한다.

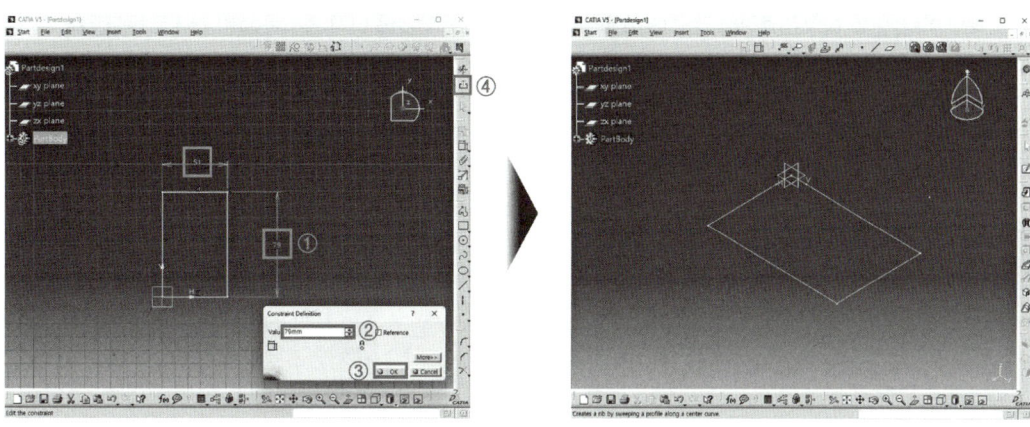

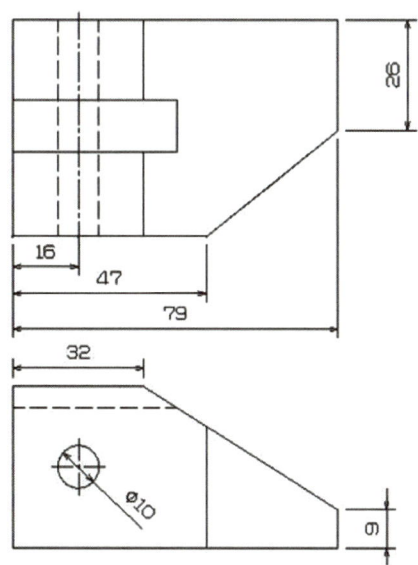

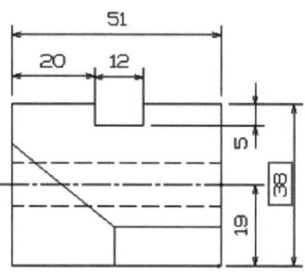

1-4. Pad, Pocket

- Sketch-Based Features의 [Pad: 🗗]를 클릭하고 Sketch.1을 직접 클릭하거나 [Specification Tree]에서 [Sketch.1]을 클릭한다.
- [Type: Dimension], [Length: 38mm]로 설정하고 [OK]를 클릭한다.

> * [Specification Tree]의 선 부분을 클릭한 경우 3D 피처의 색상이 변하며 피처 조작이 비활성화되므로 주의해야 한다. 만약 실수로 클릭한 경우 [Specification Tree]의 선 부분을 다시 클릭하면 원 상태로 돌아온다.

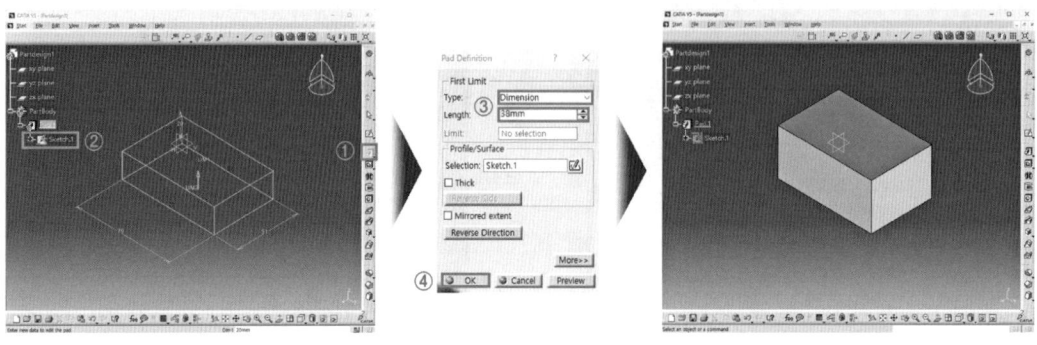

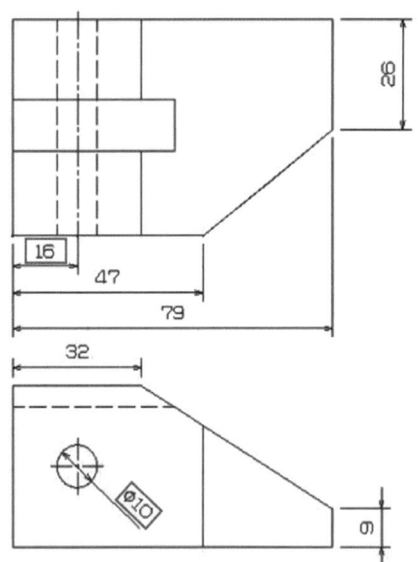

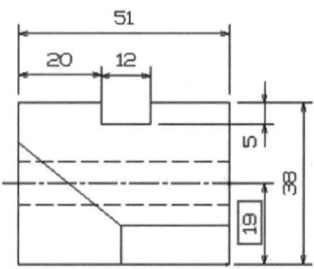

1-5. Pad, Pocket

- Pad 된 피처에 정면 Plane을 선택한 상태로 [Sketcher:]를 클릭한다.
- [Circle:]을 사용하여 Plane 위에 원을 스케치 한 후 [Constraint:]을 사용하여 다음과 같이 정의한다. - [D:10mm/중심점으로부터 원 중심까지의 y 방향 거리: 16mm/중심점으로부터 원 중심까지의 z 방향 거리: 19mm]
- 모든 치수 입력이 완료되었다면 [Exit workbench:]을 클릭하여 Sketch를 종료한다.

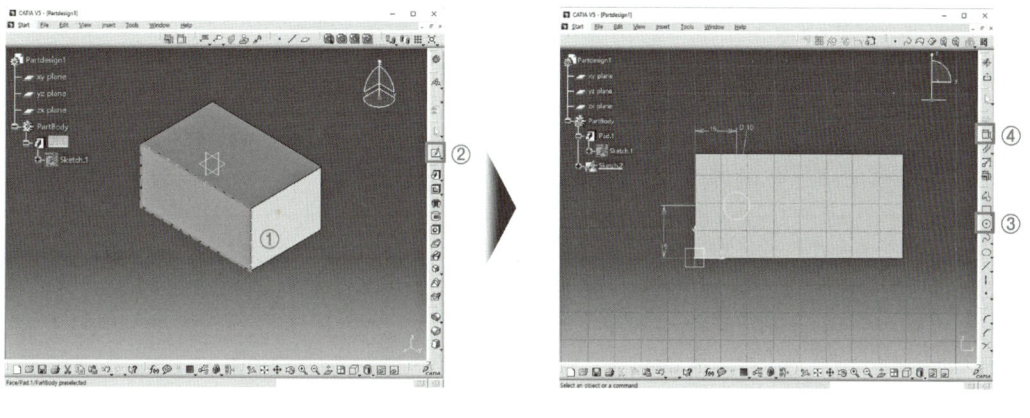

- Sketch-Based Features의 [Pocket:]를 클릭하고 Sketch.2를 직접 클릭하거나 [Specification Tree]에서 [Sketch.2]를 클릭한다.
- [Type: Up to last] 설정하고 [OK]를 클릭한다.

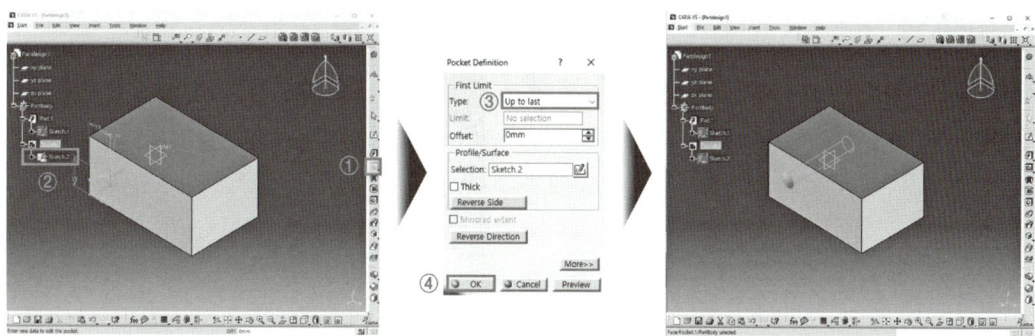

1-6. Pad, Pocket

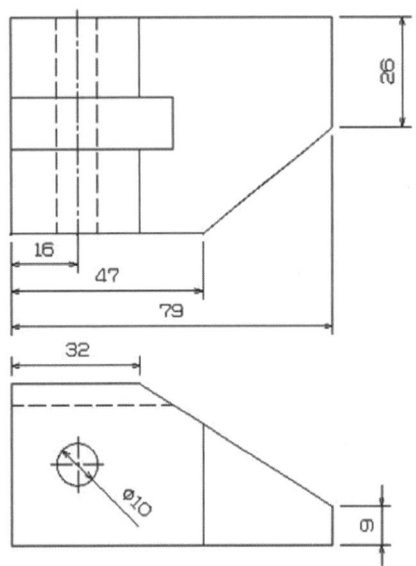
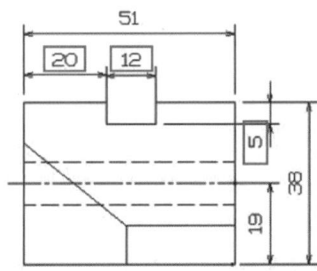

- Pad 된 피처에 오른쪽 Plane을 선택한 상태로 [Sketcher:]를 클릭한다.
- [Rectangle:]을 클릭하여 임의의 사각형을 스케치한 후 [Constraint:]을 사용하여 도면과 동일하게 정의한다.

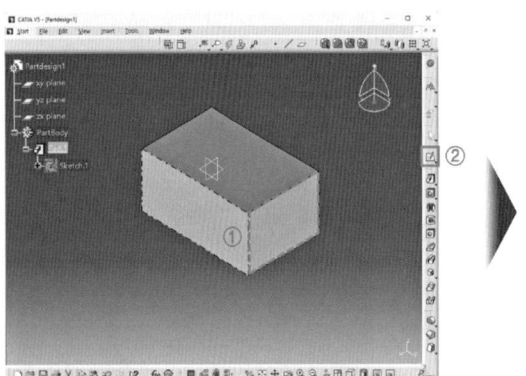
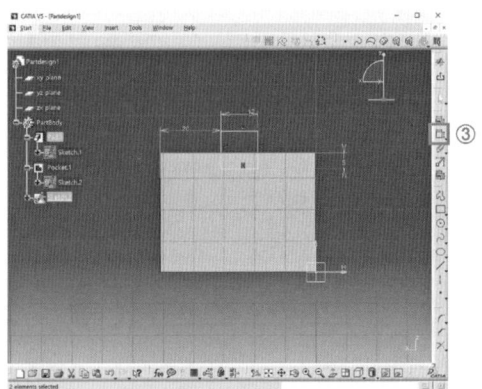

1-7. Pad, Pocket

- [Ctrl]을 누른 상태로 스케치의 윗변과 Pad의 윗변을 동시에 선택 → [Constraints Defined in Dialog Box:]를 클릭하고 Coincidence(부합)활성화 → [OK]를 클릭한다.
- 완전 구속이 완료되었다면 [Exit workbench:]을 클릭하여 Sketch를 종료한다.

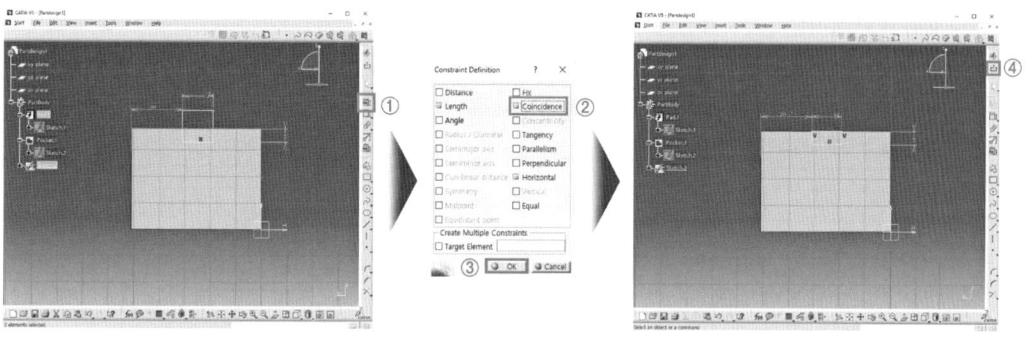

- Sketch-Based Features의 [Pocket:]을 클릭하고 Sketch.3을 직접 클릭하거나 [Specification Tree]에서 [Sketch.3]을 클릭한다.
- [Type: Up to last] 설정하고 [OK]를 클릭한다.

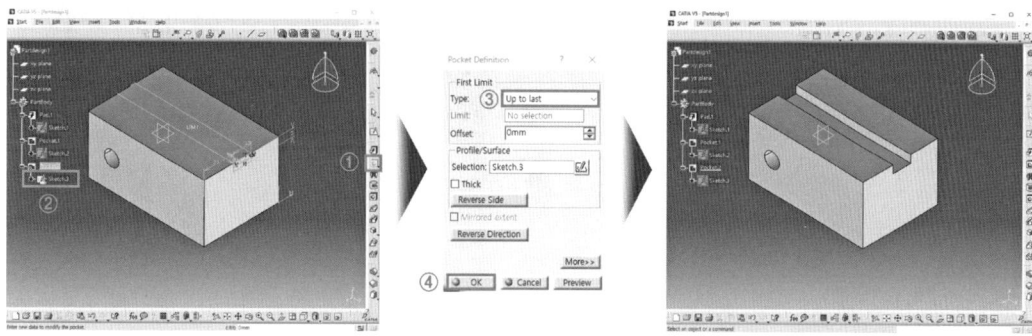

1-8. Pad, Pocket

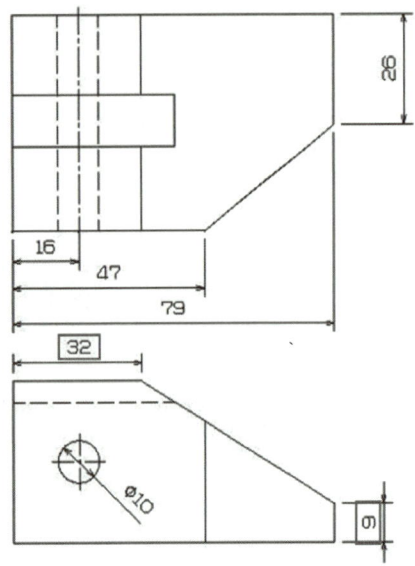
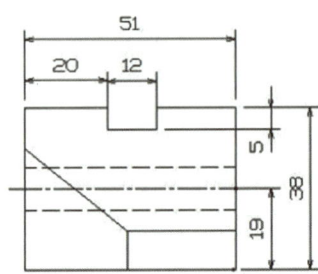

- Pad 피처에 정면 Plane을 선택한 상태로 [Sketcher:]를 클릭한다.
- [Profile:]을 사용하여 적절한 위치에 삼각형을 그린다.

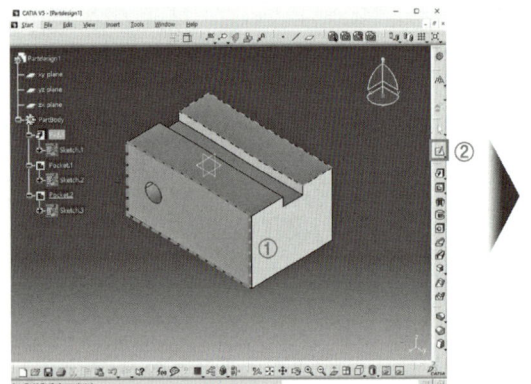
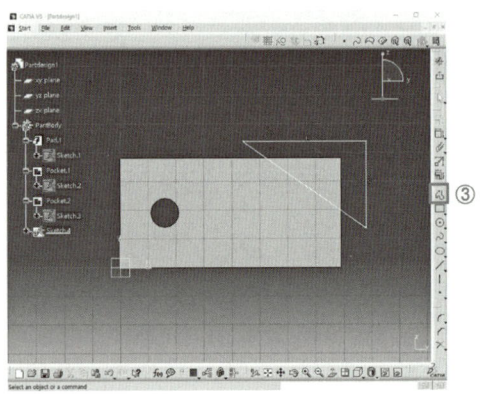

1-9. Pad, Pocket

- [Ctrl]을 누른 상태로 스케치의 윗변과 Pad의 윗변을 동시에 선택 → [Constraints Defined in Dialog Box:]를 클릭하고 Coincidence(부합) 활성화 → [OK]를 클릭한다.
- 동일한 과정으로 스케치의 우측 변과 Pad의 우측 변에 Coincidence(부합) 구속을 입력한다.

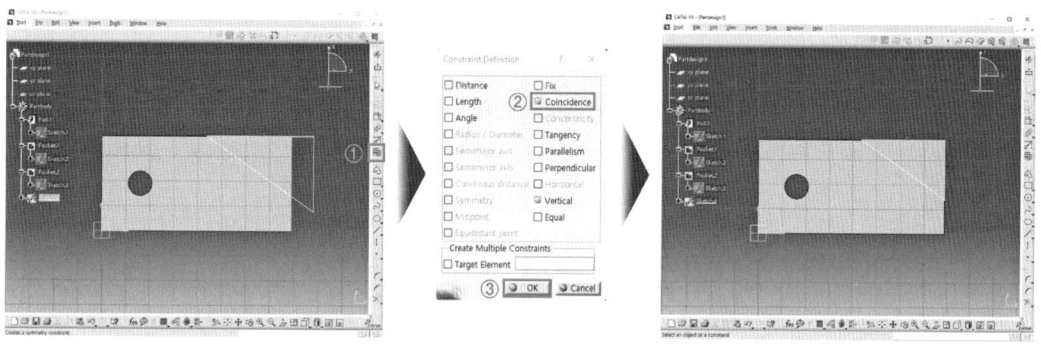

- [Constraint:]을 사용하여 도면과 동일하게 정의한다.
- 완전 구속이 완료되었다면 [Exit workbench:]을 클릭하여 Sketch를 종료한다.

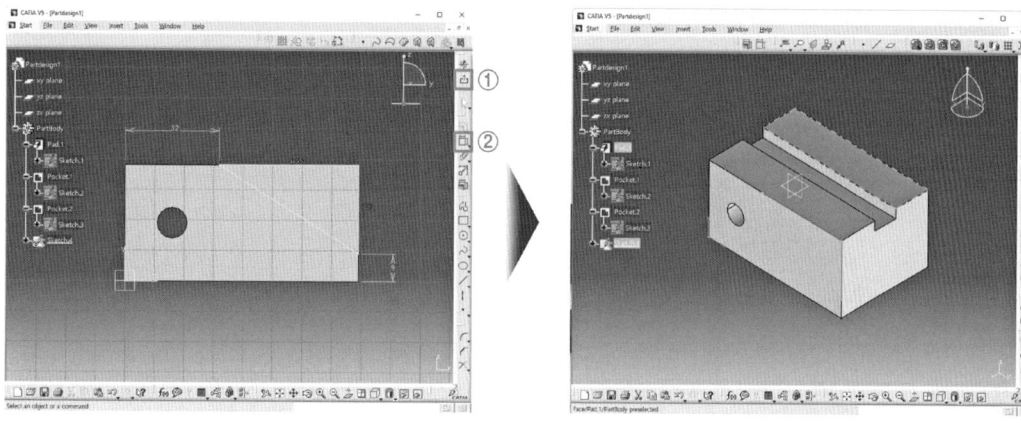

1-10. Pad, Pocket

- Sketch-Based Features의 [Pocket: ▣]을 클릭하고 Sketch.4를 직접 클릭하거나 [Specification Tree]에서 [Sketch.4]를 클릭한다.
- [Type: Up to last] 설정하고 [OK]를 클릭한다.

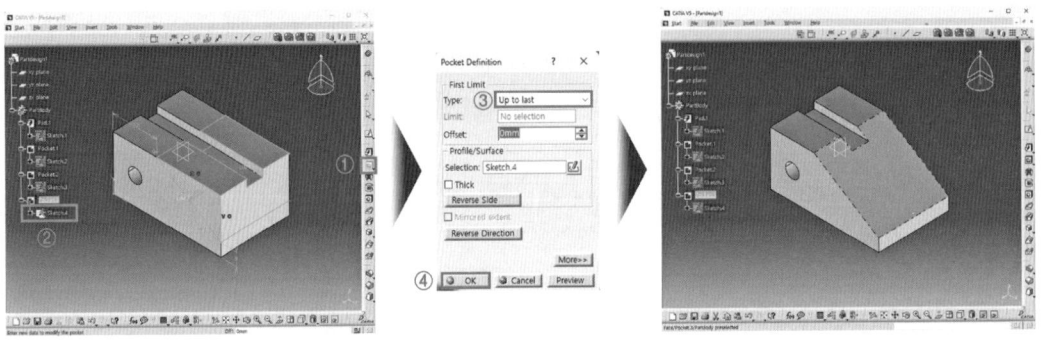

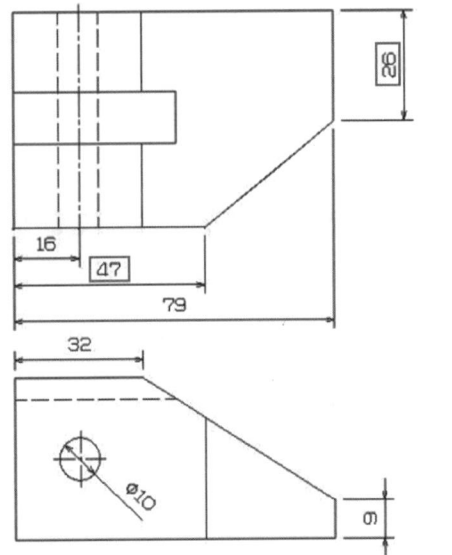

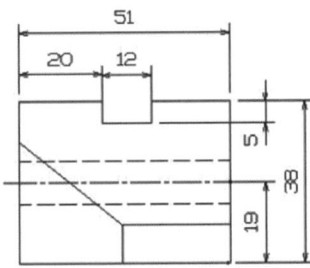

1-11. Pad, Pocket

- Pad 피처에 정면 Plane을 선택한 상태로 [Sketcher:]를 클릭한다.
- [Profile:]을 사용하여 적절한 위치에 삼각형을 그린다.

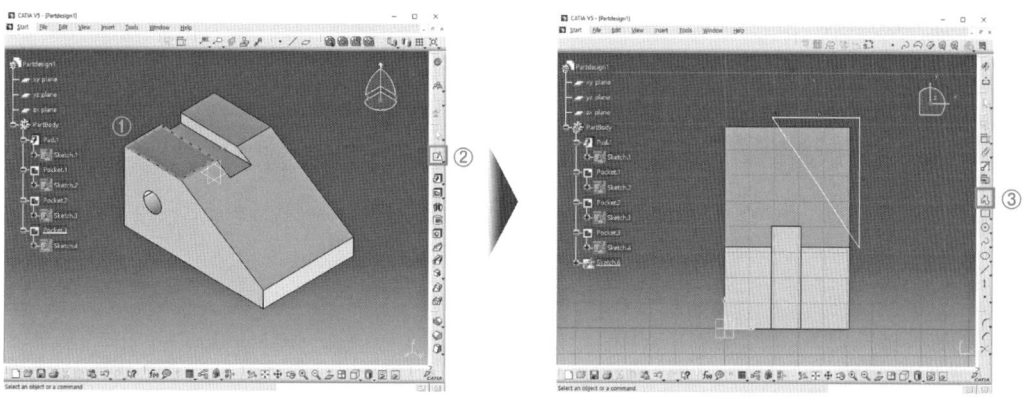

- [Ctrl]을 누른 상태로 스케치의 윗변과 Pad의 윗변을 동시에 선택 → [Constraints Defined in Dialog Box:]를 클릭하고 Coincidence(부합) 활성화 → [OK]를 클릭한다.
- 동일한 과정으로 스케치의 우측 변과 Pad의 우측 변에 Coincidence(부합) 구속을 입력한다.

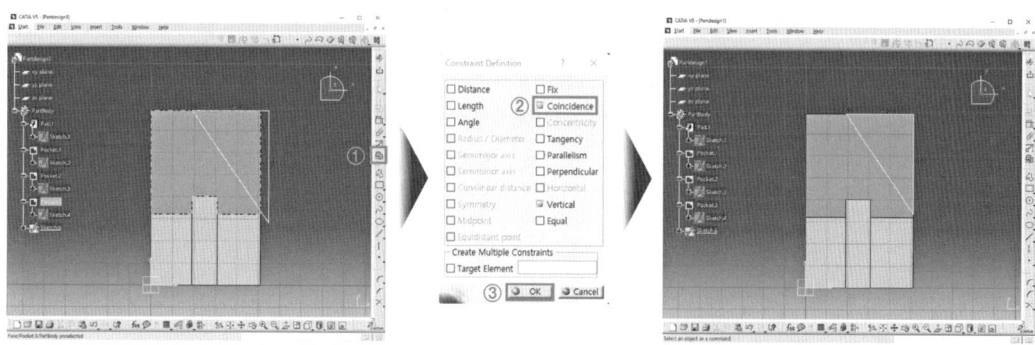

1-12. Pad, Pocket

- [Constraint:]을 사용하여 도면과 동일하게 정의한다.
- 완전 구속이 완료되었다면 [Exit workbench:]을 클릭하여 Sketch를 종료한다.

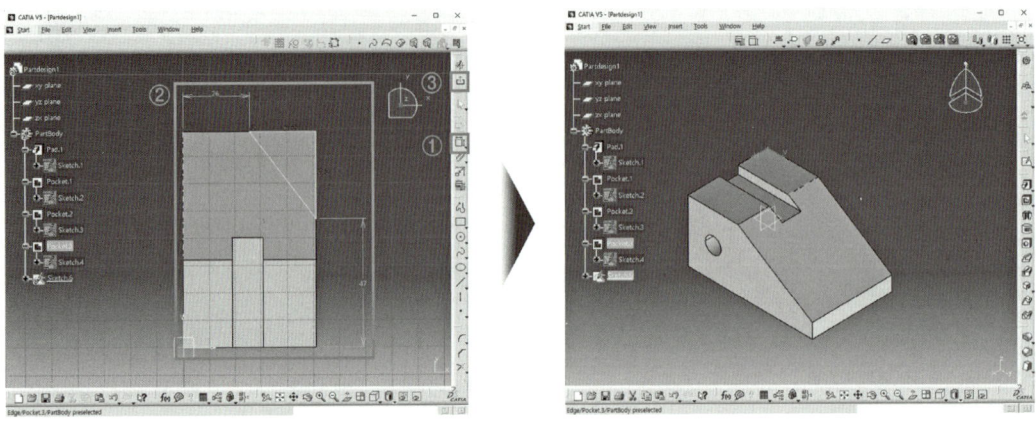

- Sketch-Based Features의 [Pocket:]을 클릭하고 Sketch.5를 직접 클릭하거나 [Specification Tree]에서 [Sketch.5]를 클릭한다.
- [Type: Up to last]로 설정하고 [OK]를 클릭한다.

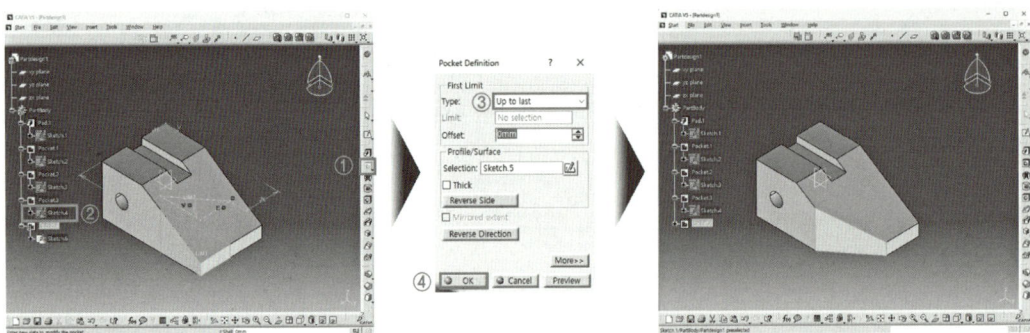

1-13. Pad, Pocket

- [Applied Material: 🔩]을 클릭하고 피처를 직접 클릭하거나 [Specification Tree]에서 [🌸 PartBody]을 클릭한다.
- [Metal → Aluminum]을 클릭한 뒤 [OK]를 클릭한다.

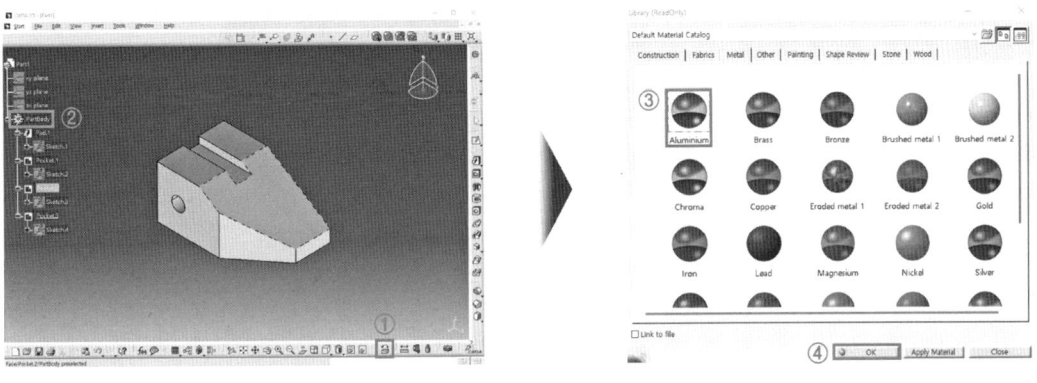

- [Specification Tree]에서 [🌸 Partdesign1]을 우클릭→ [Properties]를 클릭한다.
- [Mass]에서 무게 중심과 Mass 값을 교재와 비교해 보고 값이 일치하는지 확인한다.

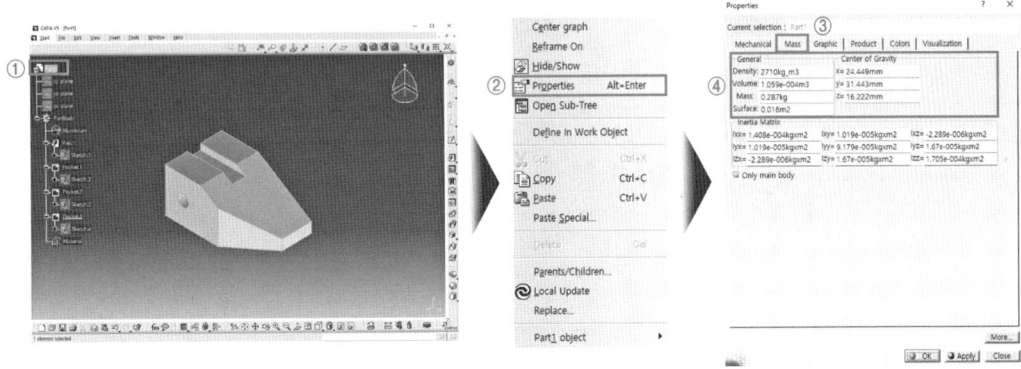

② Chamfer, Fillet

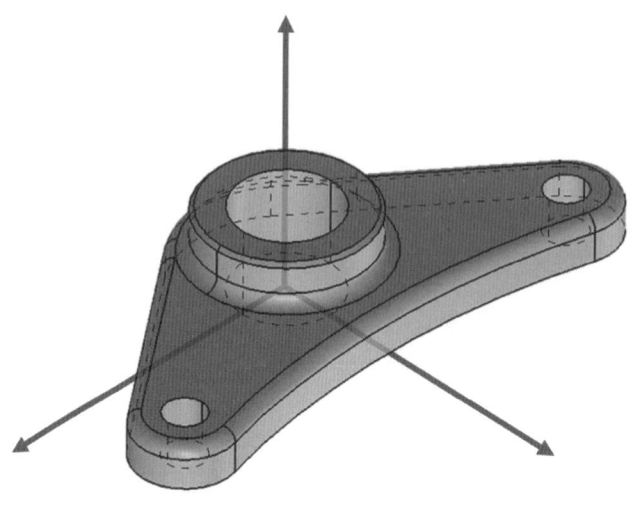

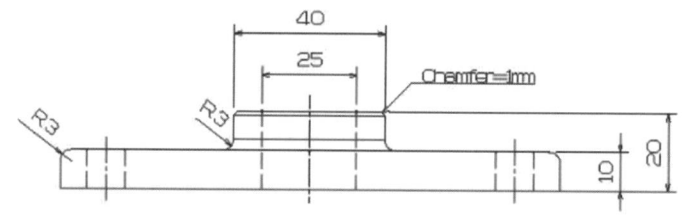

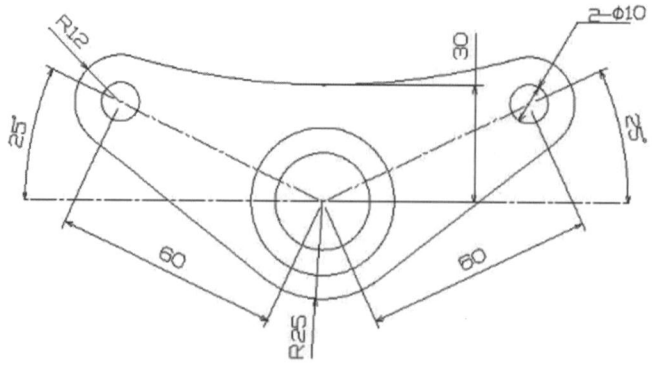

2-1. Chamfer, Fillet

- [PullDownMenu: Start → Mechanical Design → Part Design]을 실행한다.
- [Enter part name]에 'Partdesign2'를 입력한 뒤 다음과 같이 설정하고 [OK]를 클릭한다.

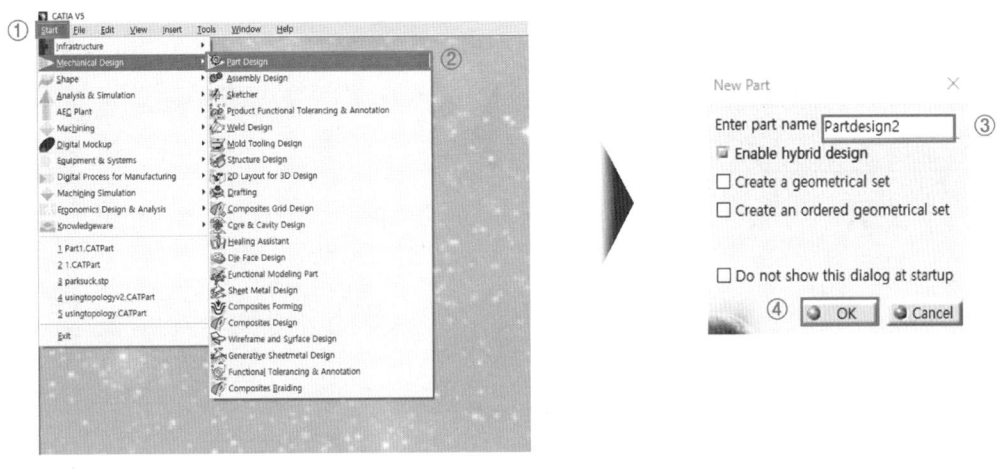

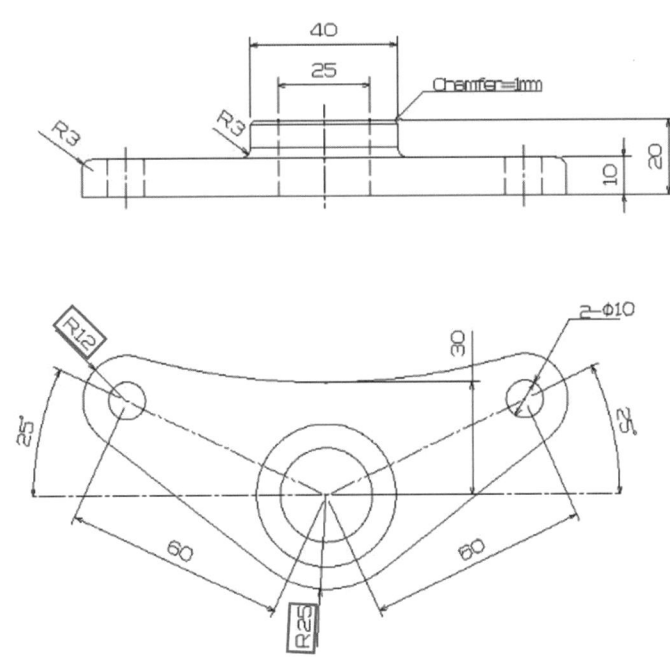

2-2. Chamfer, Fillet

- [Specification Tree]에 xy Plane을 선택한 상태로 [Sketcher: ㅁ]를 클릭한다.

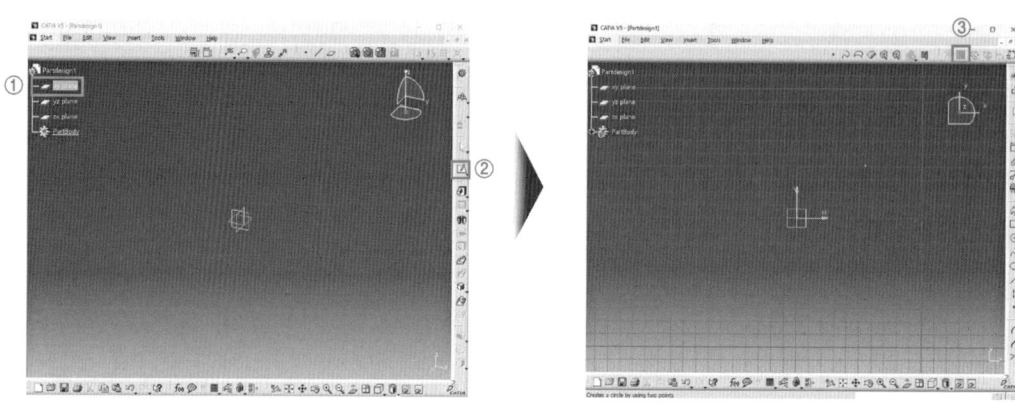

- [Circle: ⊙]을 클릭하고 원의 중심과 좌표 중심점이 일치하도록 원을 그린다.
- [Constraint: ㅁ]을 클릭하고 [Dimension: Radius], [Radius: 25mm]로 설정하고 [OK]를 클릭한다.

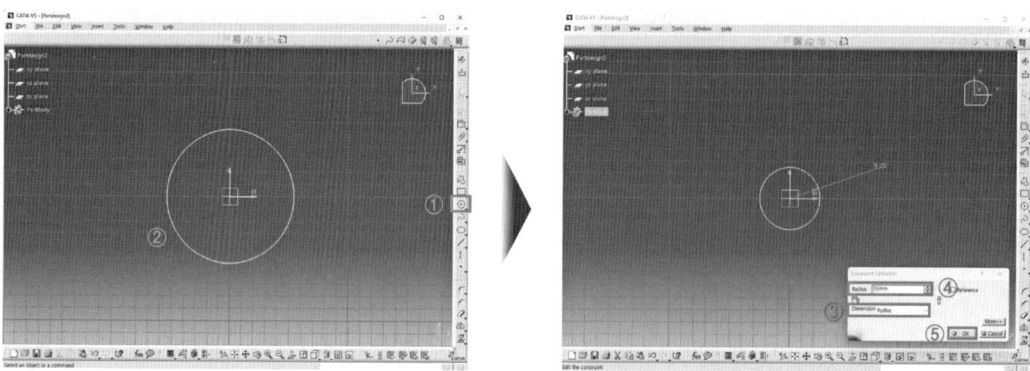

- [Circle: ⊙]을 더블 클릭하고 적절한 위치에 구속이 정의 되지 않도록 원 두 개를 그린다.
- [Constraint:]을 클릭하여 [Dimension: Radius], [Radius: 12mm]로 정의한다.

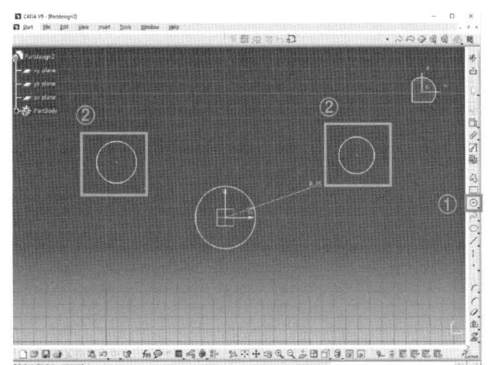 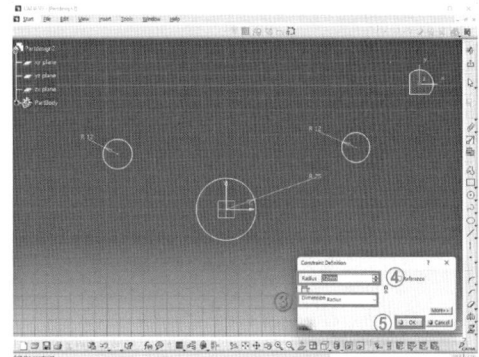

2-3. Chamfer, Fillet

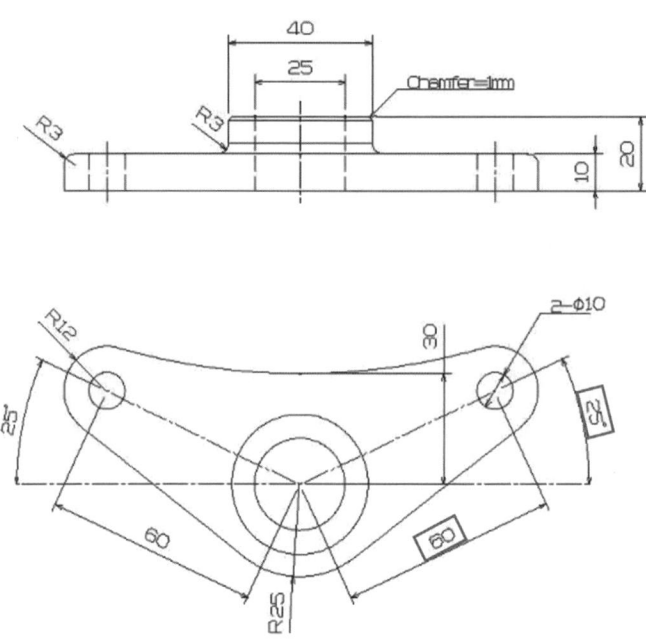

- [Axis: ▯]을 클릭하고 중앙에 위치한 원의 중심과 다른 원들의 중심이 연결되도록 점선을 그린다.
- [Constraint: ▯]을 클릭하고 평면상의 가로 중심선과 점선을 클릭하여 점선의 각도를 [Value: 25deg]로 정의한다.

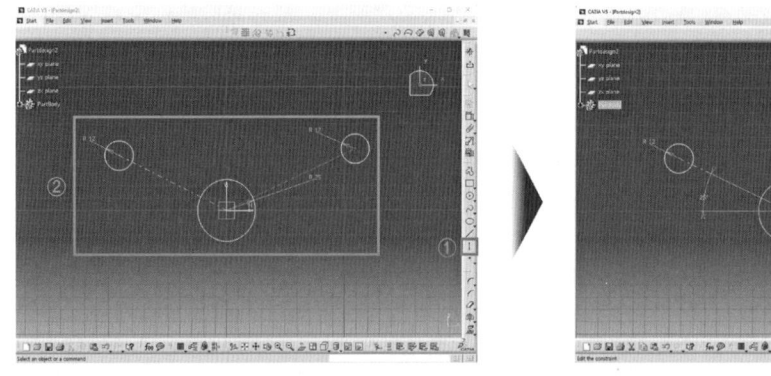

2-4. Chamfer, Fillet

- [Constraint: ▢]을 클릭하고 점선을 클릭하여 두 점선의 길이를 점선의 각도를 [Value: 25deg] 로 정의한다.

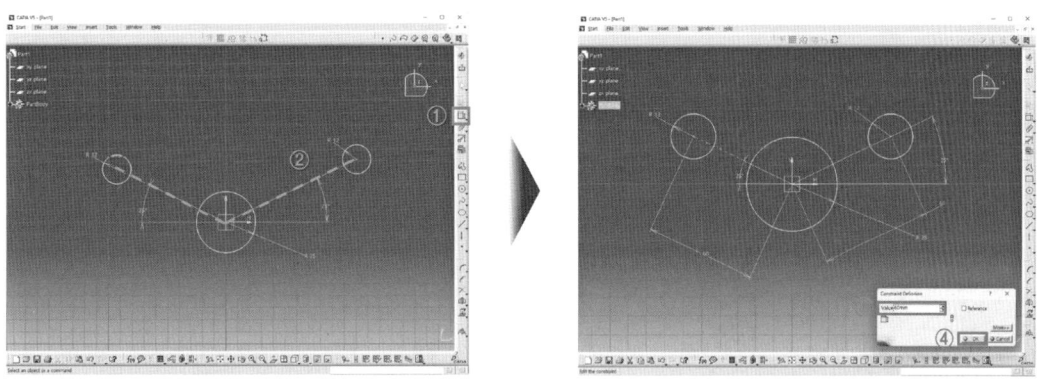

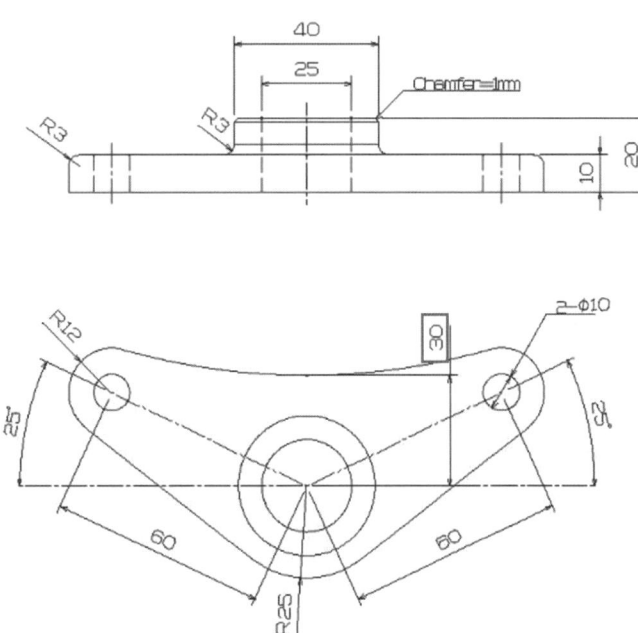

2-5. Chamfer, Fillet

- [Line: ✎]을 사용하여 사진과 같이 적절한 위치에 두 선을 그린다. 이때, 자동으로 구속이 설정되지 않도록 주의한다.
- [Arc: ⌒]을 사용하여 사진과 같이 적절한 위치에 호를 그린다.

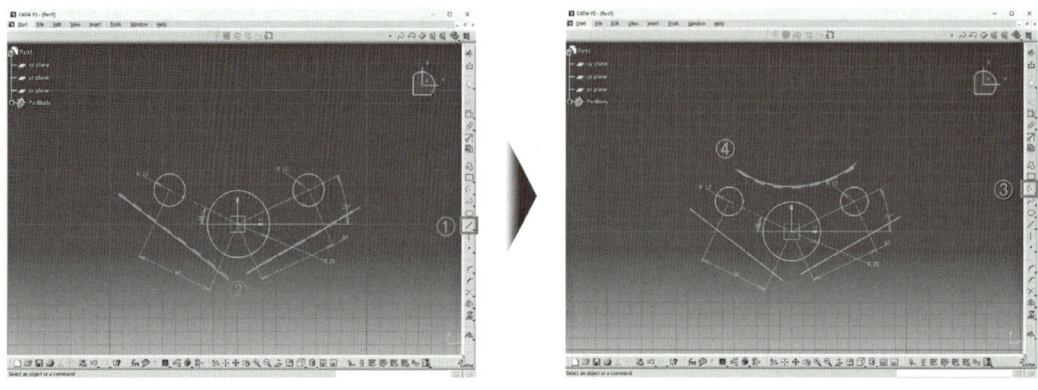

- 한 개의 선과 원을 동시에 선택 → [Constraints Defined in Dialog Box: 🔲]를 클릭하고 Tangency(접선) 활성화 → [OK]를 클릭한다.
- 동일한 과정으로 사진과 같이 구속을 정의하고, [Constraint: 🔲]을 사용해 가로 중심선과 호를 클릭하여 두 거리 길이를 [Value: 30mm]로 정의한다.

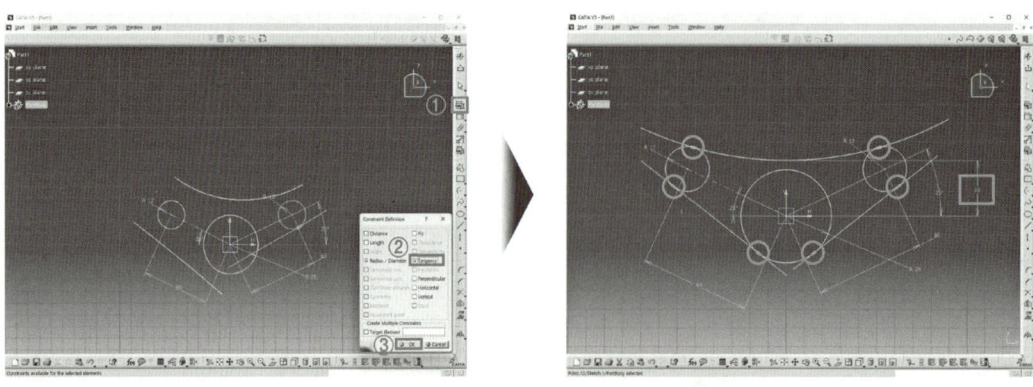

2-6. Chamfer, Fillet

- [Relimitations: ✂](검은 화살표) → [Quick Trim: ✐]를 더블클릭하여 활성화한다.
- 사진을 참고하여 불필요한 선들을 클릭하여 제거한다.
- 완전 구속이 완료되었고, 스케치에 이상이 없다면 [Exit workbench: ⬆]을 클릭하여 Sketch를 종료한다.

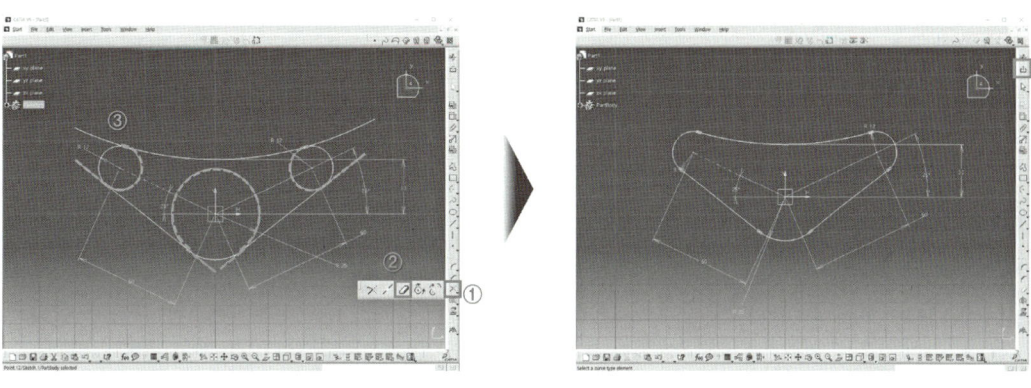

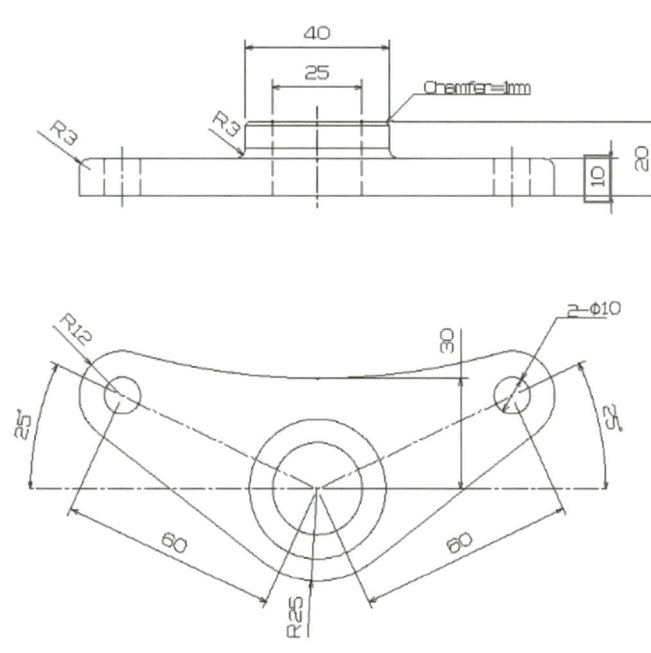

2-7. Chamfer, Fillet

- Sketch-Based Features의 [Pad: ![Pad icon]]를 클릭하고 Sketch.1을 직접 클릭하거나 [Specification Tree]에서 [Sketch.1]을 클릭한다.
- [Type: Dimension], [Length: 10mm]로 설정하고 [OK]를 클릭한다.

> * [Specification Tree]의 선 부분을 클릭한 경우 3D 피처의 색상이 변하며 피처 조작이 비활성화되므로 주의해야 한다. 만약 실수로 클릭한 경우 [Specification Tree]의 선 부분을 다시 클릭하면 원 상태로 돌아온다.

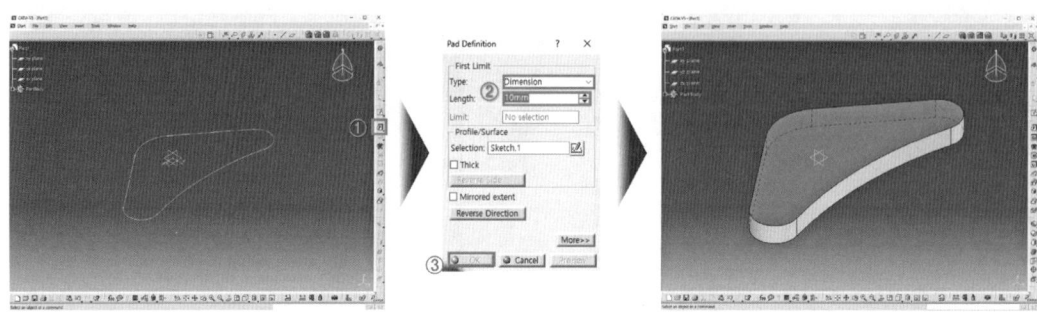

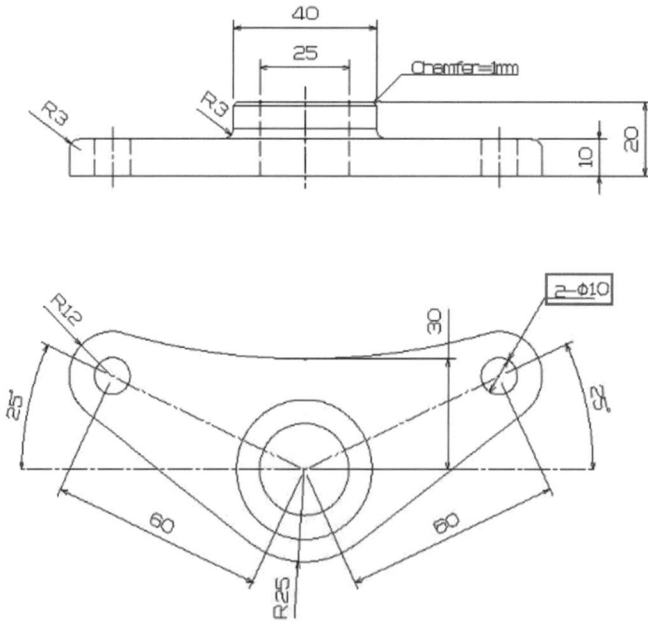

2-8. Chamfer, Fillet

- xy Plane을 선택한 상태로 [Sketcher:]를 클릭한다.
- [Circle:]을 사용하여 Plane 위에 임의의 두 원을 그린 후, [Constraint:]을 클릭하여 두 원 모두 [Dimension: Diameter], [Diameter: 10mm]로 정의한다.

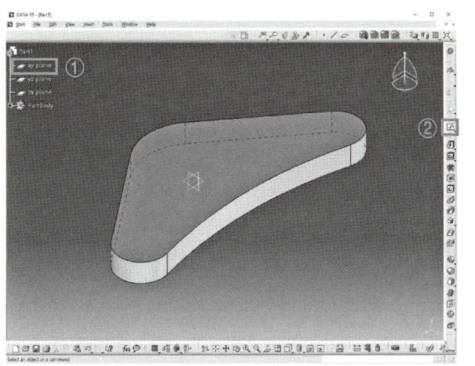 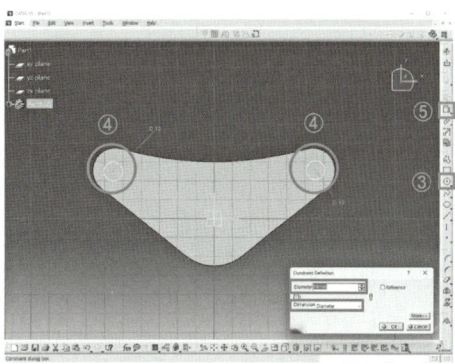

- 스케치한 원과 그림에 표시된 Pad 피처의 선 부분을 동시에 선택 → [Constraints Defined in Dialog Box:]를 클릭하고 Concentricity(동심) 활성화 → [OK]를 클릭한다.
- 동일한 과정으로 두 원의 구속을 정의한다.
- 모든 구속이 완료되었다면 [Exit workbench:]을 클릭하여 Sketch를 종료한다.

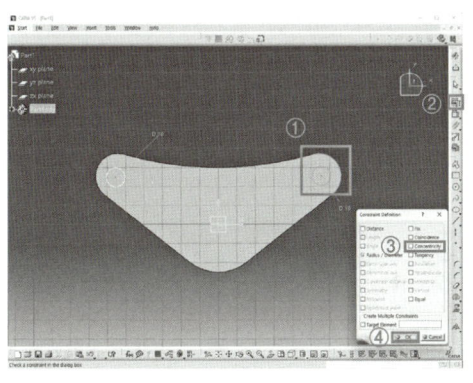 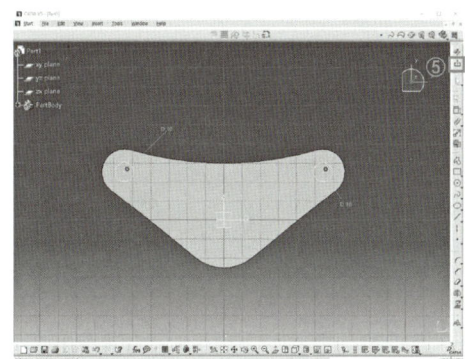

2-9. Chamfer, Fillet

- Sketch-Based Features의 [Pocket: 🔲]을 클릭하고 Sketch.2를 직접 클릭하거나 [Specification Tree]에서 [Sketch.2]를 클릭한다.
- [Type: Up to last]로 설정하고 [OK]를 클릭한다.

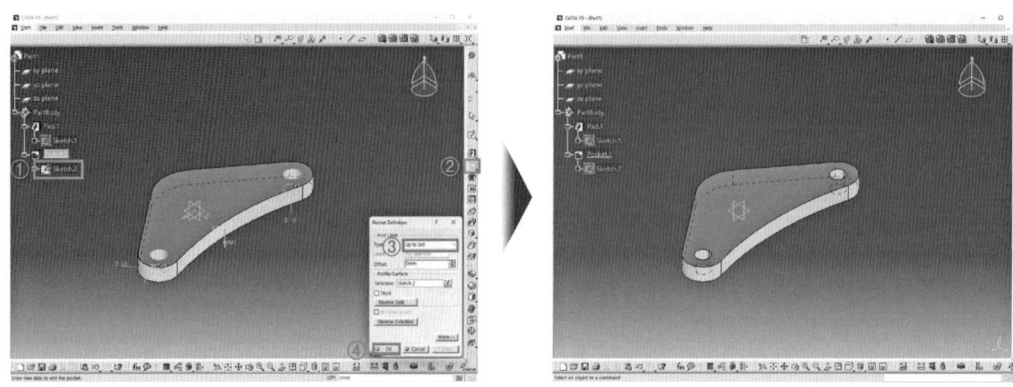

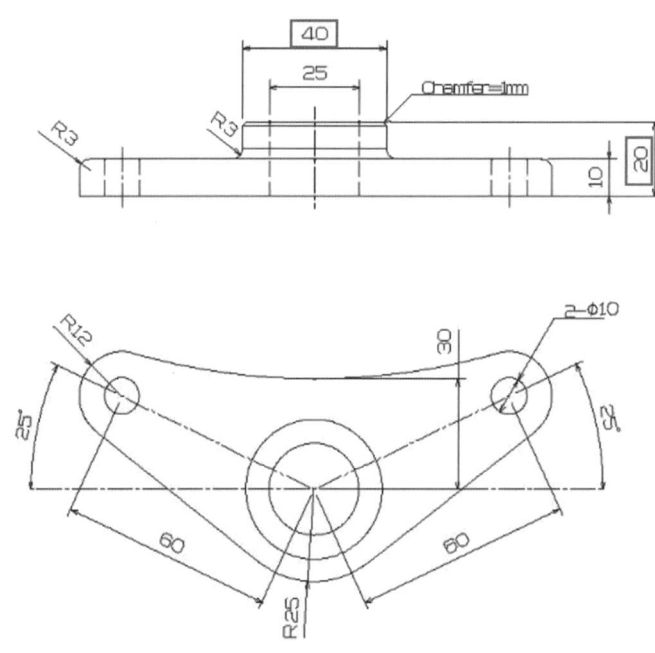

2-10. Chamfer, Fillet

- Pad 피처의 윗면을 Plane을 선택한 상태로 [Sketcher:]를 클릭한다.
- [Circle:]을 사용하여 Plane 위에 좌표 중심과 원의 중심이 일치하도록 임의의 원을 스케치한다.
- [Constraint:]을 사용하여 다음과 같이 정의한다. [D: 40mm]
- 모든 구속과 치수 입력이 완료되었다면 [Exit workbench:]을 클릭하여 Sketch를 종료한다.

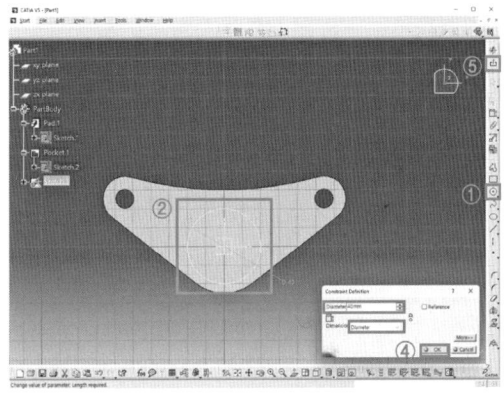

- Sketch-Based Features의 [Pad:]를 클릭하고 Sketch.3을 직접 클릭하거나 [Specification Tree]에서 [Sketch.3]을 클릭한다.
- [Type: Dimension], [Length: 10mm]로 설정하고 [OK]를 클릭한다.

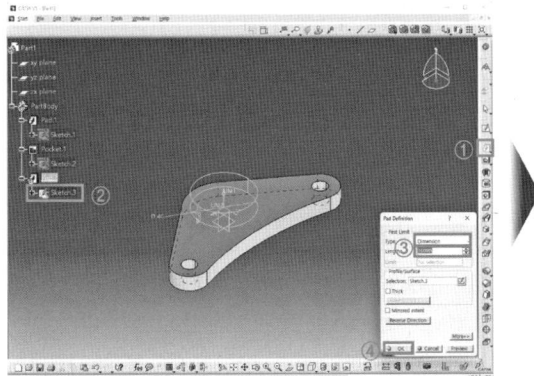 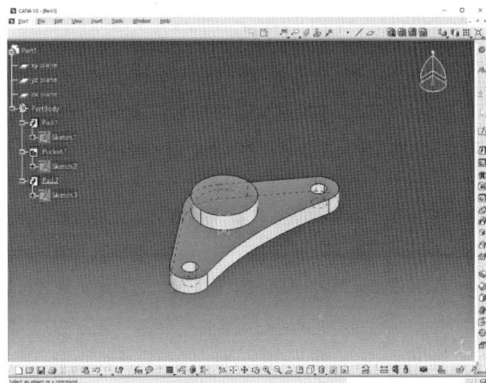

2-11. Chamfer, Fillet

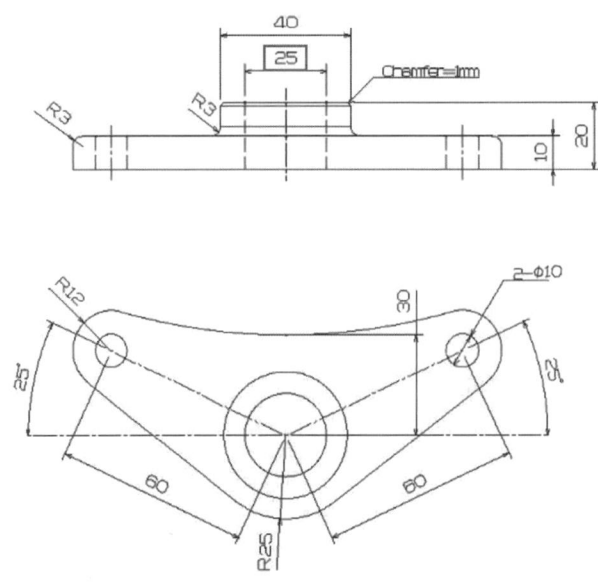

- Pad 피처의 가장 상단에 위치한 윗면을 Plane을 선택한 상태로 [Sketcher:]를 클릭한다.
- [Circle:]을 사용하여 Plane 위에 좌표 중심과 원의 중심이 일치하도록 원을 스케치한다.
- [Constraint:]을 클릭 → 원 클릭 → [Dimension: Diameter], [Diameter: 25mm]로 설정하고 [OK]를 클릭한다.
- 모든 구속과 치수 입력이 완료되었다면 [Exit workbench:]을 클릭하여 Sketch를 종료한다.

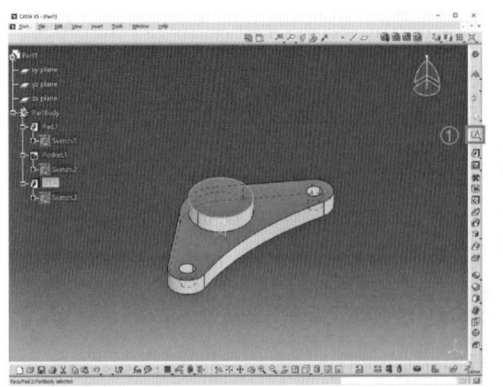 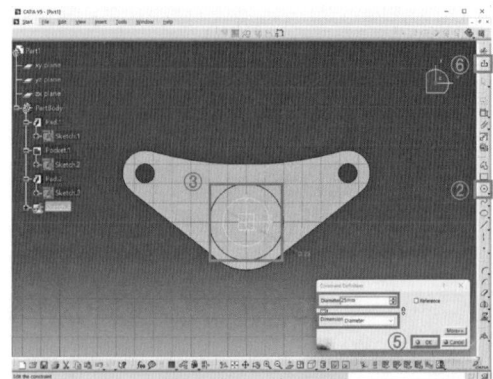

2-12. Chamfer, Fillet

- Sketch-Based Features의 [Pocket: 🔲]를 클릭하고 Sketch.2를 직접 클릭하거나 [Specification Tree]에서 [Sketch.2]를 클릭한다.
- [Type: Up to last] 설정하고 [OK]를 클릭한다.

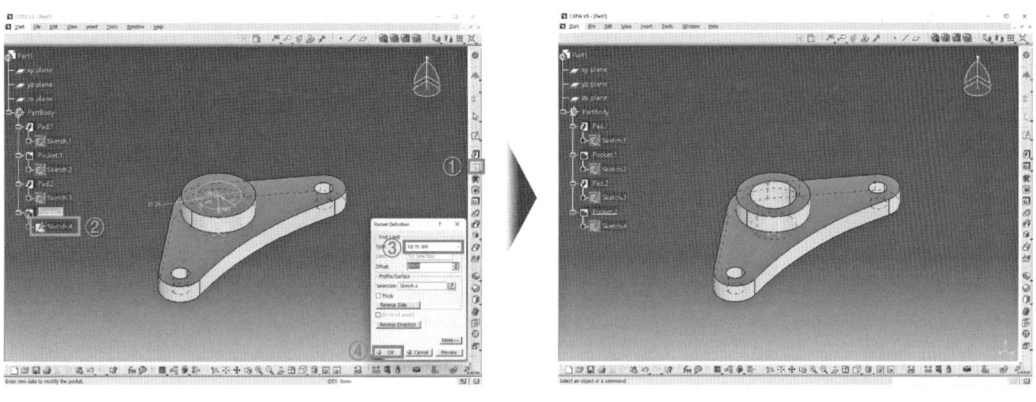

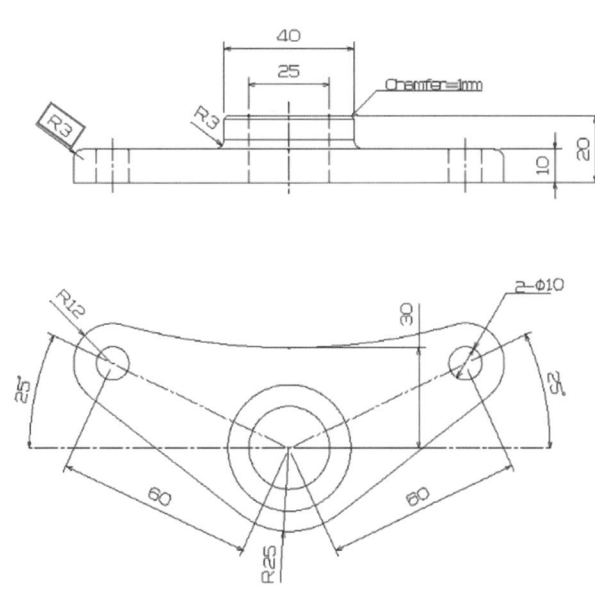

2-13. Chamfer, Fillet

- [Edge Fillet:]를 클릭하고 사진에 표시된 Pad 피처의 Edge를 클릭한다.
- [Radius: 3mm]를 입력하고 [OK]를 클릭한다.

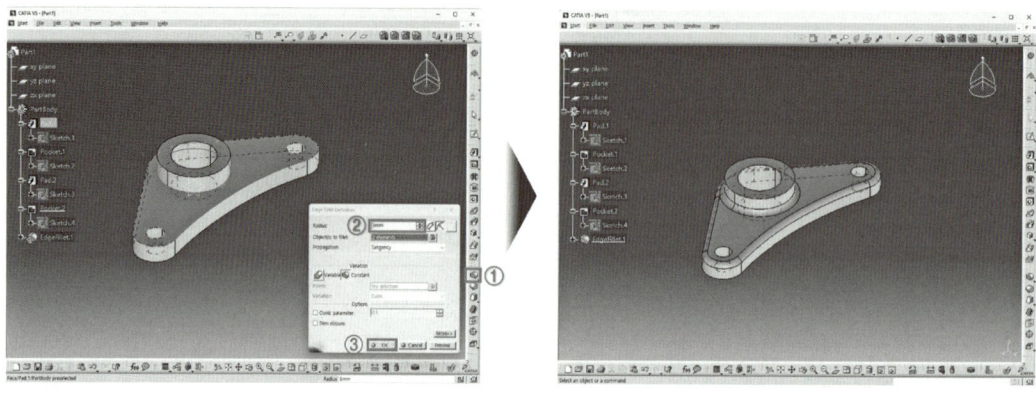

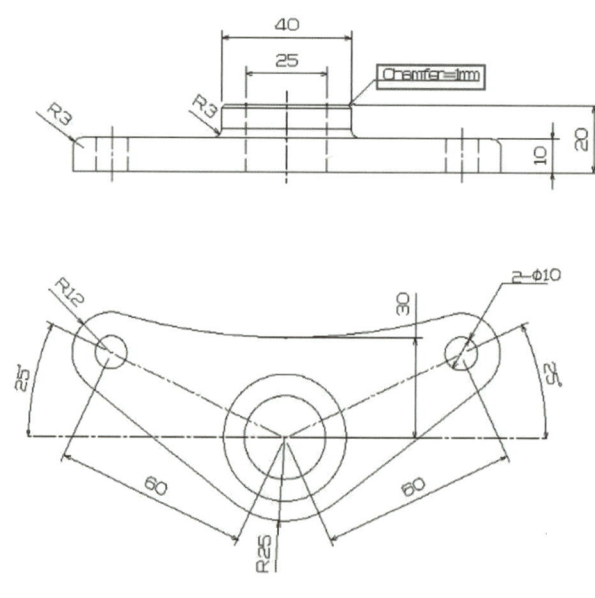

2-14. Chamfer, Fillet

- [Chamfer:]를 클릭하고 사진에 표시된 Pad 피처의 Edge를 클릭한다.
- [Length 1: 1mm], [Angle: 45deg]를 입력하고 [OK]를 클릭한다.

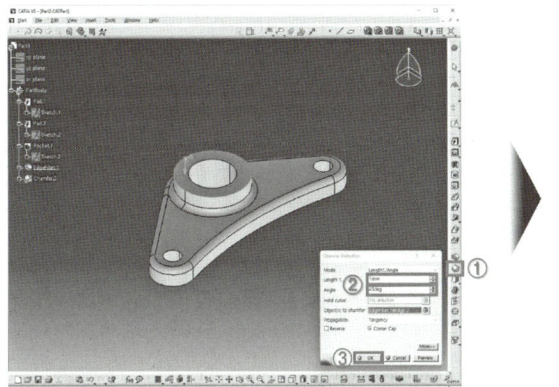 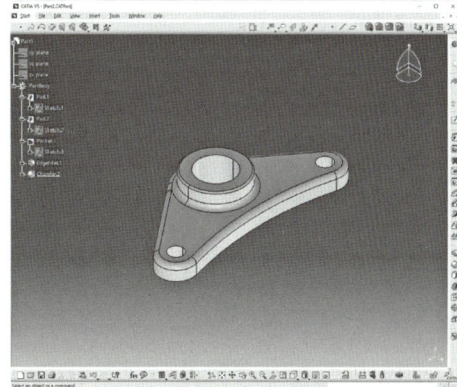

- [Applied Material:]를 클릭하고 피처를 직접 클릭하거나 [Specification Tree]에서 [PartBody]을 클릭한다.
- [Metal → Aluminum]을 클릭한 뒤 OK를 클릭한다.

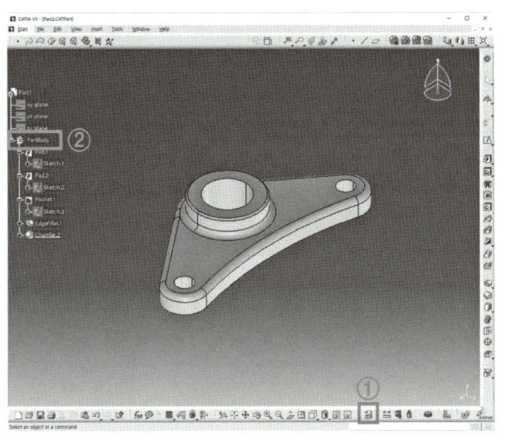 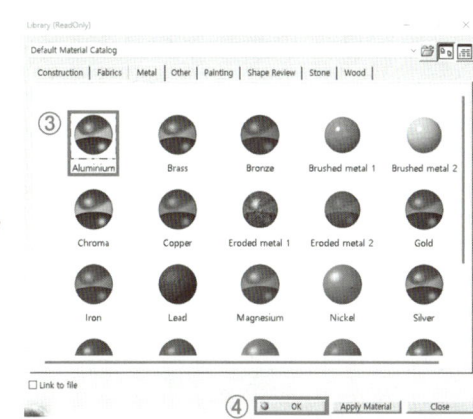

2-15. Chamfer, Fillet

- [Specification Tree]에서 [Partdesign2]를 우클릭→ [Properties]를 클릭한다.
- [Mass]에서 무게 중심과 Mass 값을 교재와 비교해 보고 값이 일치하는지 확인한다.

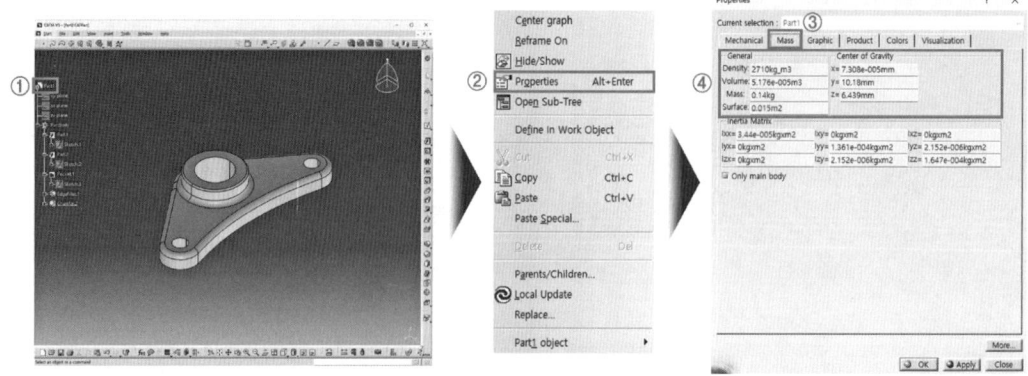

3 Shaft, Groove

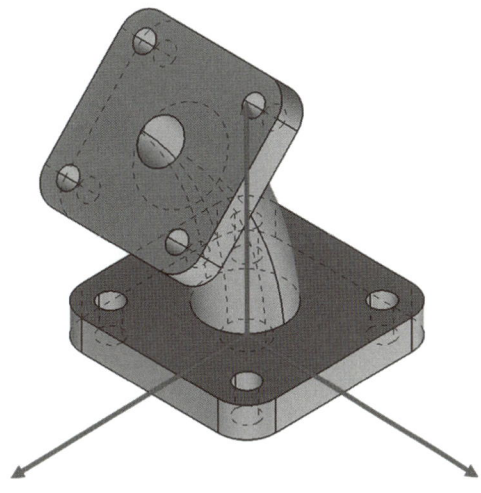

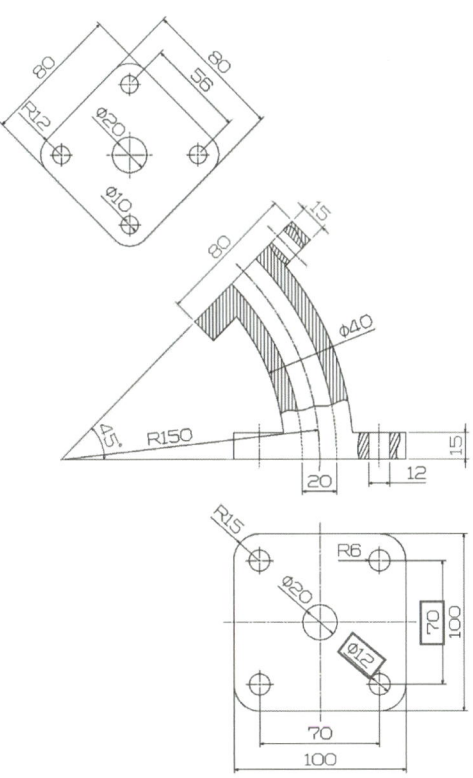

3-1. Shaft, Groove

- [Pull DownMenu: Start → Mechanical Design→ Part Design]을 실행한다.
- [Enter part name]에 'Partdesign3'를 입력한 뒤 다음과 같이 설정하고 [OK]를 클릭한다.

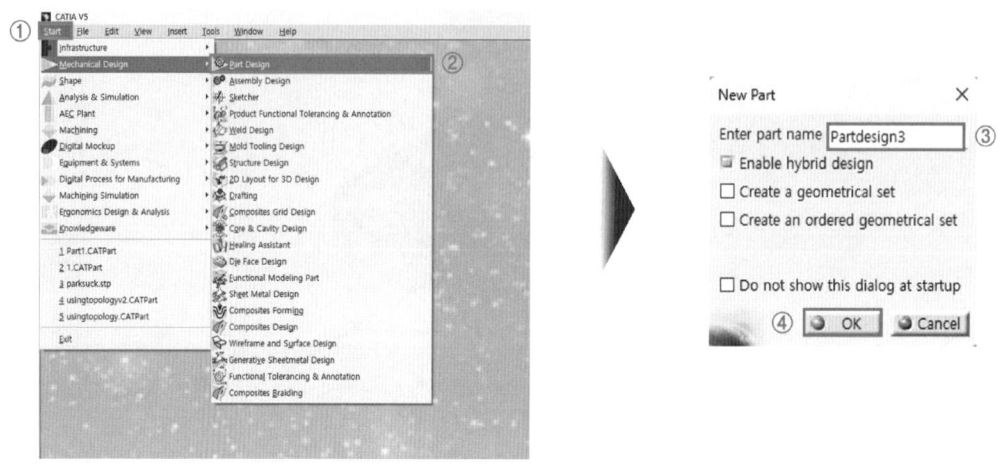

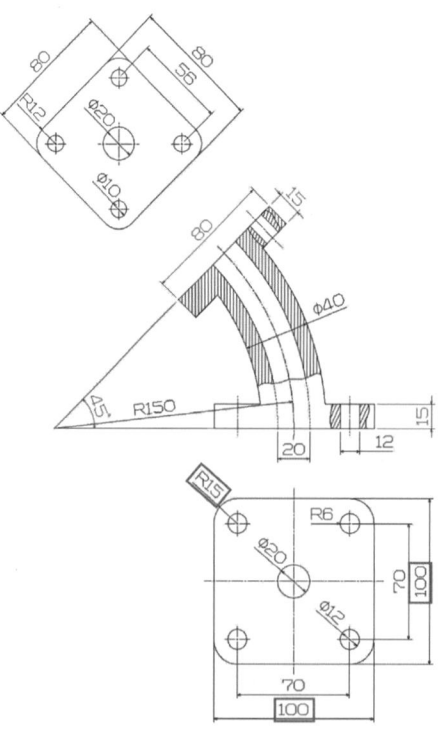

3-2. Shaft, Groove

- [Specification Tree]에 xy Plane을 선택한 상태로 [Sketcher: ⬚]를 클릭한다.

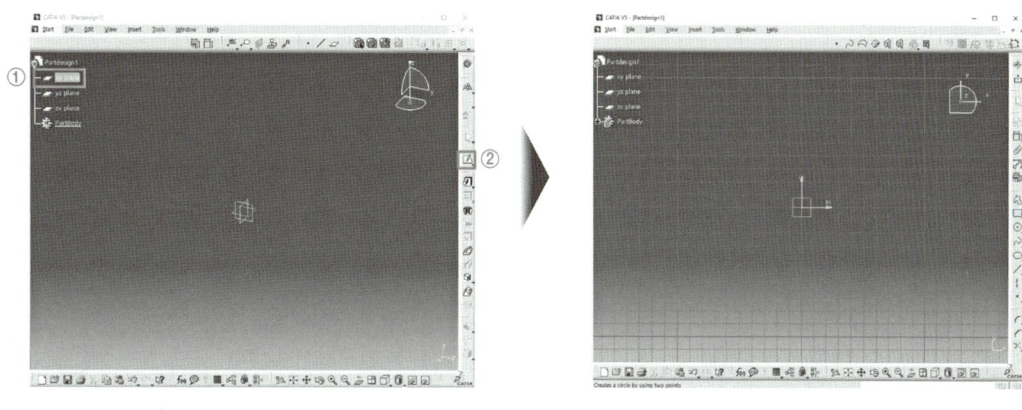

- [Centered Rectangle: ⬚]을 클릭하고 사각형의 중심과 좌표 중심점이 일치하도록 사각형을 그린다.
- [Constraint: ⬚]을 클릭하고 사각형의 가로 길이(가로선 클릭)와 세로 길이(세로선 클릭)을 정의한다. [가로선: 100mm/세로선: 100mm]

> * Icon을 Double Click하면 명령을 연속으로 수행할 수 있다.(명령 취소: ⟨ESC⟩)

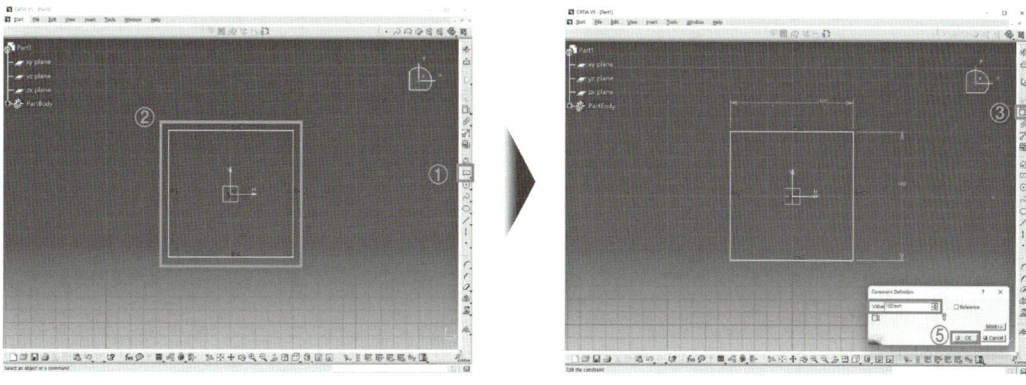

3-3. Shaft, Groove

- [Corner: ⌐]을 클릭하고 마우스 드래그를 사용하여 사각형의 모든 변을 선택한다.
- 적당한 Fillet 사이즈가 되도록 조정한 후, 설정된 치수를 더블 클릭하여 [Radius: 15mm]로 정의한다.

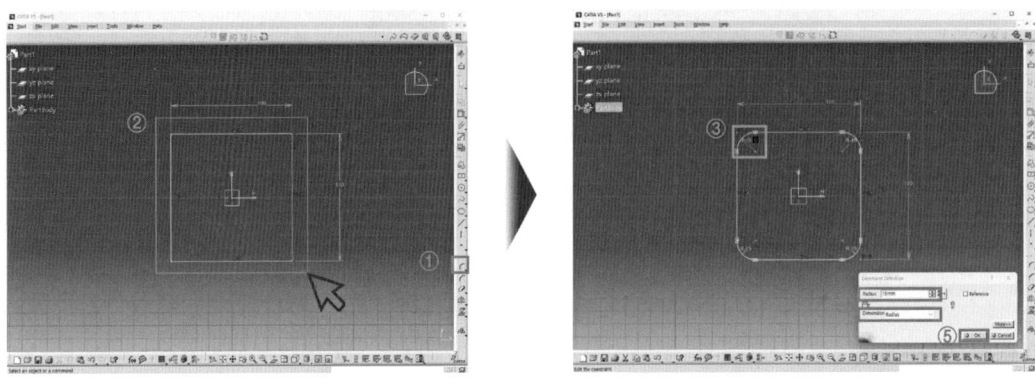

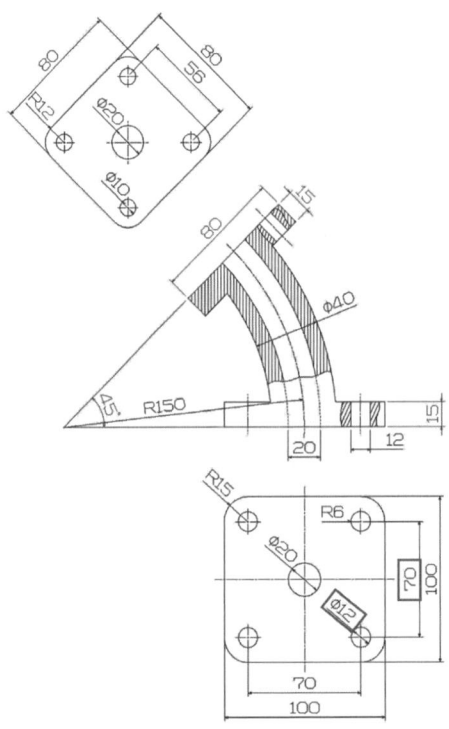

3-4. Shaft, Groove

- [Circle: ⊙]을 사용하여 각 Corner의 중심과 원의 중심이 일치하도록 네 원을 그린다.
- [Constraint:]을 클릭하여 네 원 모두 [Dimension: Diameter], [Diameter: 12mm]로 정의한다.
- 모든 구속이 완료되었다면 [Exit workbench:]을 클릭하여 Sketch를 종료한다.

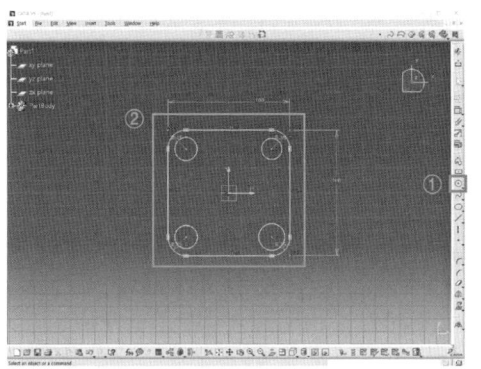
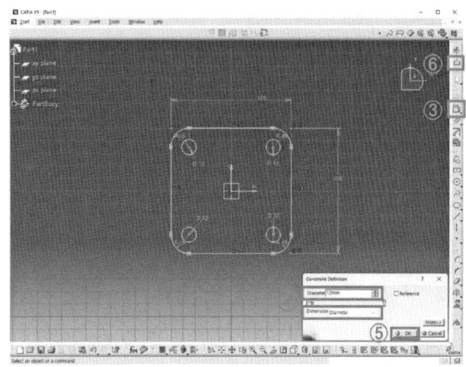

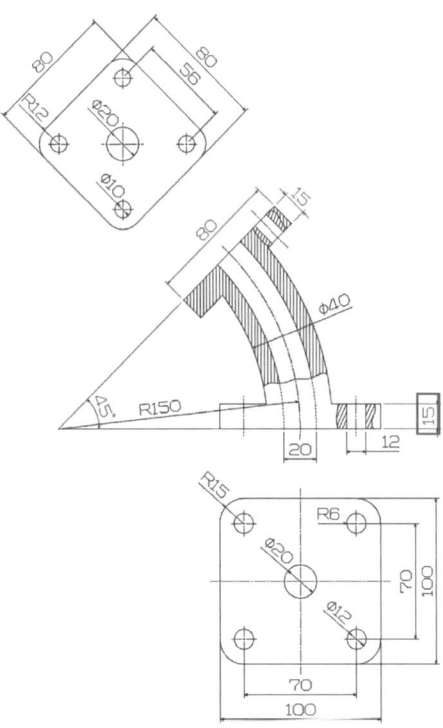

3-5. Shaft, Groove

- Sketch-Based Features의 [Pad: 🗗]를 클릭하고 Sketch.1을 직접 클릭하거나 [Specification Tree]에서 [Sketch.1]을 클릭한다.
- [Type: Dimension], [Length: 15mm]로 설정하고 [OK]를 클릭한다.

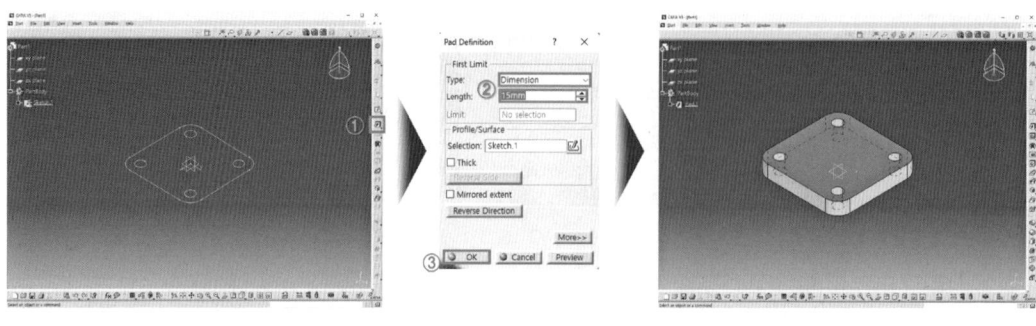

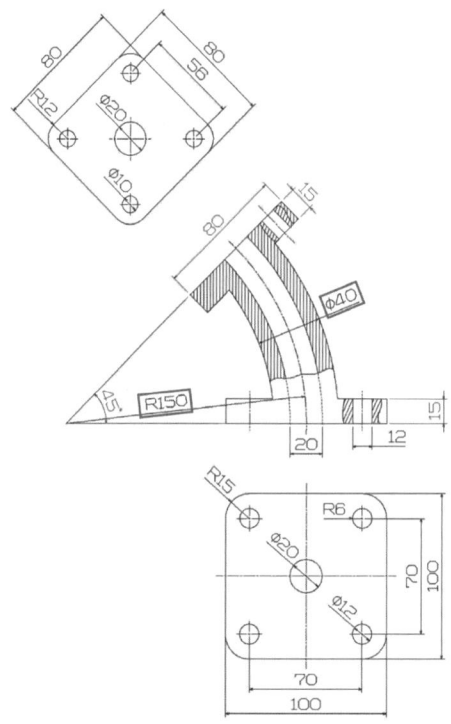

3-6. Shaft, Groove

- [Specification Tree]에 xy Plane을 선택한 상태로 [Sketcher:]를 클릭한다.
- [Circle:]을 사용하여 좌표 중심과 원의 중심이 일치하도록 원을 스케치한 후, [Constraint:]을 사용하여 다음과 같이 정의한다. [D: 40mm]

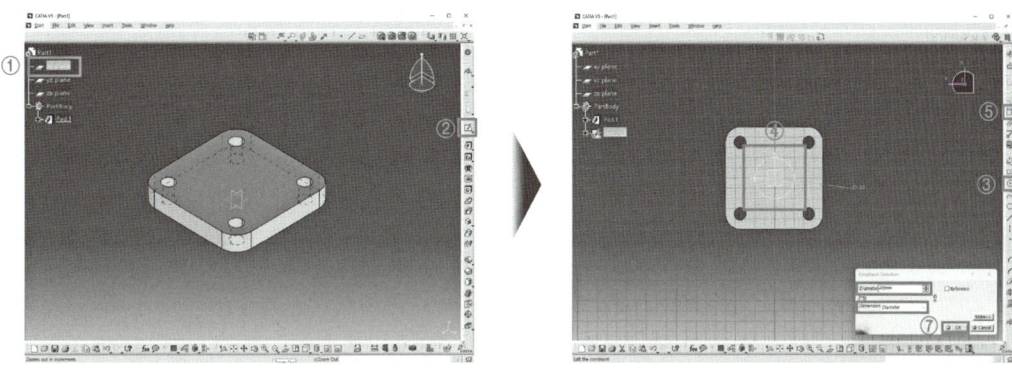

- [Axis:]을 클릭하고 사진과 같이 중심좌표계 우측에 수직이 되도록 점선을 그린다.
- [Constraint:]을 클릭하고 중심좌표 세로선과 점선을 클릭하여 두 거리 길이를 [Value: 150mm]로 정의한다.
- 모든 구속이 완료되었다면 [Exit workbench:]을 클릭하여 Sketch를 종료한다.

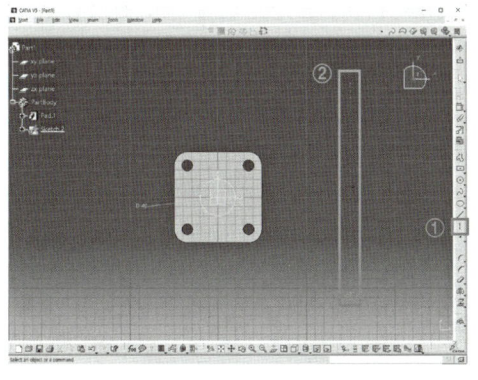 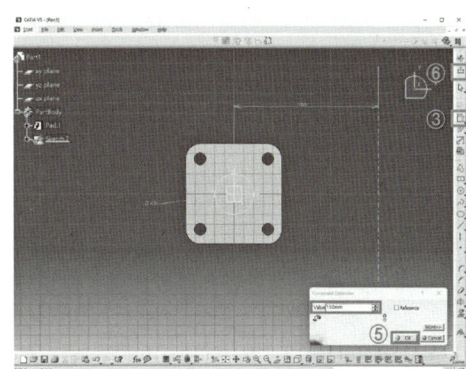

3-7. Shaft, Groove

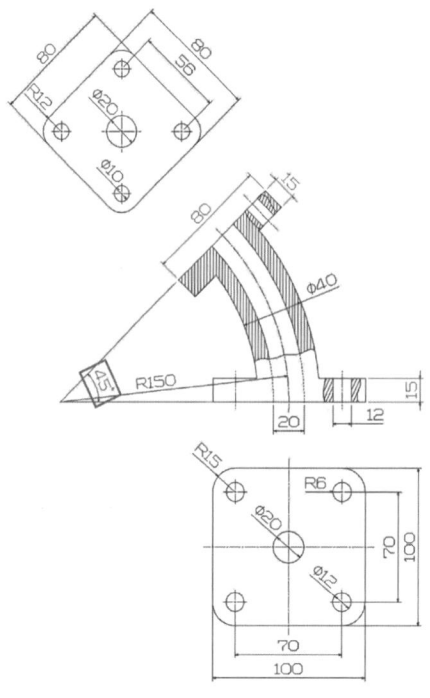

- Sketch-Based Features의 [Shaft:]를 클릭하고 Sketch.1을 직접 클릭하거나 [Specification Tree]에서 [Sketch.1]을 클릭한다.
- [First Angle: 45deg]로 입력한 후, Reverse Direction을 클릭하여 알맞은 방향으로 피처가 만들어지도록 조절한다.

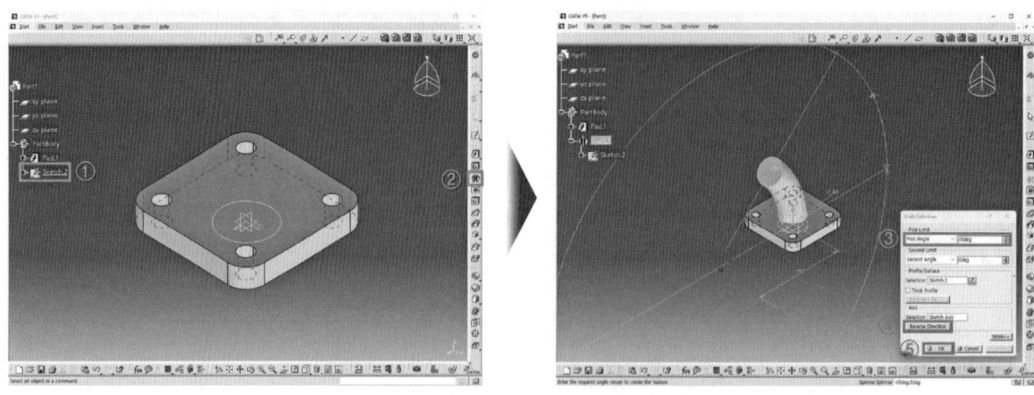

3-8. Shaft, Groove

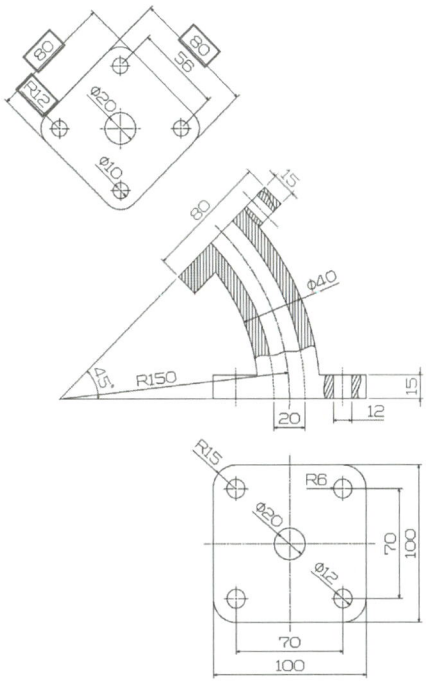

- 사진에 표시된 피처의 Plane을 클린하고 [Sketcher:]를 클릭한다.
- [Centered Rectangle:]을 클릭하고 사각형을 그린다.
- 스케치한 사각형의 중심점과 사진에 표시된 Pad 피처의 모서리를 동시에 선택 → [Constraints Defined in Dialog Box:]를 클릭하고 Concentricity(동심) 활성화 → [OK]를 클릭한다.

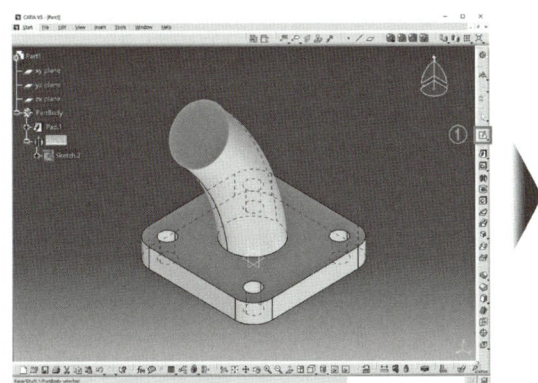
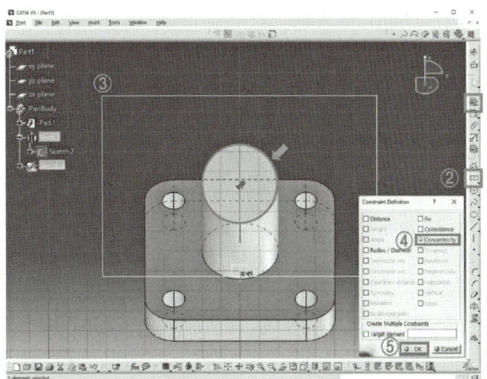

3-9. Shaft, Groove

- [Constraint: ▣]을 클릭하고 사각형의 가로 길이(가로선 클릭)와 세로 길이(세로선 클릭)을 정의한다. [가로선: 80mm/세로선: 80mm]

  * Icon을 Double Click하면 명령을 연속으로 수행할 수 있다.(명령 취소: 〈ESC〉)

- [Corner: ⌐]을 클릭하고 마우스 드래그를 사용하여 사각형의 모든 변을 선택한다.
- 적당한 Fillet 사이즈가 되도록 조정한 후, 설정된 치수를 더블 클릭하여 [Radius: 12mm]로 정의한다.

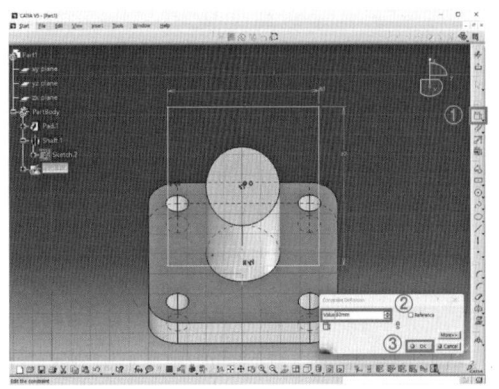 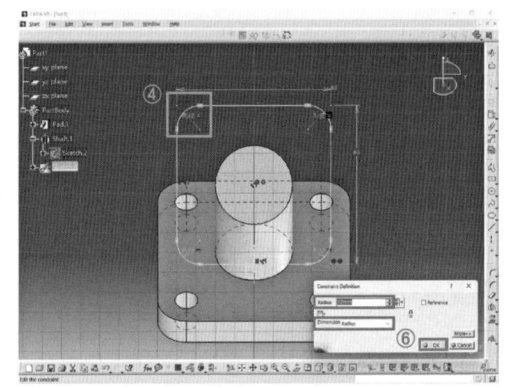

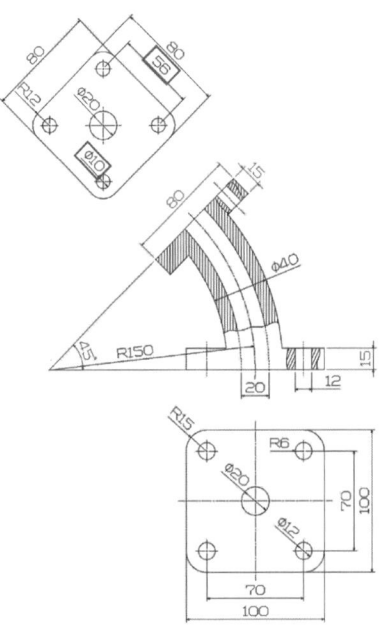

3-10. Shaft, Groove

- [Circle: ⊙]을 사용하여 각 Corner의 중심과 원의 중심이 일치하도록 네 원을 그린다.
- [Constraint:]을 클릭하여 네 원 모두 [Dimension: Diameter], [Diameter: 10mm]로 정의한다.
- 모든 구속이 완료되었다면 [Exit workbench:]을 클릭하여 Sketch를 종료한다.

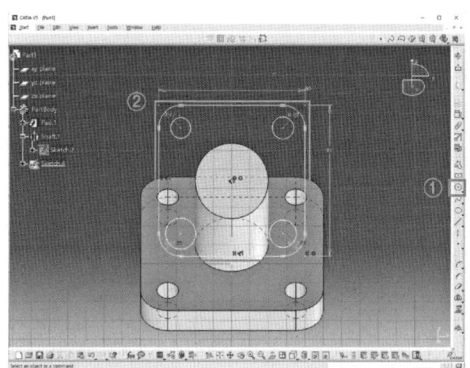 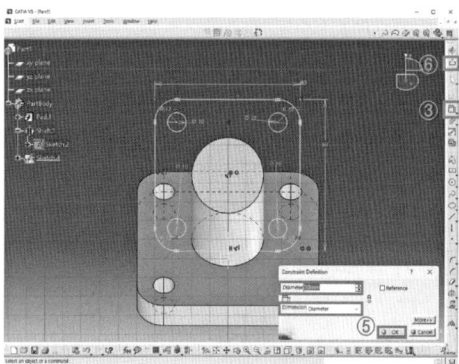

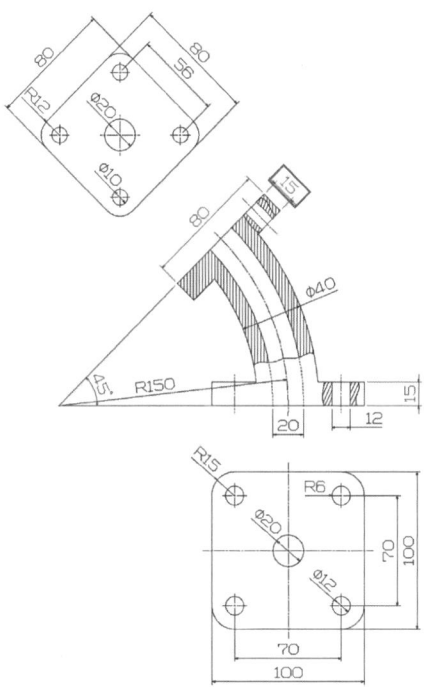

3-11. Shaft, Groove

- Sketch-Based Features의 [Pad: 🗗]를 클릭하고 Sketch.3을 직접 클릭하거나 [Specification Tree]에서 [Sketch.3]을 클릭한다.
- [Type: Dimension], [Length: 15mm]로 설정하고 Reverse Direction을 클릭하여 알맞은 방향(그림 표시)으로 피처가 생성되도록 조정한 뒤, [OK]를 클릭한다.

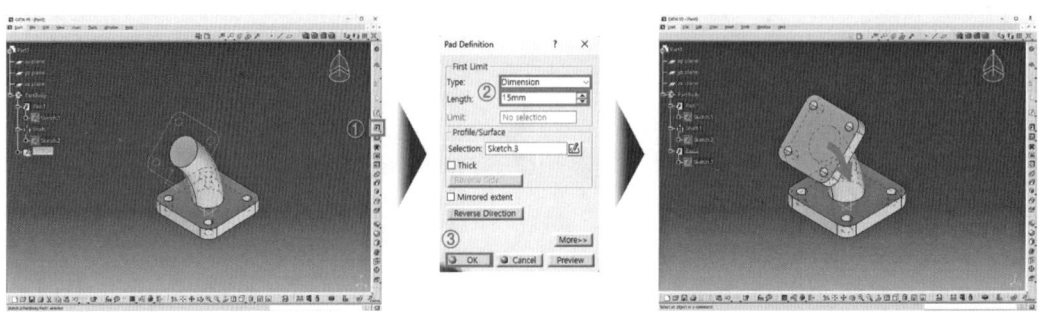

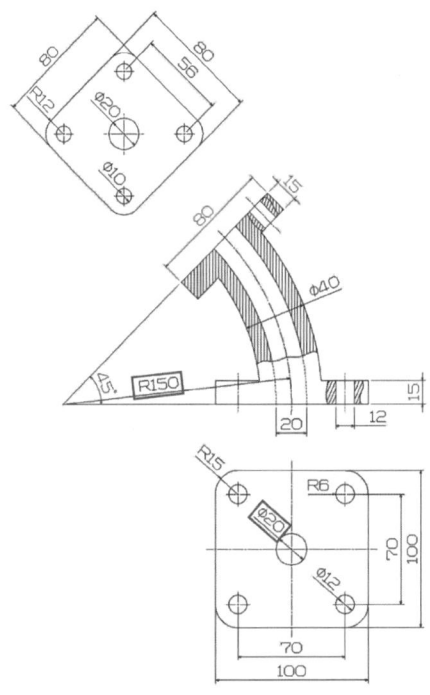

3-12. Shaft, Groove

- [Specification Tree]에 xy Plane을 선택한 상태로 [Sketcher:]를 클릭한다.
- [Circle:]을 사용하여 좌표 중심과 원의 중심이 일치하도록 원을 스케치한 후, [Constraint:]을 사용하여 다음과 같이 정의한다. [D: 20mm]

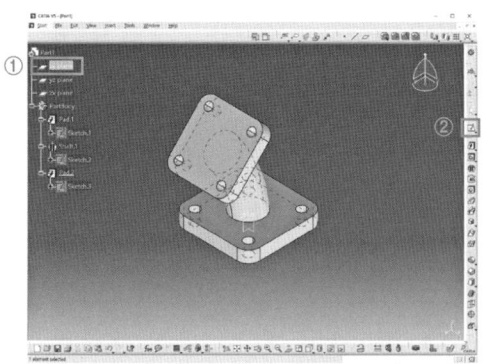 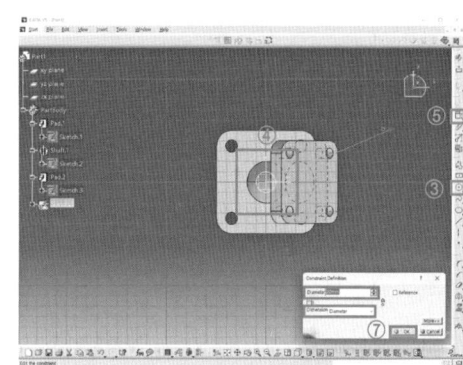

- [Axis:]을 클릭하고 사진과 같이 중심좌표계 우측에 수직이 되도록 점선을 그린다.
- [Constraint:]을 클릭하고 중심좌표 세로선과 점선을 클릭하여 두 거리 길이를 [Value: 150mm]로 정의한다.
- 모든 구속이 완료되었다면 [Exit workbench:]을 클릭하여 Sketch를 종료한다.

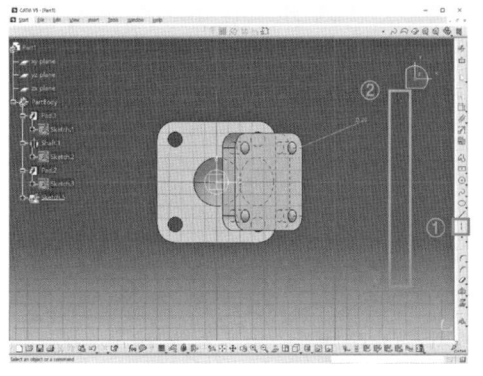 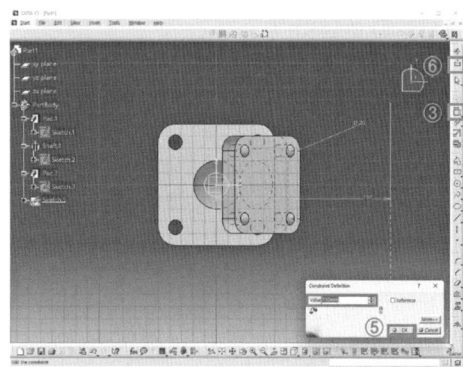

3-13. Shaft, Groove

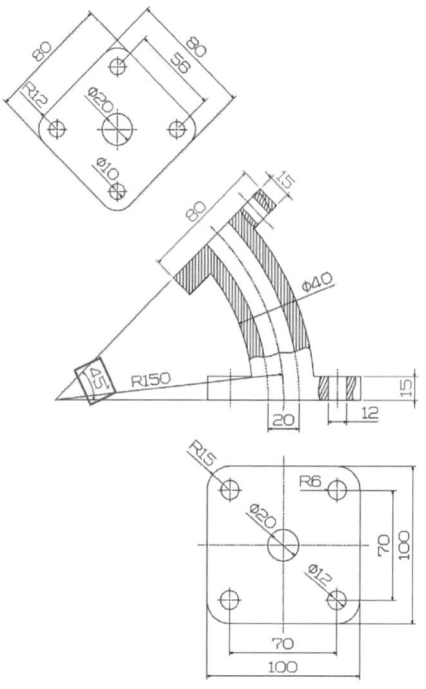

- Sketch-Based Features의 [Groove:]를 클릭하고 Sketch.4를 직접 클릭하거나 [Specification Tree]에서 [Sketch.1]을 클릭한다.
- [First Angle: 45deg]로 입력한 후, Reverse Direction을 클릭하여 알맞은 방향으로 피처가 제거되도록 조정한다.

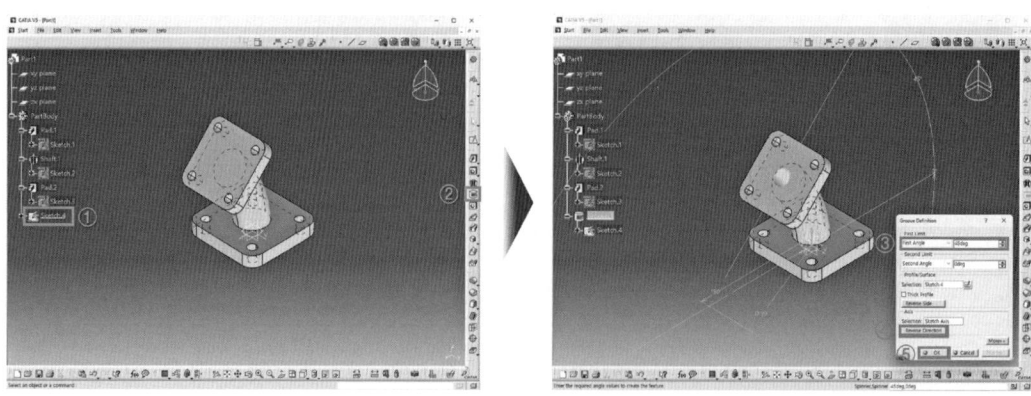

3-14. Shaft, Groove

- [Applied Material: 🗃]를 클릭하고 피처를 직접 클릭하거나 [Specification Tree]에서 [PartBody]을 클릭한다.
- [Metal → Aluminum]을 클릭한 뒤 OK를 클릭한다.

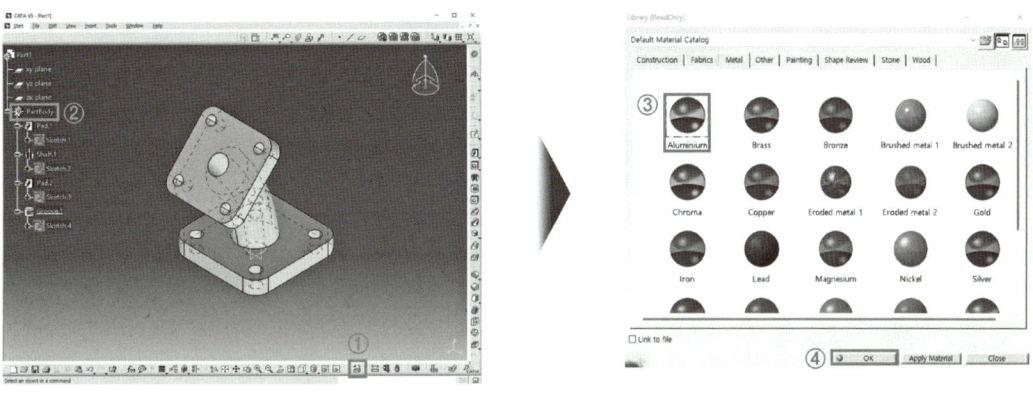

- [Specification Tree]에서 [Partdesign3]를 우클릭 → [Properties]를 클릭한다.
- [Mass]에서 무게 중심과 Mass 값을 교재와 비교해 보고 값이 일치하는지 확인한다.

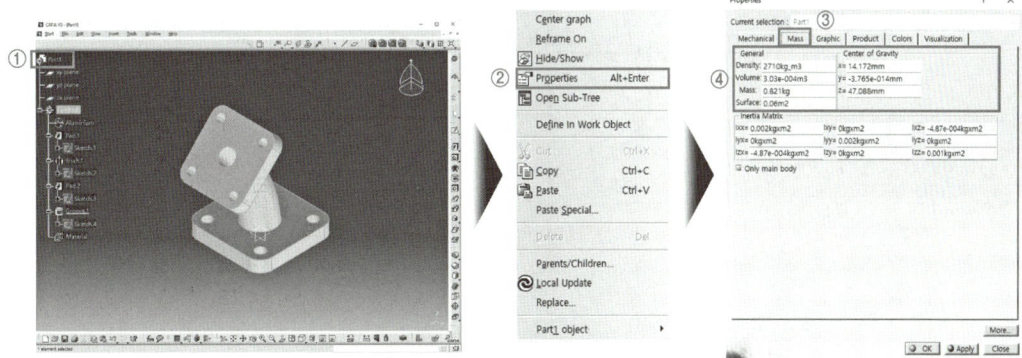

 ## Multi-sections Solid

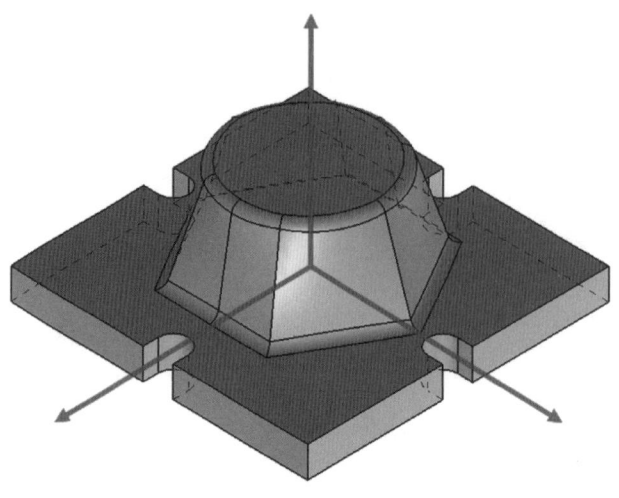

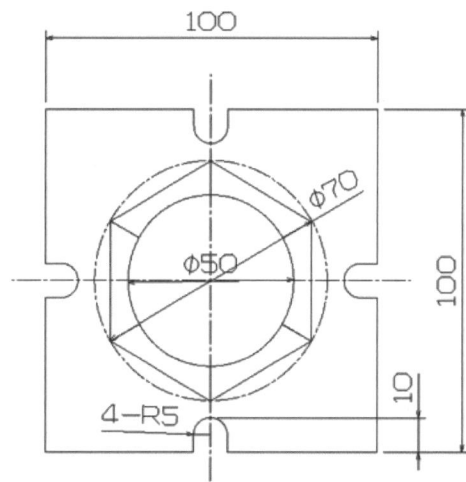

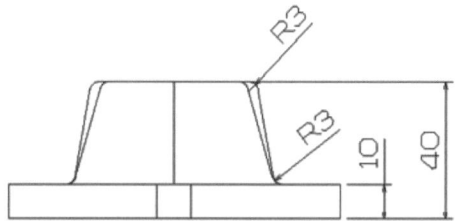

4-1. Multi-sections Solid

- [PullDownMenu: Start → Mechanical Design → Part Design]을 실행한다.
- [Enter part name]에 'Partdesign4'을 입력한 뒤 다음과 같이 설정하고 [OK]를 클릭한다.

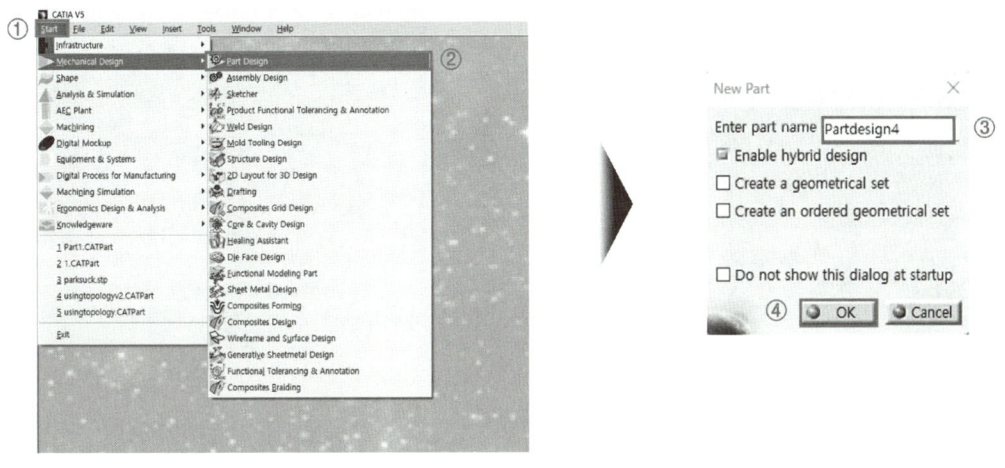

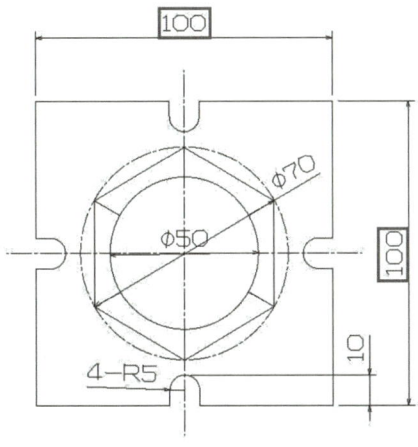

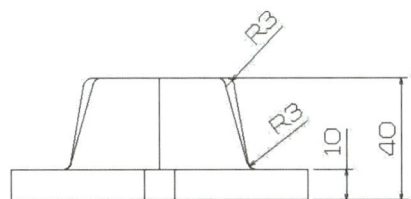

4-2. Multi-sections Solid

- [Specification Tree]에 xy Plane을 선택한 상태로 [Sketcher:]를 클릭한다.

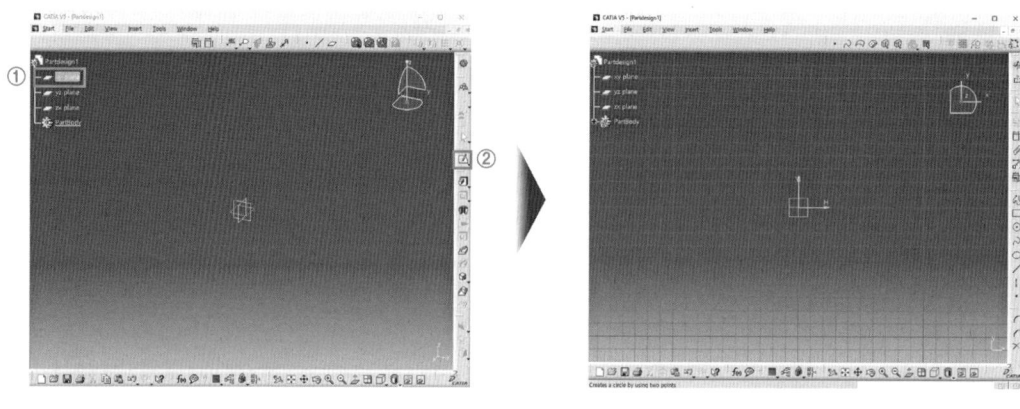

- [Centered Rectangle:]을 클릭하고 사각형의 중심과 좌표 중심점이 일치하도록 사각형을 그린다.
- [Constraint:]을 클릭하고 사각형의 가로 길이(가로선 클릭)와 세로 길이(세로선 클릭)을 정의한다. [가로선: 100mm/세로선: 100mm]
- 모든 구속이 완료되었다면 [Exit workbench:]을 클릭하여 Sketch를 종료한다.

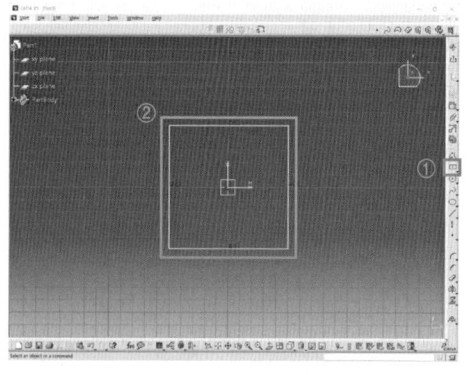 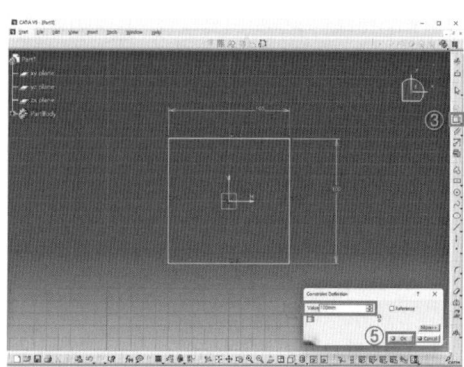

4-3. Multi-sections Solid

- Sketch-Based Features의 [Pad: 🗗]를 클릭하고 Sketch.1을 직접 클릭하거나 [Specification Tree]에서 [Sketch.1]을 클릭한다.
- [Type: Dimension], [Length: 15mm]로 설정하고 [OK]를 클릭한다.

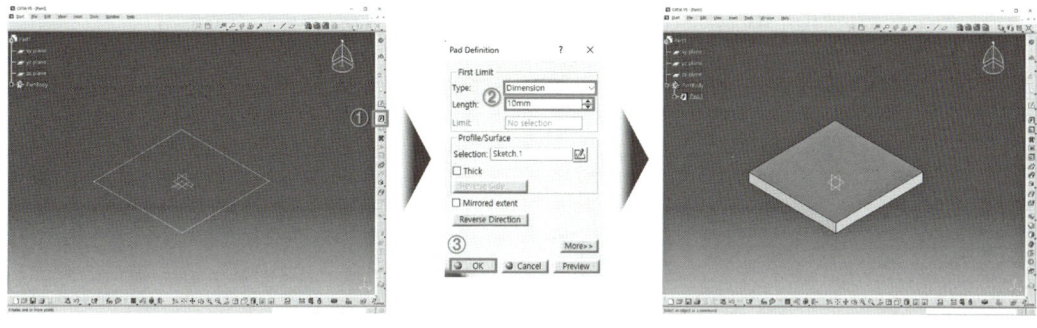

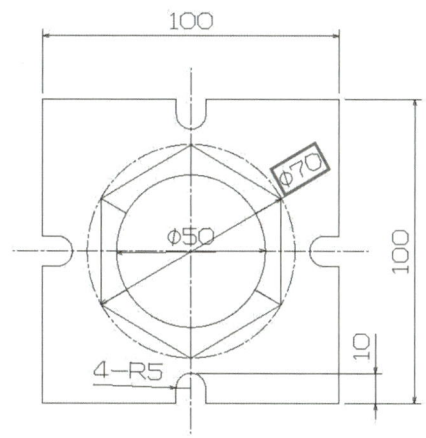

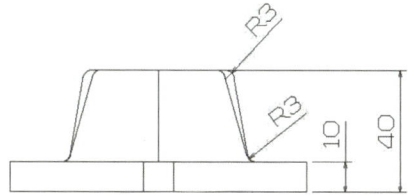

4-4. Multi-sections Solid

- Pad 된 피처에 윗면 Plane을 선택한 상태로 [Sketcher:]를 클릭한다.
- [Polygon:]을 사용하여 Plane 위에 육각형을 스케치 한 후 [Constraint:]과 [Constraints Defined in Dialog Box:]을 사용하여 다음과 같이 정의한다. [외접원 D: 70mm/육각형의 꼭짓점과 중심좌표의 세로선과 Coincidence(부합) 활성화]
- 모든 구속이 완료되었다면 [Exit workbench:]을 클릭하여 Sketch를 종료한다.

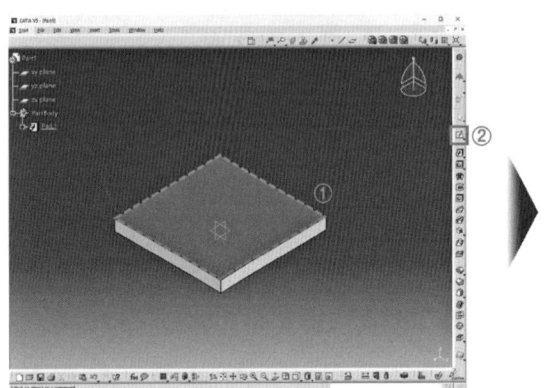
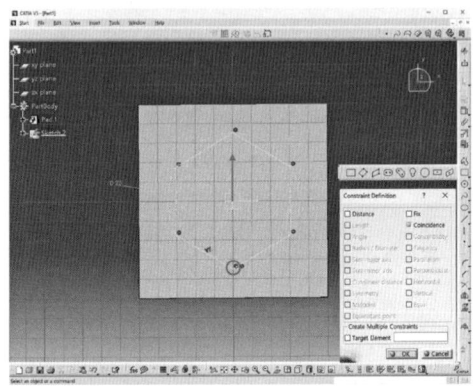

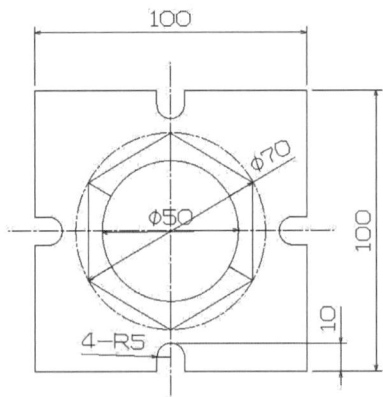

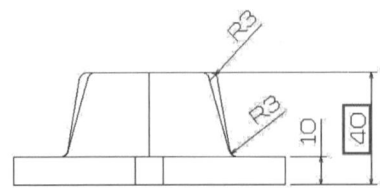

4-5. Multi-sections Solid

- [Plane: ◢] 클릭 → [Type: Offset from Plane] → [Reference: Pad 피처 윗면 클릭] → [Offset: 30mm] → [OK]를 통해 새로운 Plane을 생성한다.
- 새로 생성한 Plane을 선택한 상태로 [Sketcher: ◢]를 클릭한다.

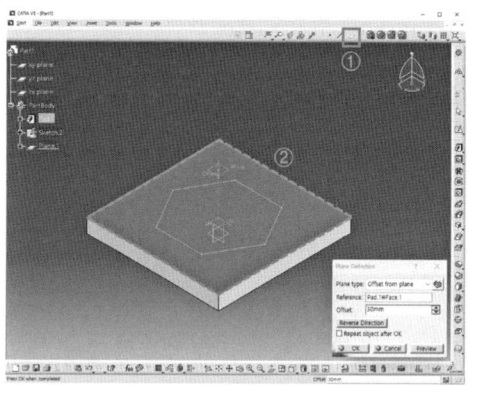 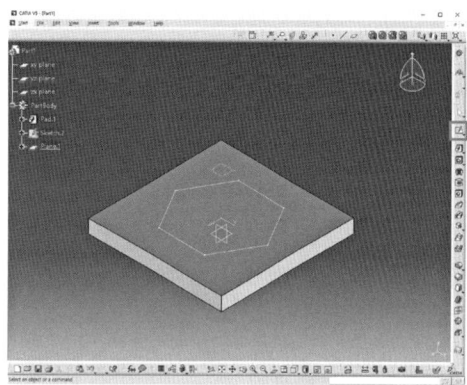

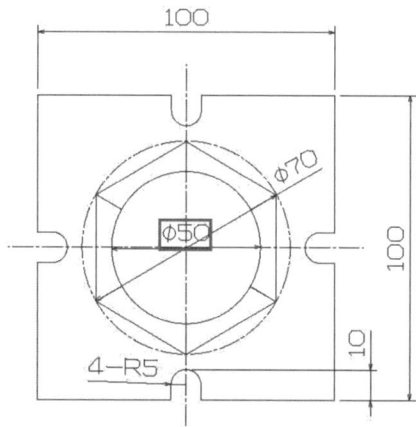

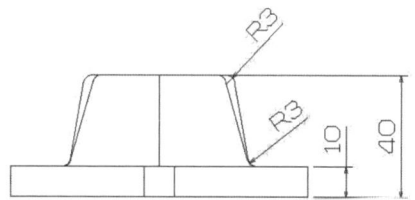

4-6. Multi-sections Solid

- [Circle: ⊙]을 사용하여 좌표 중심과 원의 중심이 일치하도록 원을 스케치한다.
- [Constraint: 🗖]을 클릭 → 원 클릭 → [Dimension: Diameter], [Radius: 50mm]로 설정하고 [OK]를 클릭한다.

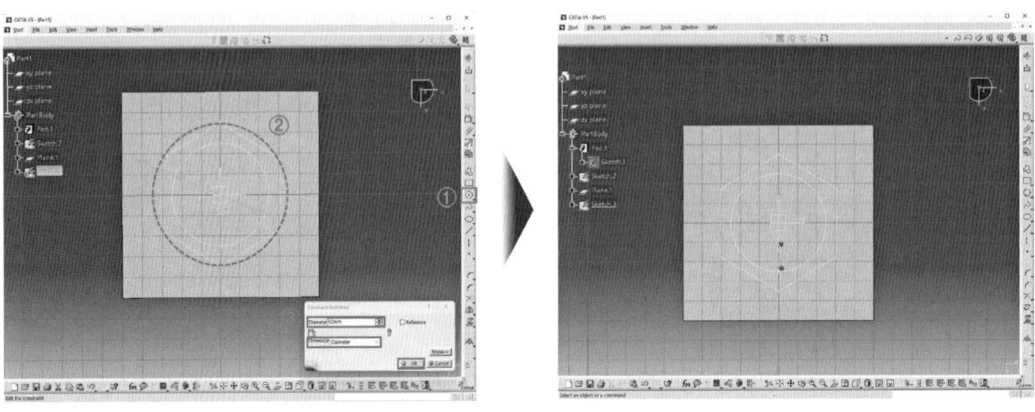

- [Axis: ┃]을 클릭 → 사진과 같이 중심좌표와 원의 선상에 점선의 양 끝점이 일치하도록 점선을 그린다.(자동으로 구속이 잡히도록 그린다.)
- [Point by Clicking: •]을 클릭 → 점선과 원의 교점(사진에 X 표시)에 일치하도록 점을 그린다.
- 모든 구속이 완료되었다면 [Exit workbench: 🗗]을 클릭하여 Sketch를 종료한다.

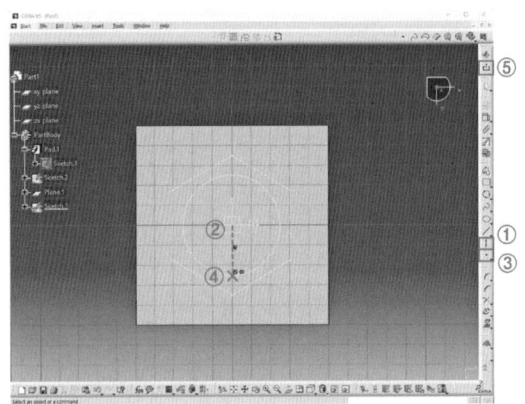

4-7. Multi-sections Solid

- [Multi-sections Solid: 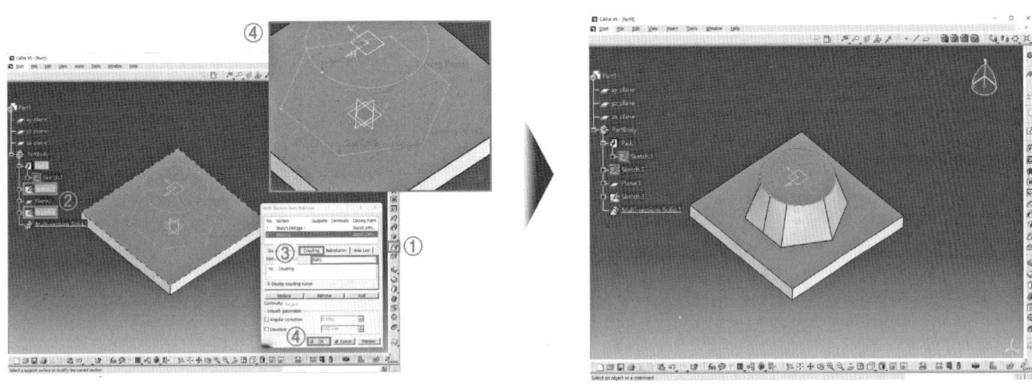]를 클릭 → Sketch.2와 Sketch.3을 직접 클릭하거나 [Specification Tree]에서 클릭한다.
- [Coupling]을 클릭하여 피처 생성 방식을 변경 → Sections couplin을 Ratio로 변경한다.
- 사진과 같이 각 Sketch의 Closing Point가 일치하도록 [Closing Point 우클릭 → Replace → 지정할 점 클릭] → 각 포인트의 화살표를 클릭하여 화살표의 방향도 일치하도록 설정 → [OK].

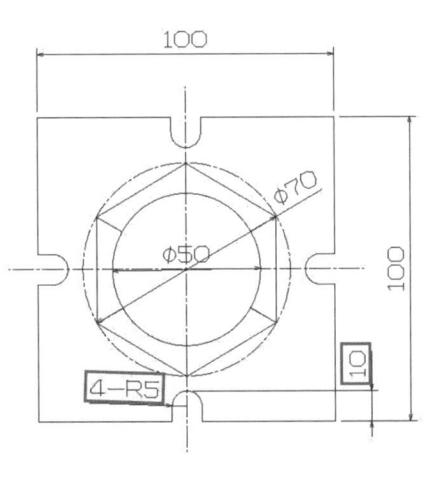

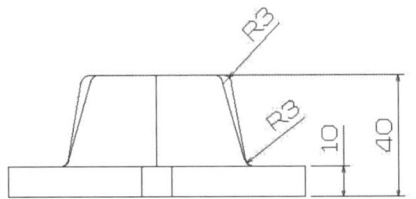

4-8. Multi-sections Solid

- [Specification Tree]에 xy Plane을 선택한 상태로 [Sketcher:]를 클릭한다.
- [Elongated hole:]을 클릭하고 사진과 같이 중심좌표의 수평축과 스케치의 중심선이 부합 구속이 되도록 그린다.
- [Constraint:]을 클릭하고 다음과 같이 치수를 기입한다. [중심선 10mm/사각형 피처의 끝단 - 호의 끝단: 10mm/호의 반지름 5mm]
- 모든 구속이 완료되었다면 [Exit workbench:]을 클릭하여 Sketch를 종료한다.

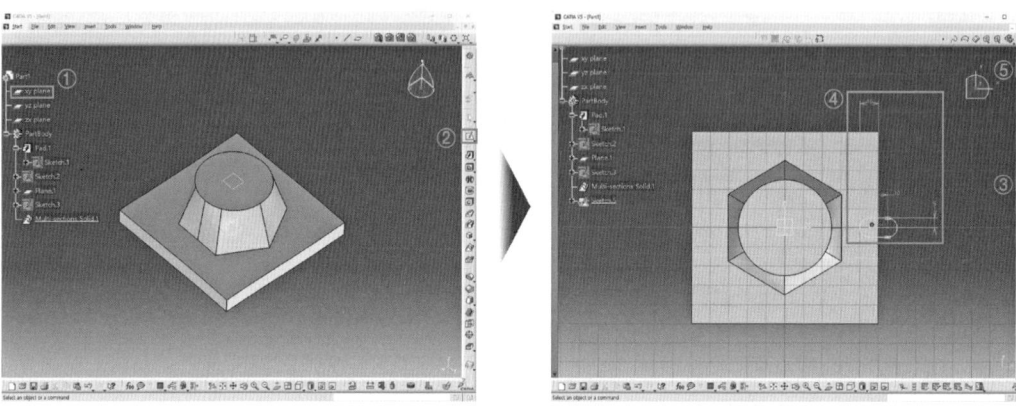

- Sketch-Based Features의 [Pocket:]를 클릭 → Sketch.4를 직접 클릭하거나 [Specification Tree]에서 [Sketch.4]를 클릭한다.
- [Type: Up to last] 설정하고 [OK]를 클릭한다.

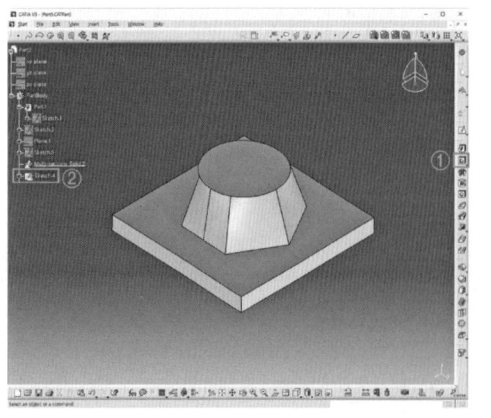
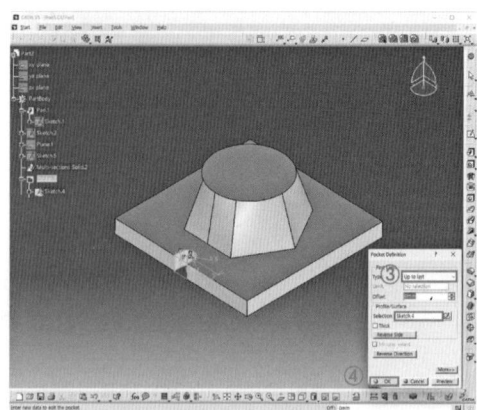

4-9. Multi-sections Solid

- [Circular pattern: ✥]을 클릭 → [Specification Tree]에서 [Pocket.1]을 클릭 → [Instance(s): 4/ Angular spacing: 90deg/Reference element: xy Plane]로 설정 → [OK]를 클릭한다.

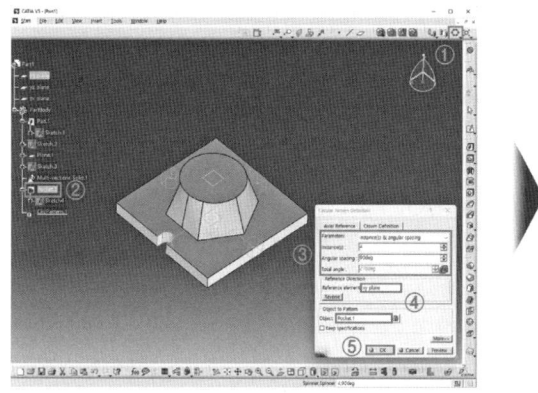 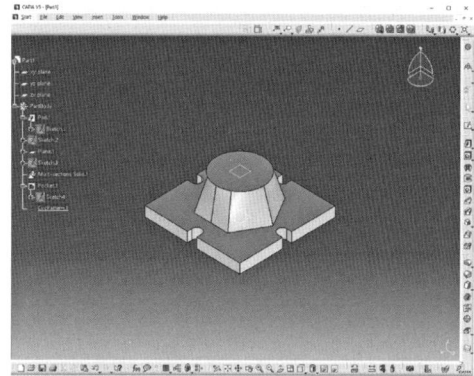

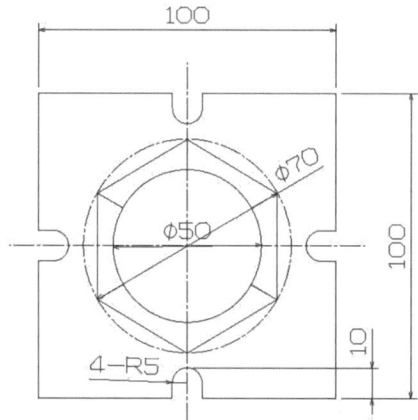

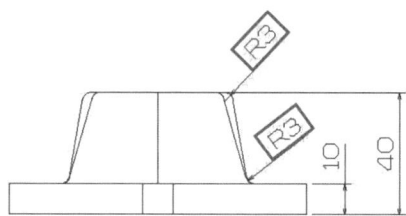

4-10. Multi-sections Solid

- [Edge Fillet:]를 클릭 → 사진에 표시된 피처의 Edge를 클릭한다.
- [Radius: 3mm]를 입력 → [OK]를 클릭한다.

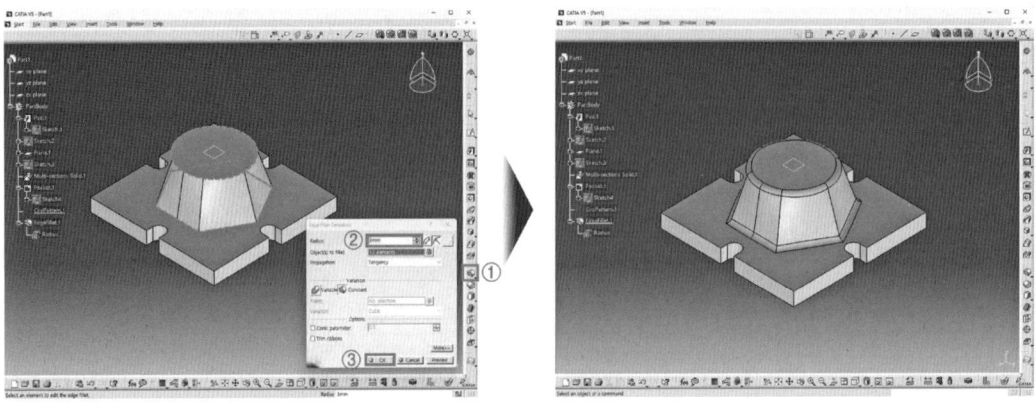

- [Applied Material:]를 클릭하고 피처를 직접 클릭하거나 [Specification Tree]에서 [PartBody]을 클릭한다.
- [Metal → Aluminum]을 클릭한 뒤 OK를 클릭한다.

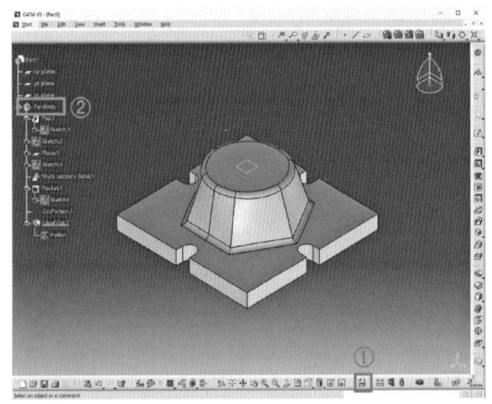
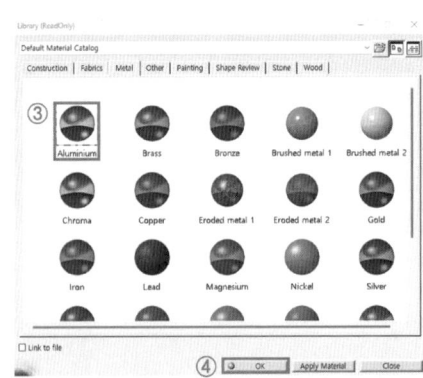

4-11. Multi-sections Solid

- [Specification Tree]에서 [Partdesign4]를 우클릭 → [Properties]를 클릭한다.
- [Mass]에서 무게 중심과 Mass 값을 교재와 비교해 보고 값이 일치하는지 확인한다.

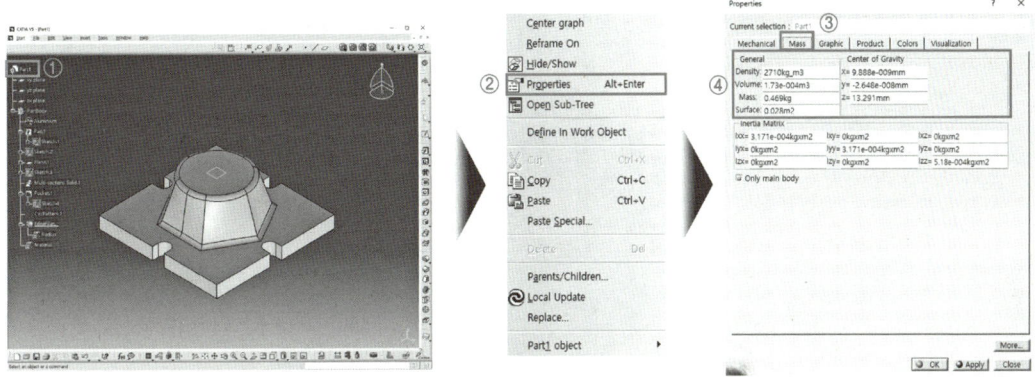

5. Removed Multi-sections Solid

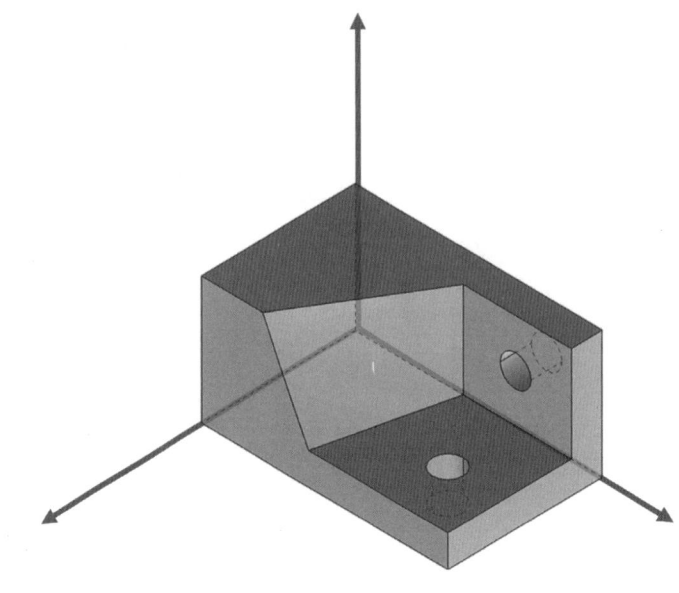

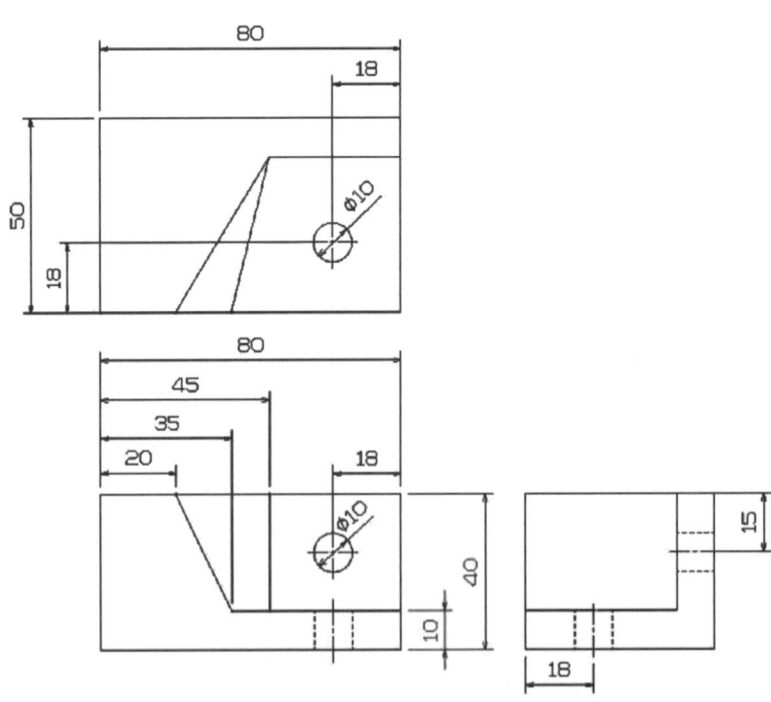

5-1. Removed Multi-sections Solid

- [PullDownMenu: Start → Mechanical Design → Part Design]을 실행한다.
- [Enter part name]에 'Partdesign5'을 입력한 뒤 다음과 같이 설정하고 [OK]를 클릭한다.

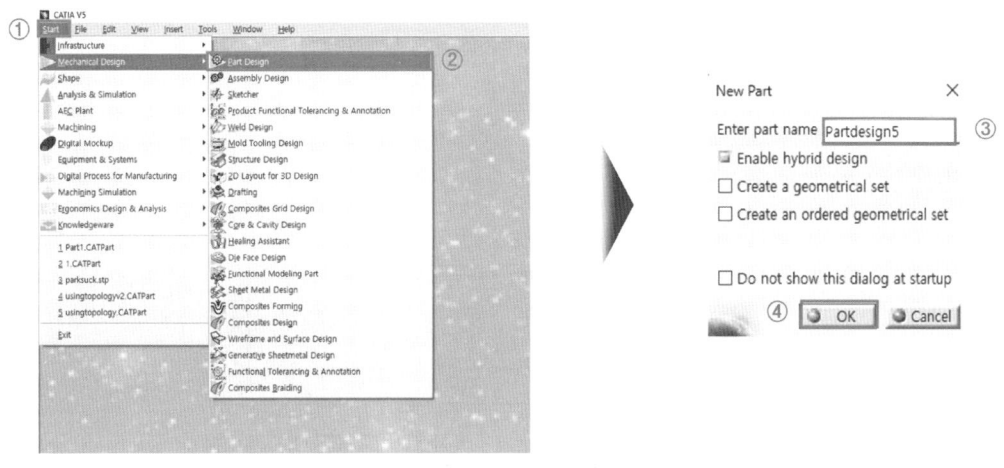

- [Specification Tree]에 xy Plane을 선택한 상태로 [Sketcher:]를 클릭한다.

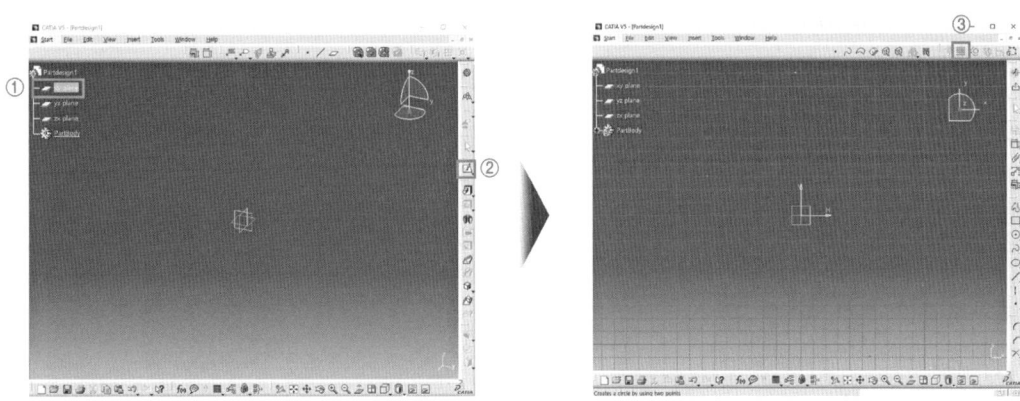

5-2. Removed Multi-sections Solid

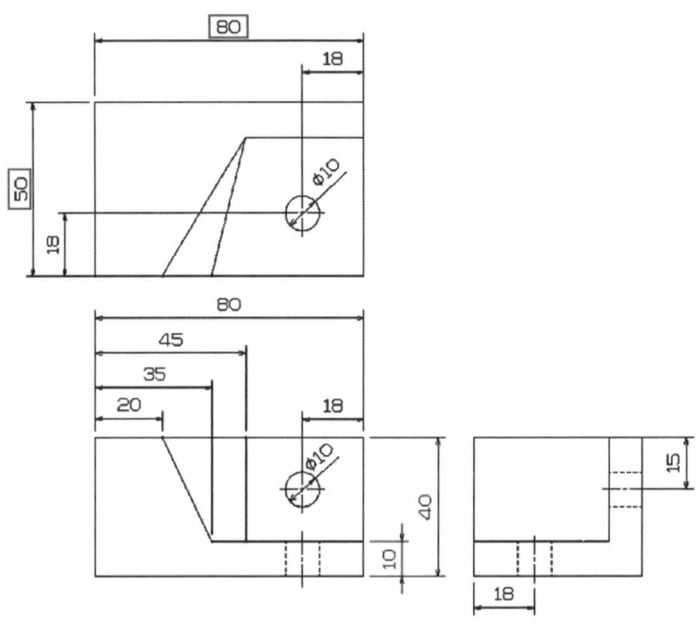

- [Rectangle:]을 클릭 → 임의의 사각형을 그린다.
- [Constraint:]을 클릭 → 사각형의 가로 길이(가로선 클릭)와 세로 길이(세로선 클릭)을 정의한다. [가로선: 100mm/세로선: 100mm]
- 모든 구속이 완료되었다면 [Exit workbench:]을 클릭하여 Sketch를 종료한다.

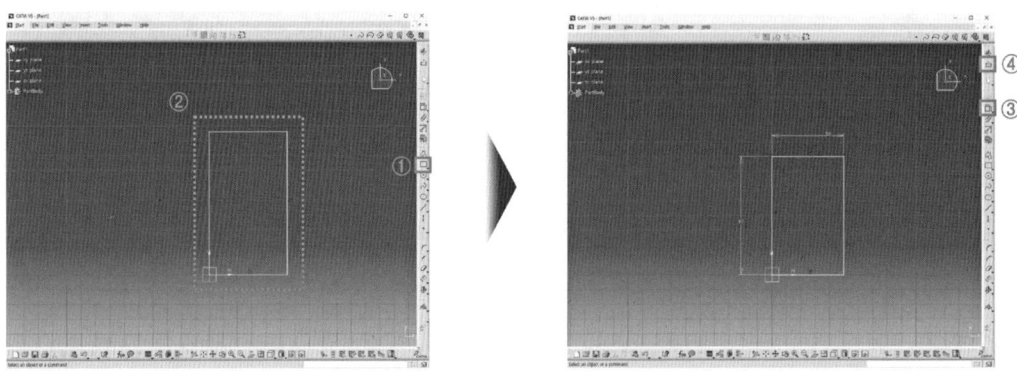

5-3. Removed Multi-sections Solid

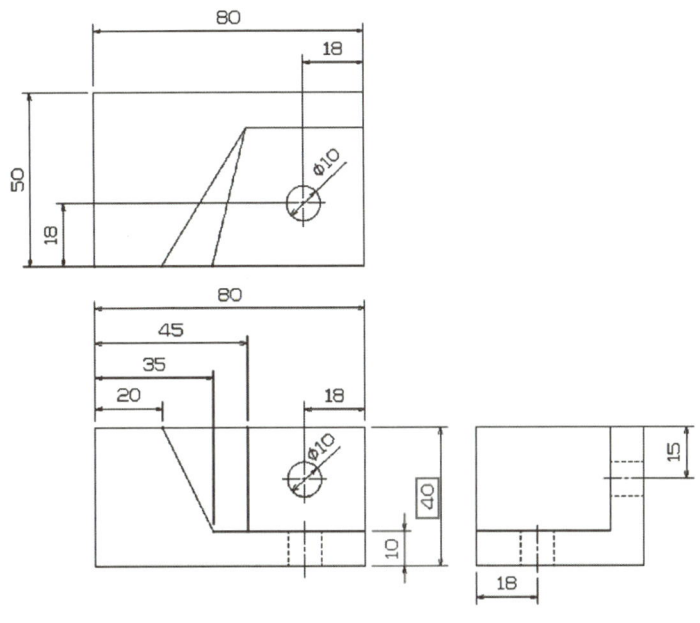

- Sketch-Based Features의 [Pad:]를 클릭하고 Sketch.1을 직접 클릭하거나 [Specification Tree]에서 [Sketch.1]을 클릭한다.
- [Type: Dimension], [Length: 40mm]로 설정하고 [OK]를 클릭한다.

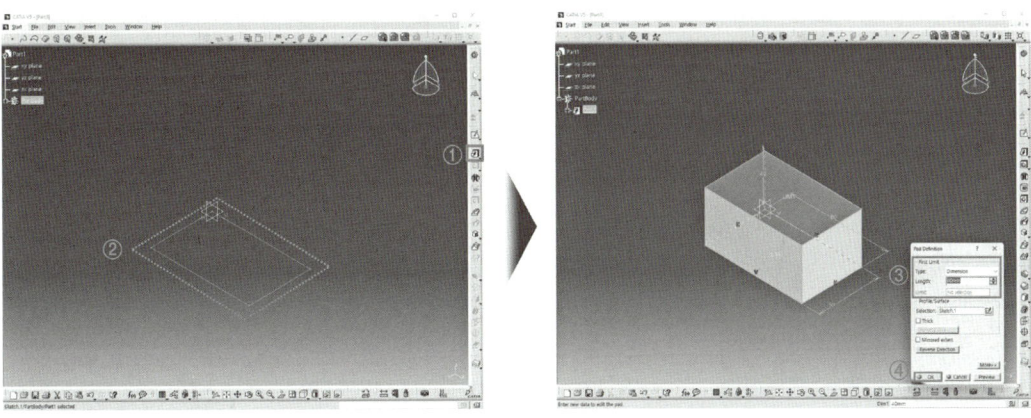

5-4. Removed Multi-sections Solid

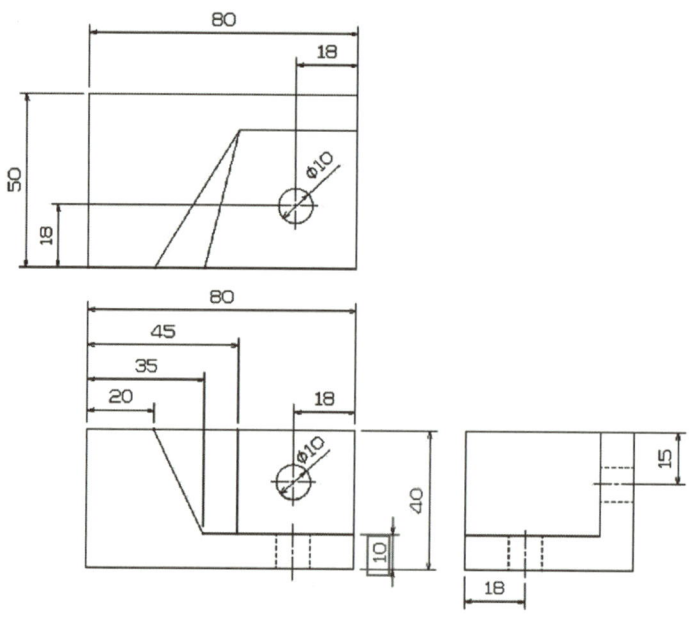

- [Plane: ⬦] 클릭 → [Type: Offset from Plane] → [Reference: xy Plane클릭] → [Offset: 10mm] → [OK]를 통해 새로운 Plane을 생성한다.

  * 만약 원하는 방향이 아닌 경우 Reverse Direction을 클릭하여 방향을 조정한다.

- 새로 생성한 Plane을 선택한 상태로 [Sketcher: 🖉]를 클릭한다.

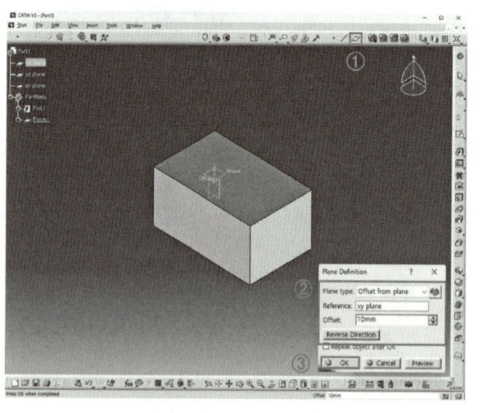 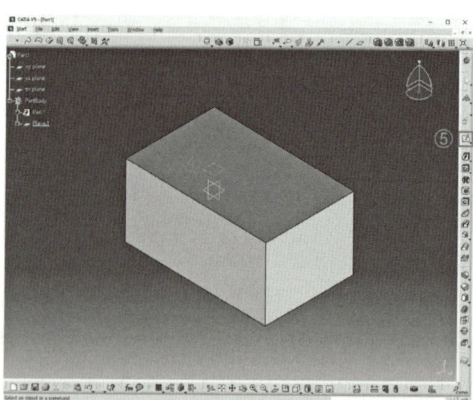

5-5. Removed Multi-sections Solid

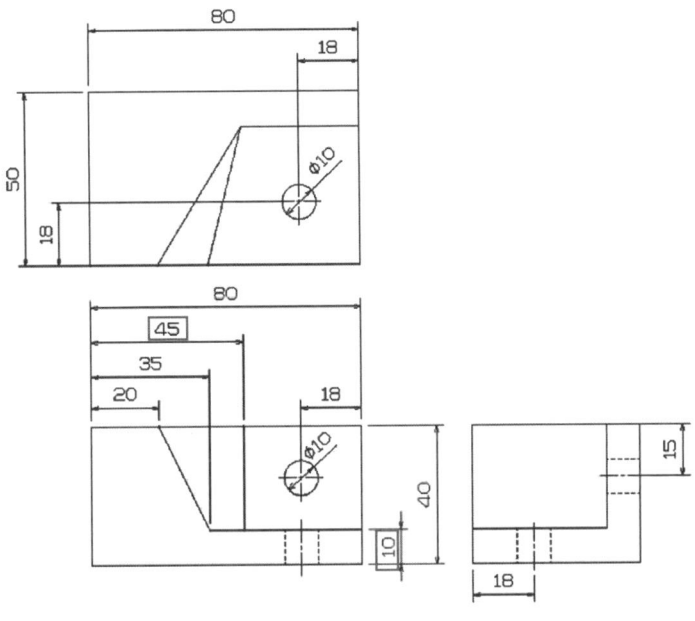

- [Rectangle: 🔲]을 클릭 → 그림을 참고하여 적절한 위치에 임의의 사각형을 그린다.
- [Constraint: 🔳]을 클릭 → [중심좌표와 사각형의 우측 변 사이 거리: 45mm/중심좌표와 사각형의 아랫변사이 거리: 10mm]로 정의한다.
- [Constraints Defined in Dialog Box: 🔳]를 클릭 → [사각형의 두 모서리와 스케치의 두 선 사이 Coincidence(부합)] 구속을 정의한다.
- 모든 구속이 완료되었다면 [Exit workbench: 🔳]을 클릭하여 Sketch를 종료한다.

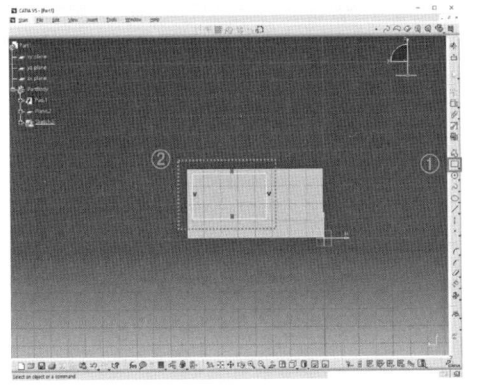 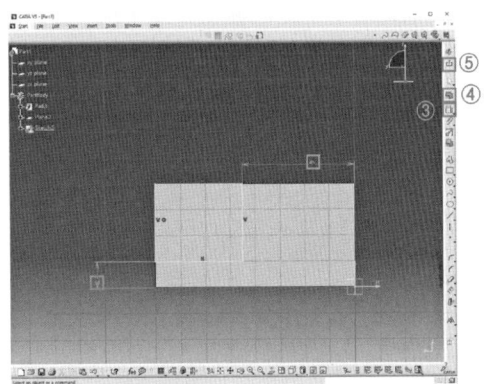

5-6. Removed Multi-sections Solid

- Pad 피처의 가장 정면을 Plane을 선택한 상태로 [Sketcher:]를 클릭한다.
- [Profile:]을 클릭 → 다음과 같이 임의의 사각형을 그린다.

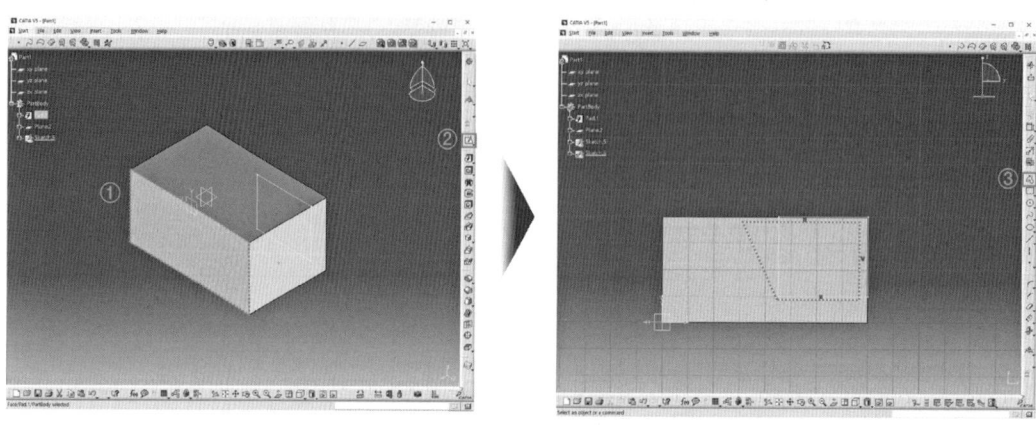

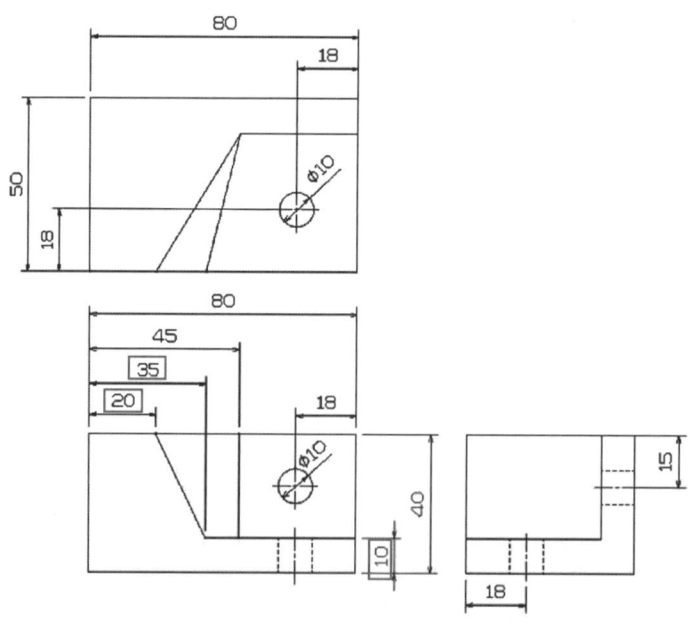

5-7. Removed Multi-sections Solid

- [Constraints Defined in Dialog Box:]를 클릭 → [사각형의 우측 상단 꼭짓점과 피처의 꼭짓점이 일치하도록 Coincidence(부합)] 구속을 정의한다.
- [Constraint:]을 클릭 → 이전 페이지의 도면을 참고하여 길이 구속을 정의한다.
- 스케치가 완전 정의되었다면 [Exit workbench:]을 클릭하여 Sketch를 종료한다.

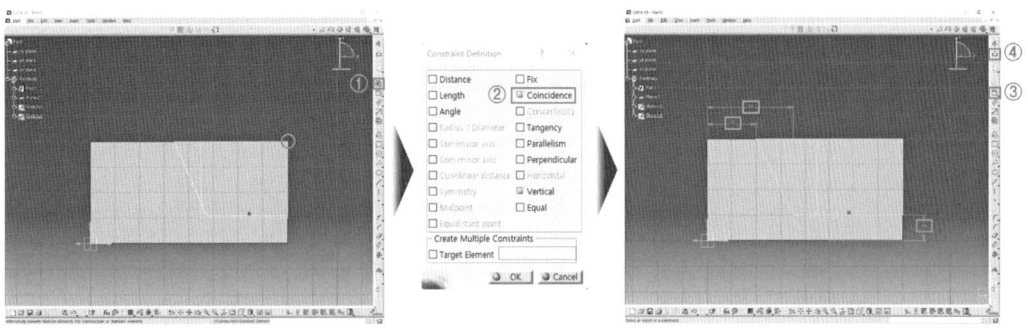

- [RemovedMulti-sections Solid:]를 클릭 → 앞서 그린 두 Sketch를 직접 클릭하거나 [Specification Tree]에서 클릭한다.
- 사진과 같이 각 Sketch의 Closing Point가 일치하도록 [Closing Point 우클릭 → Replace → 지정할 점 클릭] 후 각 포인트의 화살표를 클릭하여 화살표의 방향도 일치하도록 설정 → [OK]를 클릭한다.

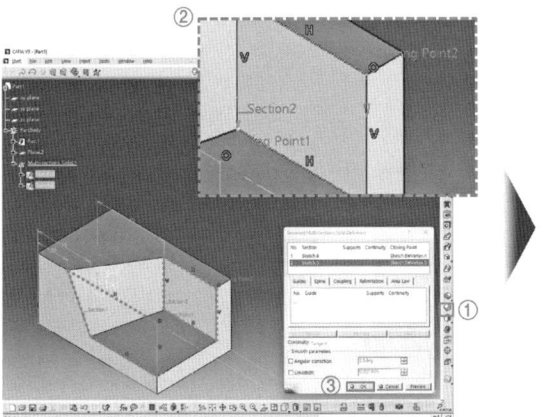
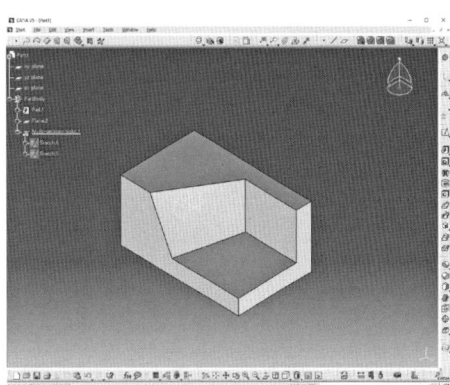

5-8. Removed Multi-sections Solid

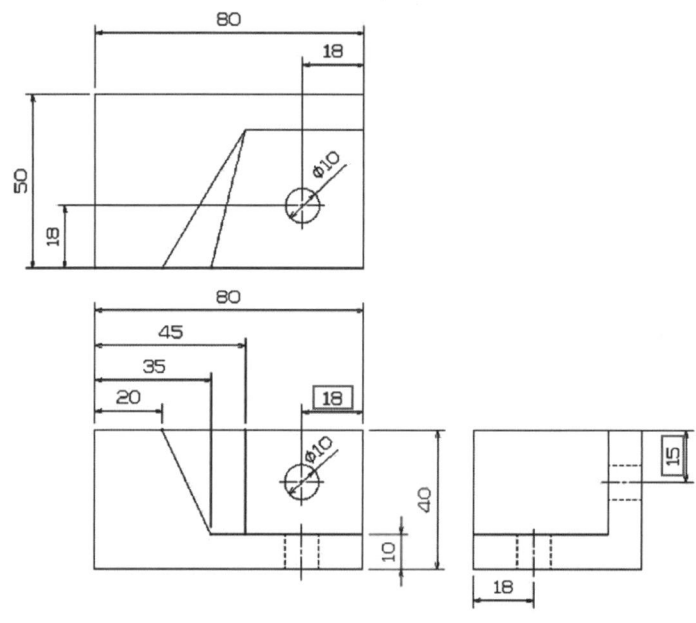

- Sketch-Based Features의 [Hole: ◎]을 클릭 → 사진에 표시된 피처의 면을 클릭한다.
- Type을 [Up to Last]로 설정 → [Diameter: 10mm]로 설정한다.
- Hole의 중심점의 좌표를 설정하기 위해 [Positioning Sketch]를 클릭한다.
- [Constraint: 📐]을 클릭 → [피처의 우측 변과 중심점 사이 거리: 18mm, 피처의 상단 변과 중심점 사이 거리: 15mm]로 정의한다.
- 모든 구속이 완료되었다면 [Exit workbench: 📤]을 클릭하여 Sketch를 종료하고, [OK]를 클릭한다.

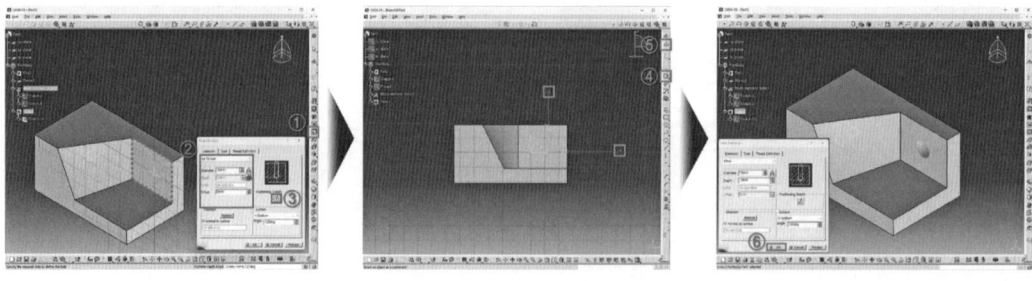

5-9. Removed Multi-sections Solid

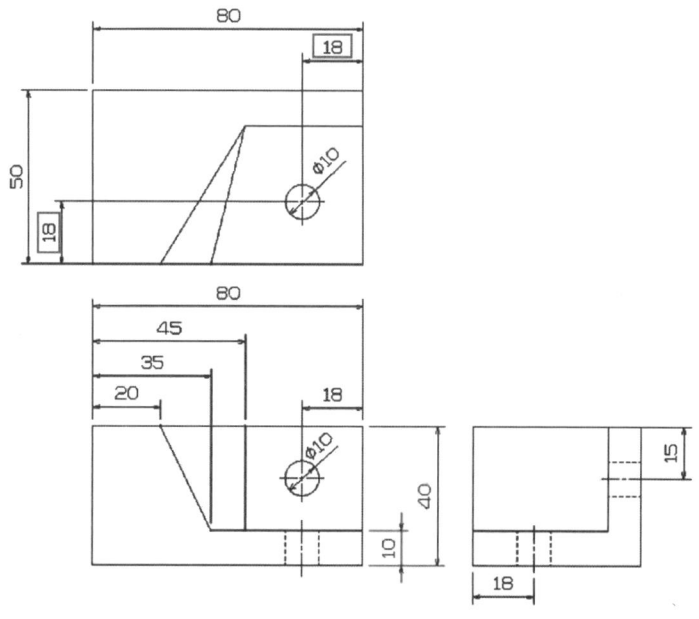

- Sketch-Based Features의 [Hole: ◉]을 클릭 → 사진에 표시된 피처의 면을 클릭한다.
- Type을 [Up to Last]로 설정 → [Diameter: 10mm]로 설정한다.
- Hole의 중심점의 좌표를 설정하기 위해 [Positioning Sketch]를 클릭한다.
- [Constraint: 🗖]을 클릭 → [피처의 우측 변과 중심점 사이 거리: 18mm, 피처의 상단 변과 중심점 사이 거리: 18mm]로 정의한다.
- 모든 구속이 완료되었다면 [Exit workbench: 🖆]을 클릭하여 Sketch를 종료하고, [OK]를 클릭한다.

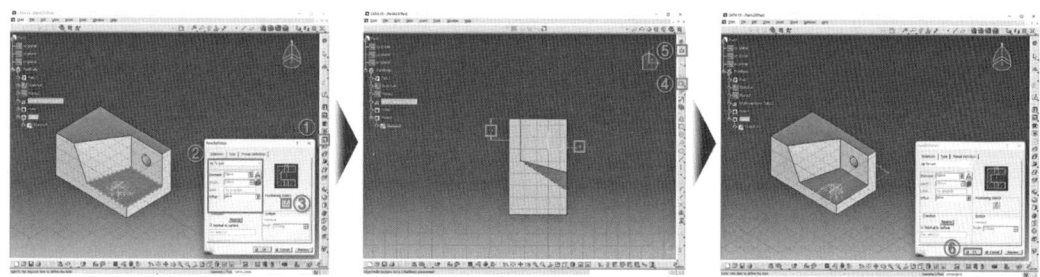

5-10. Removed Multi-sections Solid

- [Applied Material: 🗃]를 클릭하고 피처를 직접 클릭하거나 [Specification Tree]에서 [🔧 PartBody] 을 클릭한다.
- [Metal → Aluminum]을 클릭한 뒤 OK를 클릭한다.

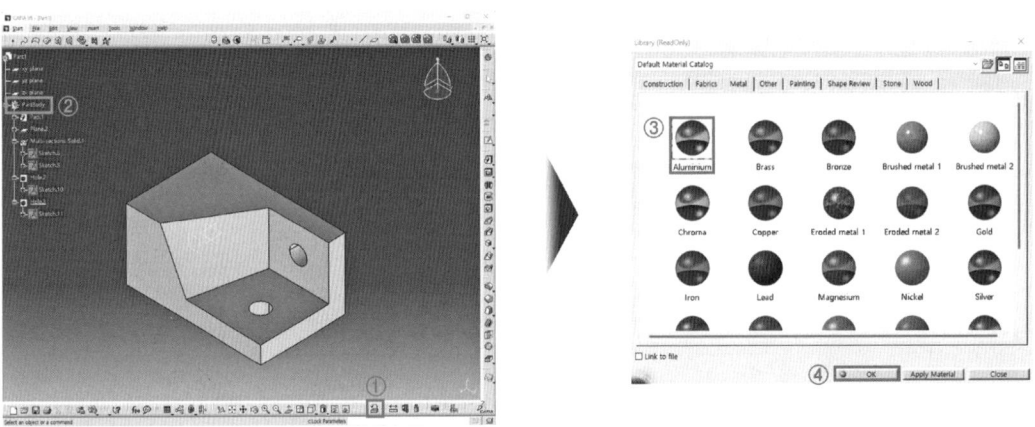

- [Specification Tree]에서 [🔧 Partdesign5]를 우클릭 → [Properties]를 클릭한다.
- [Mass]에서 무게 중심과 Mass 값을 교재와 비교해 보고 값이 일치하는지 확인한다.

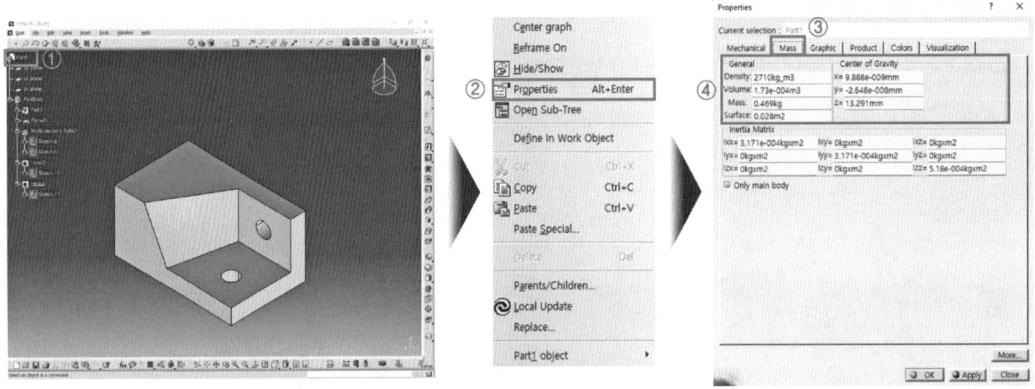

6 New Plane Definition

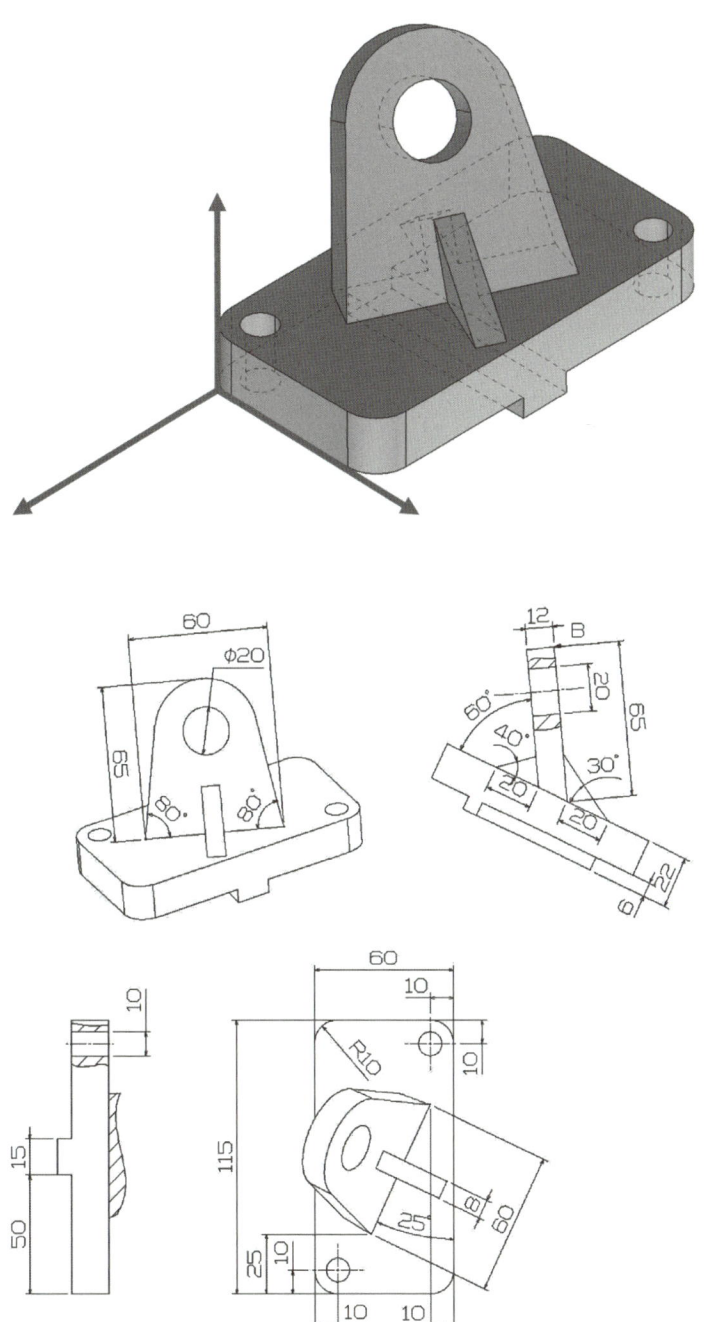

6-1. New Plane Definition

- [Pull DownMenu: Start → Mechanical Design → Part Design]을 실행한다.
- [Enter part name]에 'Partdesign6'을 입력한 뒤 다음과 같이 설정하고 [OK]를 클릭한다.

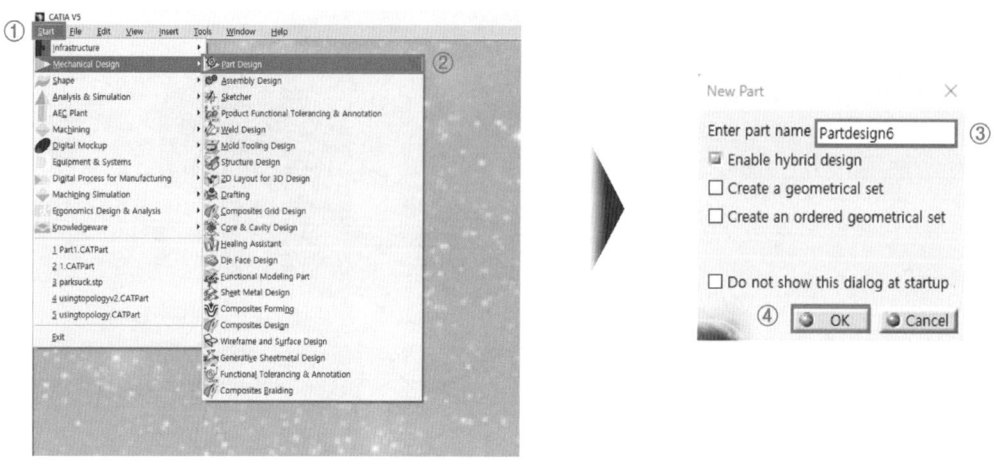

- [Specification Tree]에 xy Plane을 선택한 상태로 [Sketcher:]를 클릭한다.

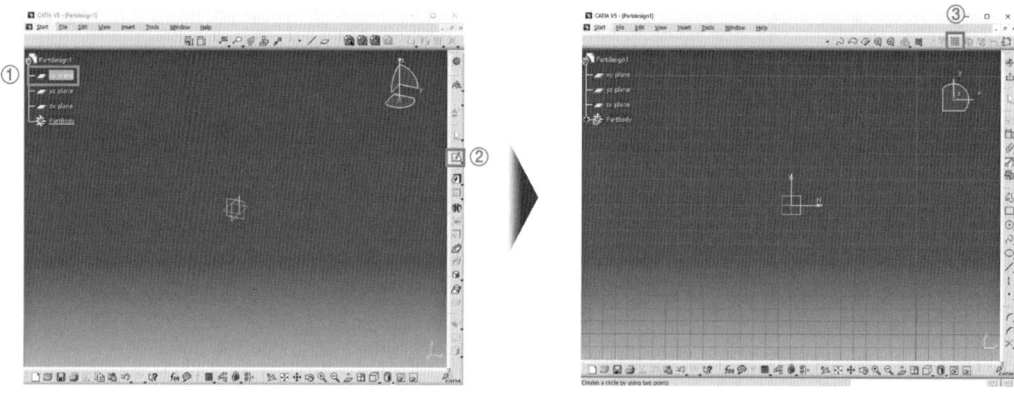

6-2. New Plane Definition

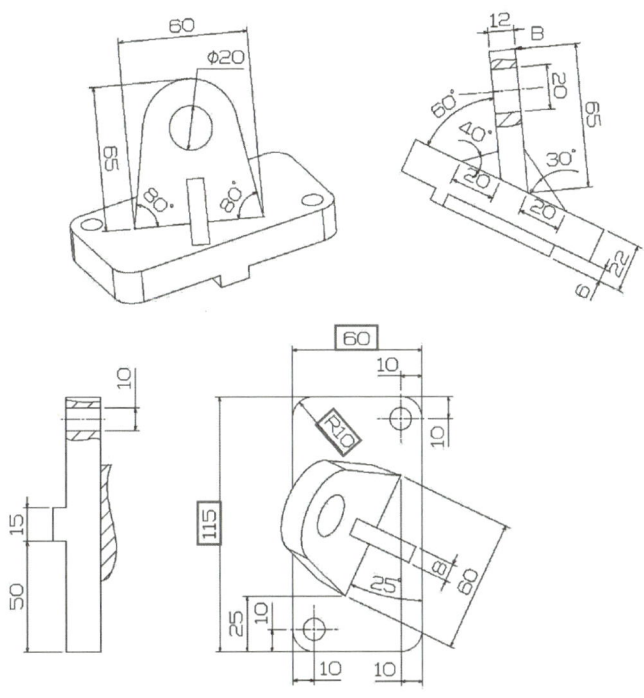

- [Rectangle: ▭]을 클릭하고 사각형의 우측 꼭짓점과 중심좌표계가 일치하도록 사각형을 그린다.
- [Constraint: ▭]을 클릭하고 사각형의 가로 길이(가로선 클릭)와 세로 길이(세로선 클릭)을 정의한다. [가로선: 115mm/세로선: 60mm]

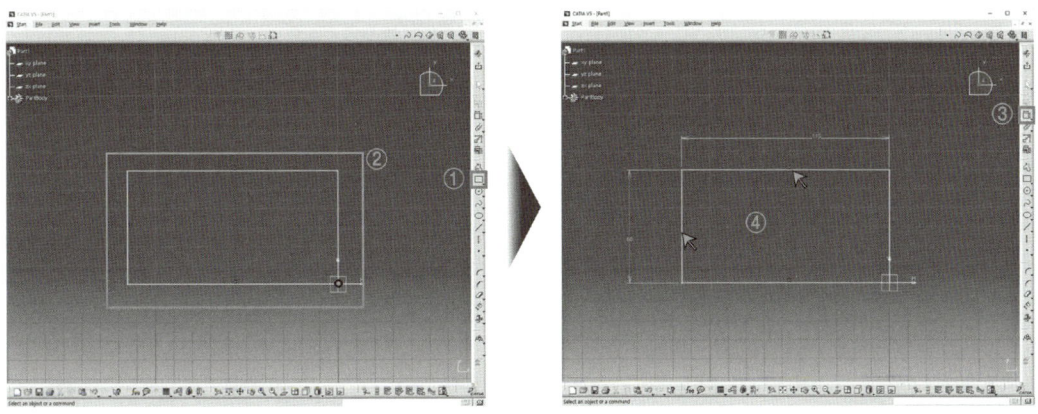

6-3. New Plane Definition

- [Corner: ⌒]을 클릭 → 마우스 드래그를 사용하여 사각형의 모든 변을 선택한다.
- 적당한 Fillet 사이즈가 되도록 조정한 후, 설정된 치수를 더블 클릭 → [Radius: 10mm]로 정의한다.
- 모든 구속이 완료되었다면 [Exit workbench: ⬆]을 클릭하여 Sketch를 종료한다.

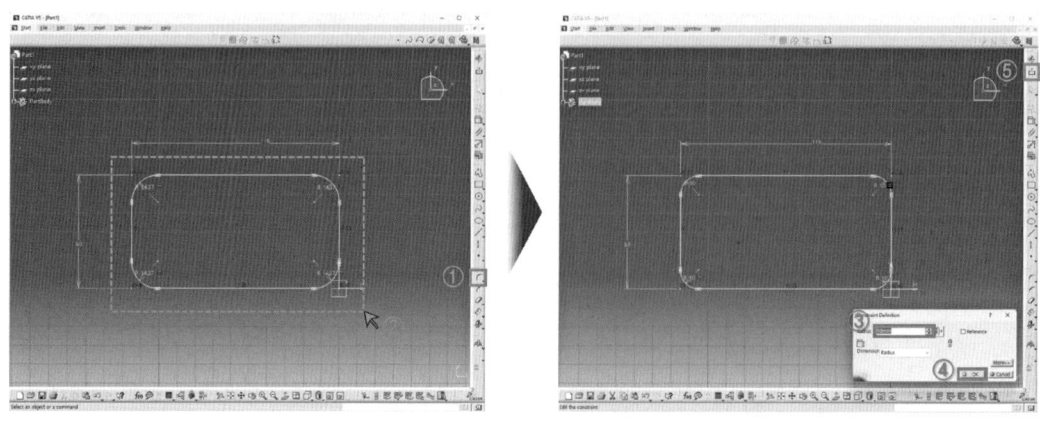

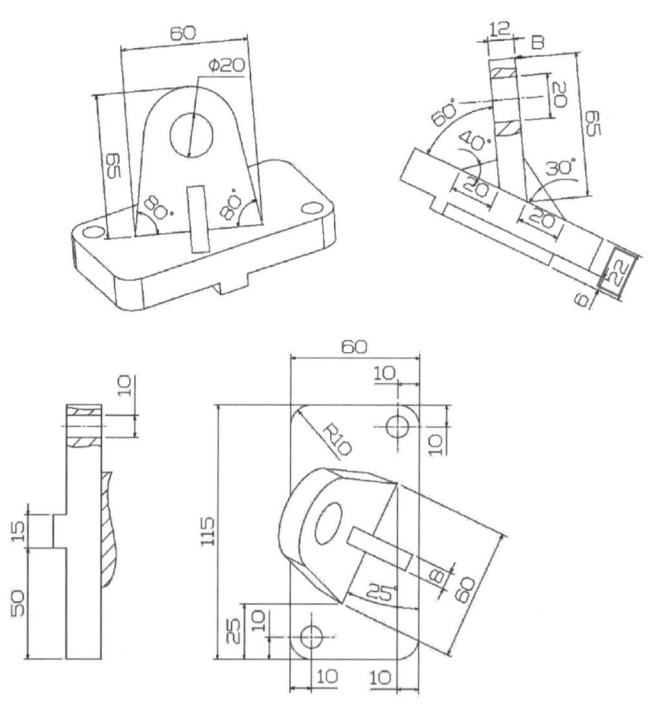

6-4. New Plane Definition

- Sketch-Based Features의 [Pad: ⬚]를 클릭 → Sketch.1을 직접 클릭하거나 [Specification Tree]에서 [Sketch.1]을 클릭한다.
- [Type: Dimension], [Length: 16mm]로 설정 → Reverse Direction을 클릭하여 알맞은 방향(그림 표시)으로 피처가 생성되도록 조정한 뒤, [OK]를 클릭한다.

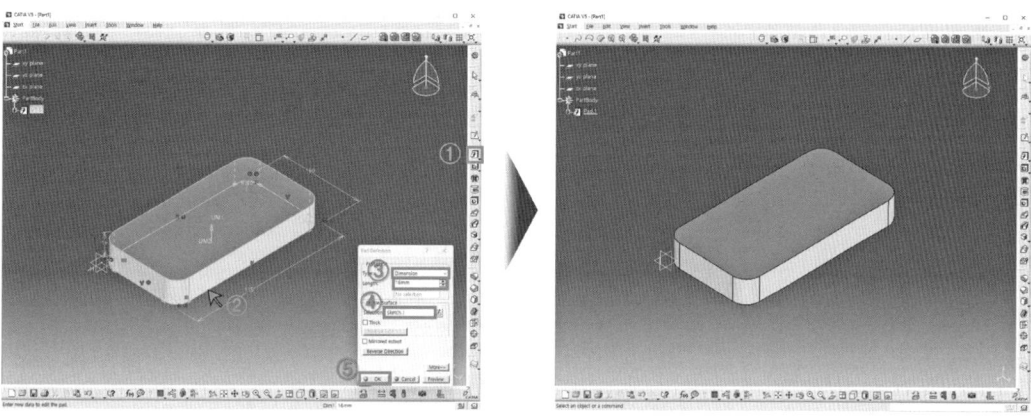

- [Specification Tree]에 zx Plane을 선택한 상태로 [Sketcher: ⬚]를 클릭한다.
- [Rectangle: ⬚]을 클릭하고 사진과 같이 임의의 사각형을 그린다.

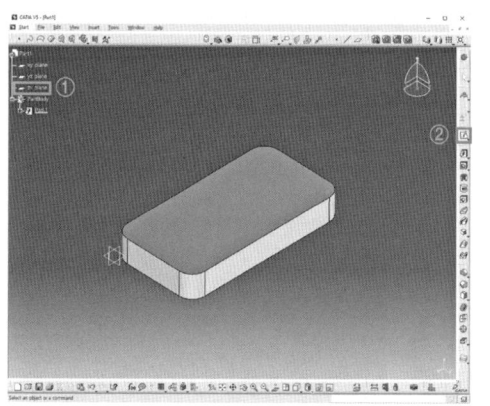 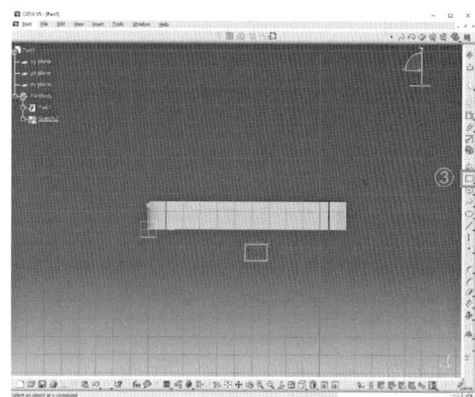

6-5. New Plane Definition

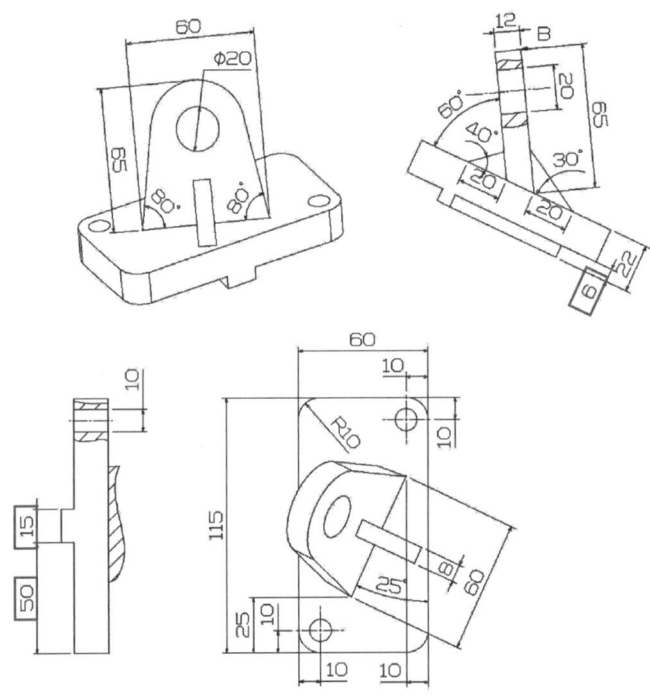

- [Ctrl]을 누른 상태로 스케치의 윗변과 Pad 피처의 아랫변을 동시에 선택 → [Constraints Defined in Dialog Box:]를 클릭 → Coincidence(부합) 활성화 → [OK]를 클릭한다.
- [Constraint:]을 클릭 → [중심좌표로부터 사각형 끝단까지의 거리: 50mm/사각형의 가로 길이: 15mm/사각형의 세로 길이: 6mm]로 정의한다.
- 모든 구속이 완료되었다면 [Exit workbench:]을 클릭하여 Sketch를 종료한다.

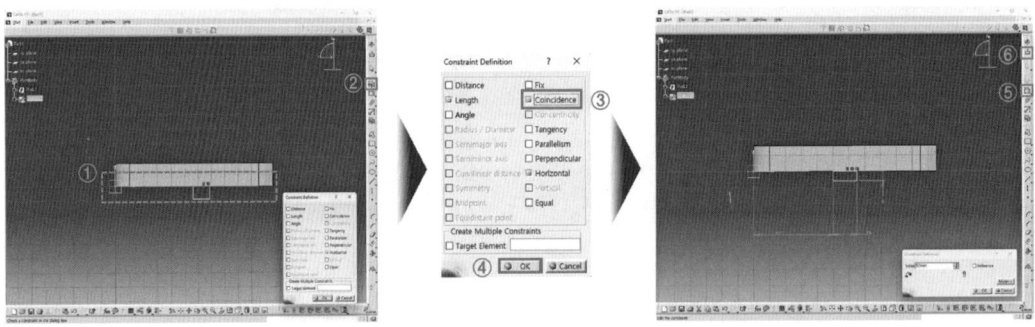

6-6. New Plane Definition

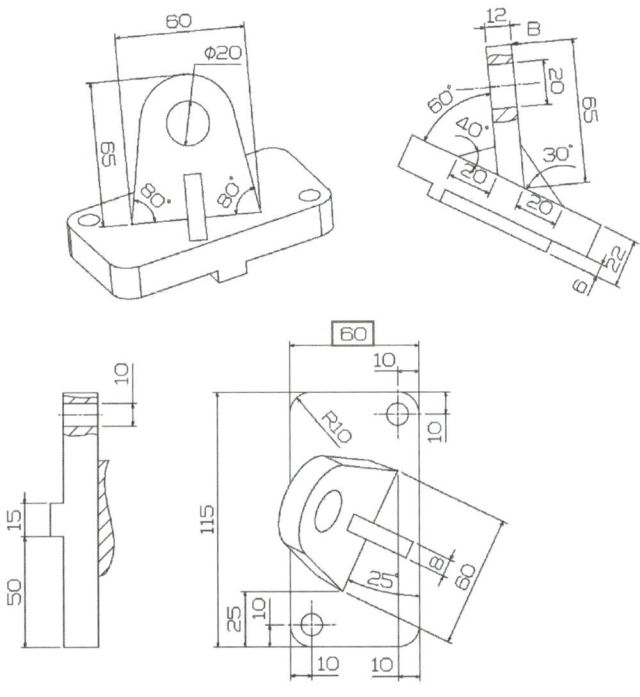

- Sketch-Based Features의 [Pad: ▣]를 클릭하고 Sketch.2를 직접 클릭하거나 [Specification Tree]에서 [Sketch.2]를 클릭한다.
- [Type: Dimension], [Length: 60mm]으로 설정하고 [OK]를 클릭한다.

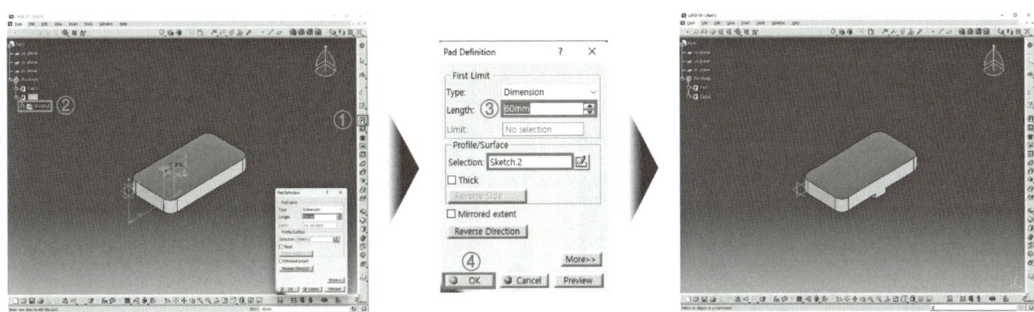

6-7. New Plane Definition

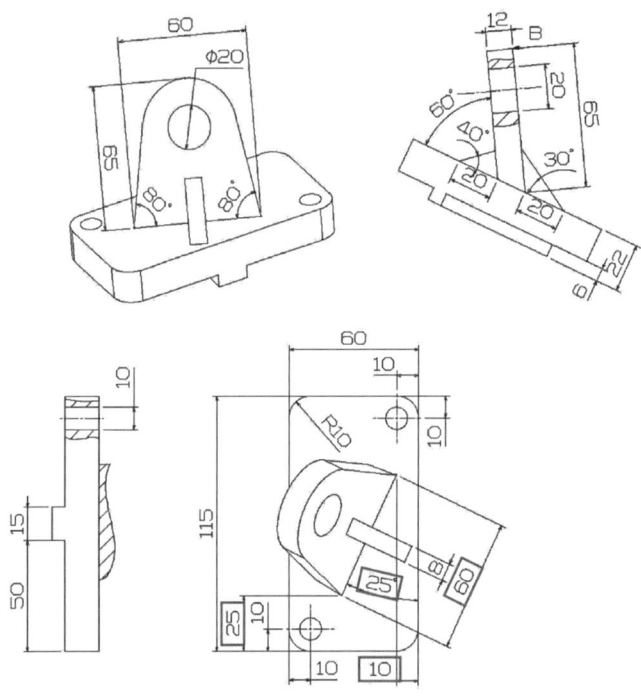

- Pad 피처에 윗면 Plane을 선택한 상태로 [Sketcher:]를 클릭한다.
- [Line:]을 클릭 → 사진과 같이 적절한 위치에 임의의 선을 그린다.
- [Constraint:]을 클릭 → 사진과 도면을 참고하여 동일하게 정의한다.
- 모든 구속이 완료되었다면 [Exit workbench:]을 클릭하여 Sketch를 종료한다.

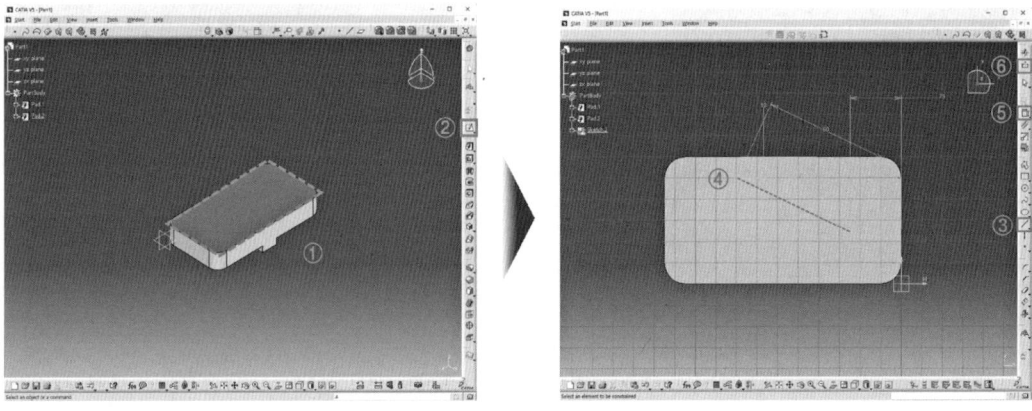

6-8. New Plane Definition

- [Plane: ⬜] 클릭 → [Type: Normal to curve] → [Curve: Sketch.3] → [Point: Dfault(Middle)] → [OK]를 통해 새로운 Plane을 생성한다.
- 새로 생성한 Plane을 선택한 상태로 [Sketcher: ✏️]를 클릭한다.

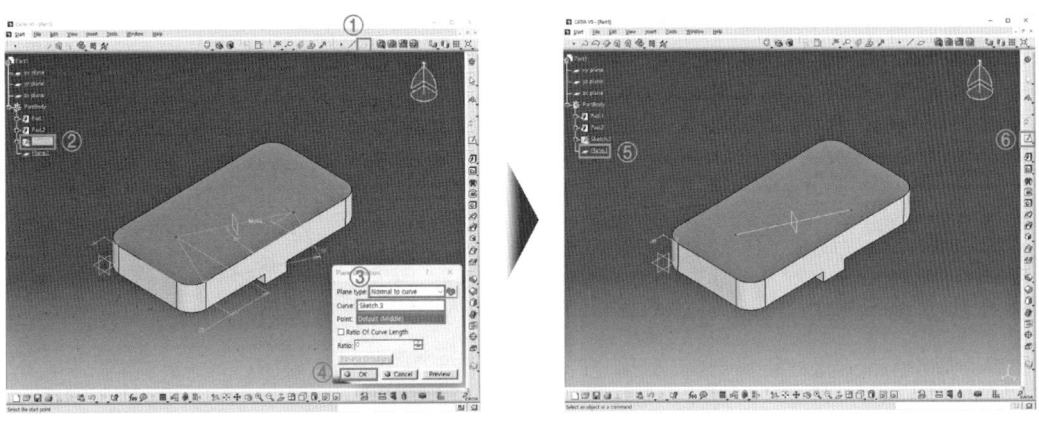

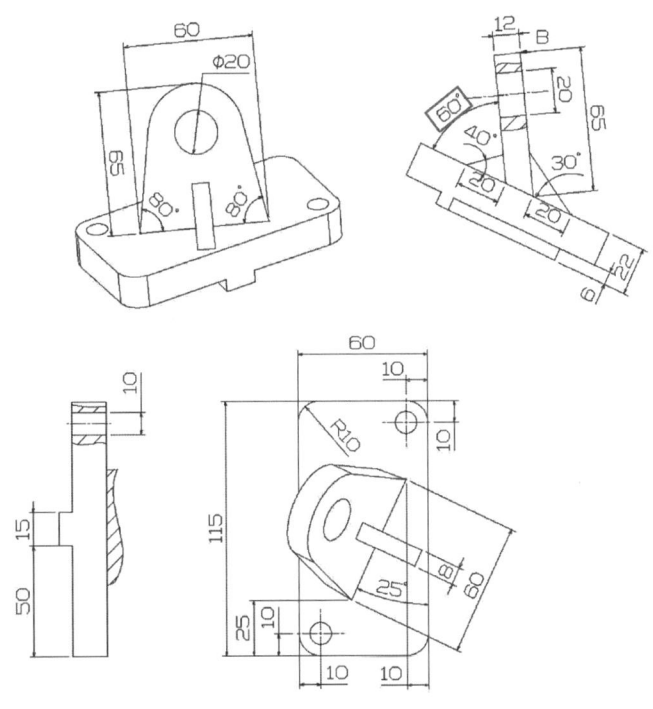

6-9. New Plane Definition

- [Line: ✎]을 클릭 → 적절한 위치에 임의의 선을 그린다.
- [Constraints Defined in Dialog Box: 🗒]을 클릭 → [선의 끝점과 Sketch.3의 끝점 사이 Coincidence(부합)] 구속을 정의한다.
- [Constraint: 🗒]을 클릭 → 피처의 윗변과 선 사이 각도 [Value: 30deg]를 정의한다.
- 모든 구속이 완료되었다면 [Exit workbench: ⬆]을 클릭하여 Sketch를 종료한다.

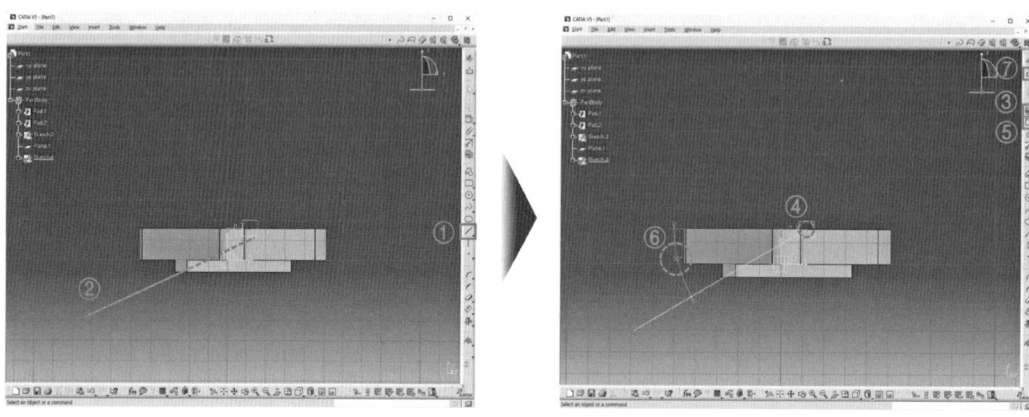

- [Plane: ⬜] 클릭 → [Type: Normal to curve] → [Curve: Sketch.4] → [Point: 피처의 상단과 만나는 끝점] → [OK]를 통해 새로운 Plane을 생성한다.
- [Specification Tree]에 Plane.2을 선택한 상태로 [Sketcher: ✐]를 클릭한다.

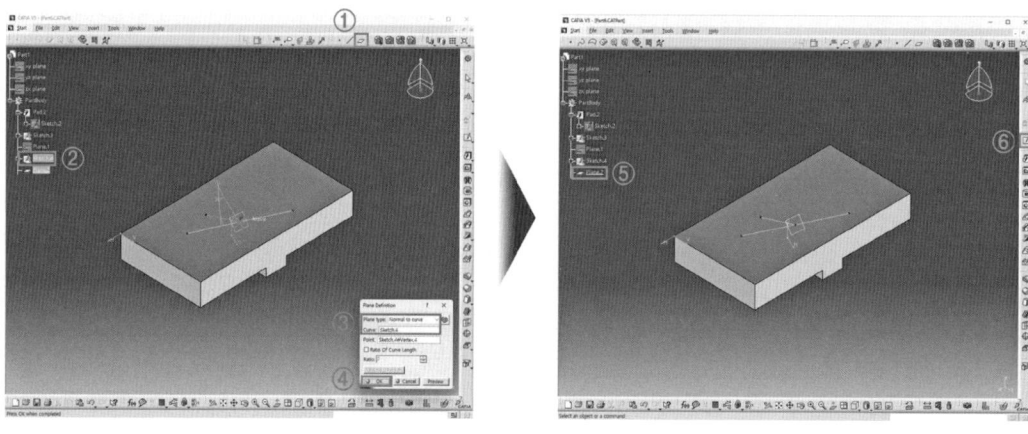

6-10. New Plane Definition

- [Axis:]를 클릭 → 수직이 되도록 임의의 점선을 그린다.
- 점선의 아래 끝점과 새로 생성한 Plane의 중심점을 동시에 선택 → [Constraints Defined in Dialog Box:]를 클릭 → [Coincidence(부합)] 활성화 → [OK]를 클릭한다.

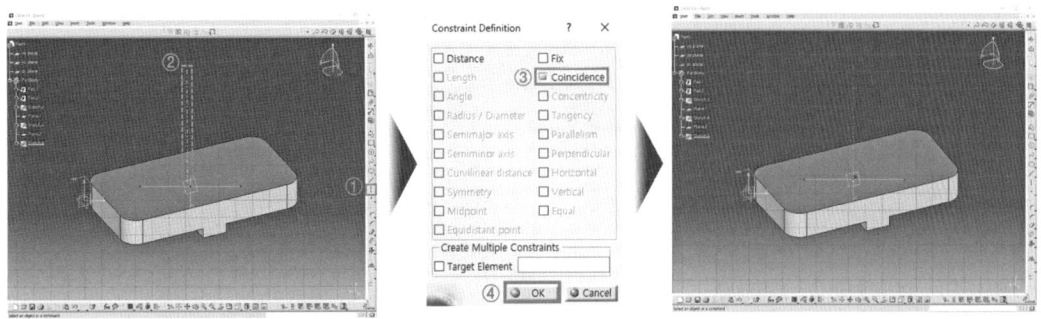

- [Profile:]을 클릭 → 사진과 같이 서로 연결되는 임의의 두 선을 그린다.
- [Arc:]을 클릭 → 중심선과 호의 중심이 일치하도록 임의의 호를 그린다.

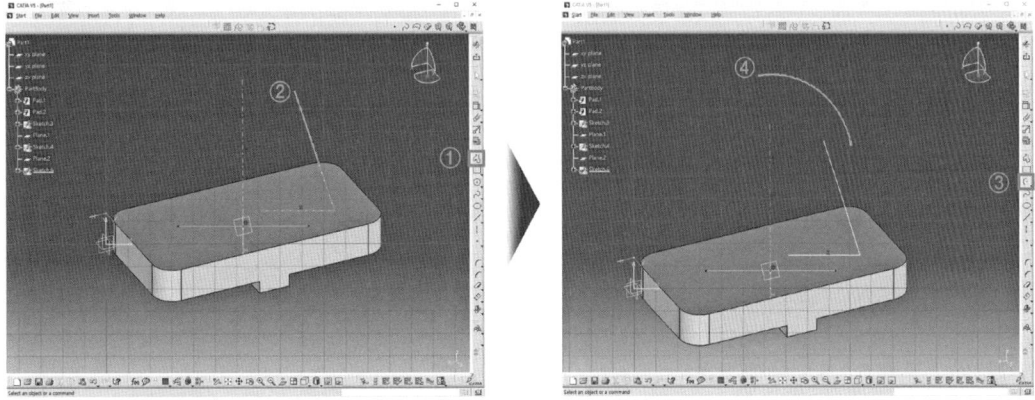

6-11. New Plane Definition

- 선의 끝점과 호의 끝점을 동시에 선택 → [Constraints Defined in Dialog Box: ▦]를 클릭하고 Coincidence(부합) 활성화 → [OK]를 클릭한다.
- 한 개의 선과 호를 동시에 선택 → [Constraints Defined in Dialog Box: ▦]를 클릭하고 Tangency(접선)활성화 → [OK]를 클릭한다.

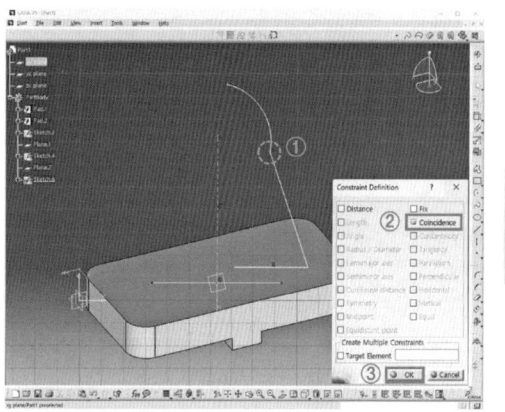
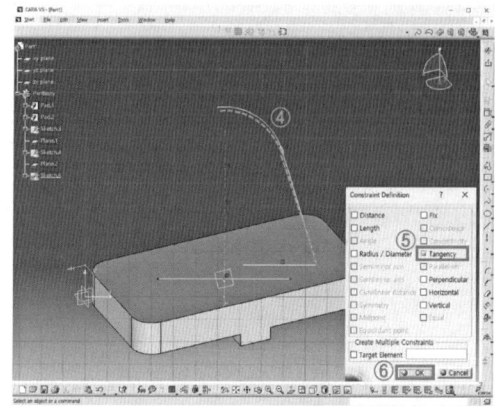

- 수평선의 끝점과 Plane의 중심점을 동시에 선택 → [Constraints Defined in Dialog Box: ▦]를 클릭하고 Coincidence(부합) 활성화 → [OK]를 클릭한다.
- 호의 끝점과 중심선을 동시에 선택 → [Constraints Defined in Dialog Box: ▦]를 클릭하고 Coincidence(부합)활성화 → [OK]를 클릭한다.

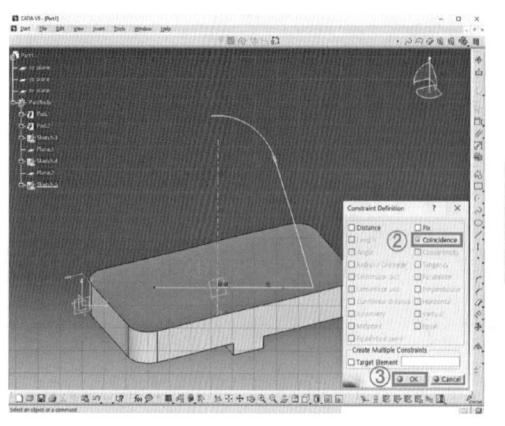
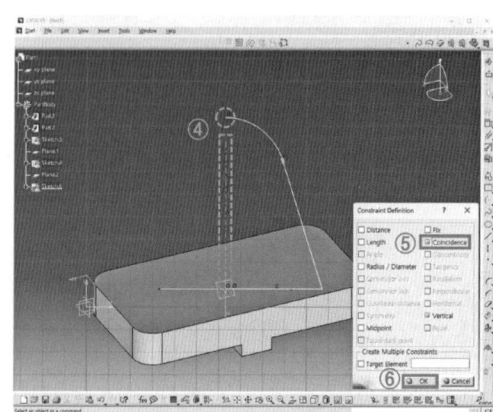

6-12. New Plane Definition

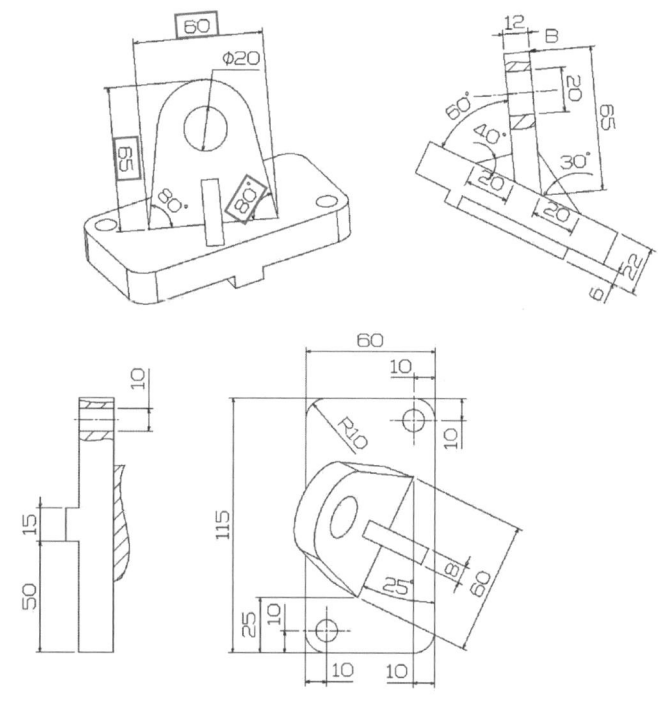

- [Constraint: ▣]을 클릭하고 두 선을 클릭하여 두 선의 각도를 [Value: 80deg]로 입력한다.
- [Constraint: ▣]을 클릭하고 수평선과 호의 끝점을 클릭하여 [Value: 65mm]로 입력한다.
- [Constraint: ▣]을 클릭하고 수평선을 클릭하여 [Value: 30mm]로 입력한다.

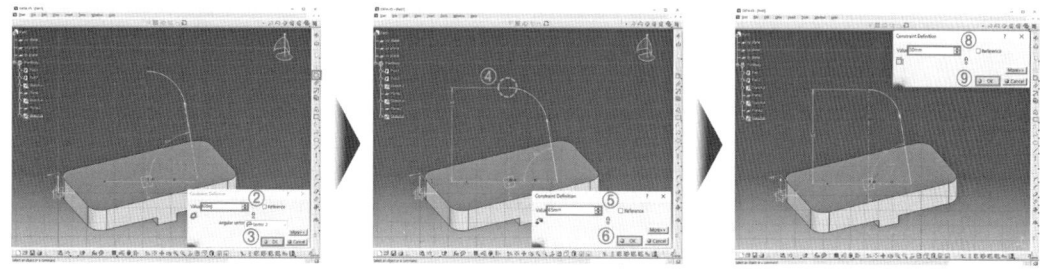

2. Part Design

6-13. New Plane Definition

- 점선을 제외한 모든 스케치를 클릭 → [Mirror: ▦]를 클릭한 뒤, 중심축을 클릭한다.
- 모든 구속이 완료되었다면 [Exit workbench: ⬆]을 클릭하여 Sketch를 종료한다.

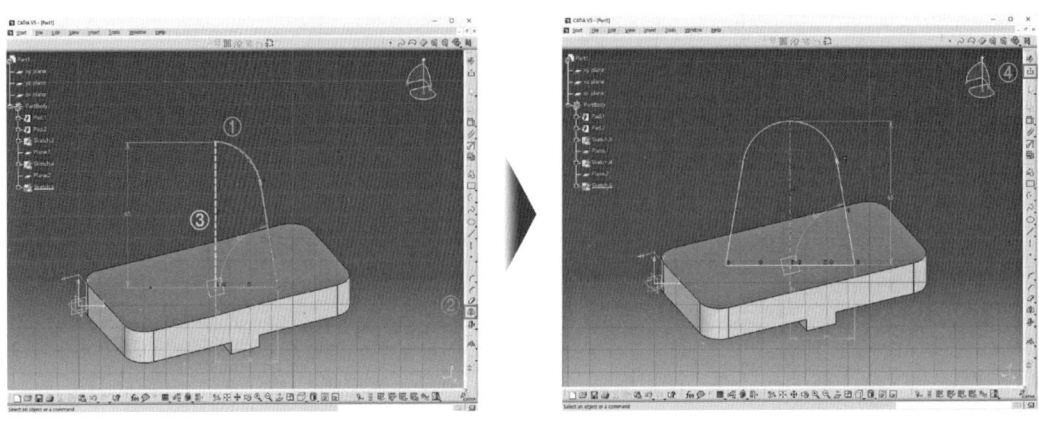

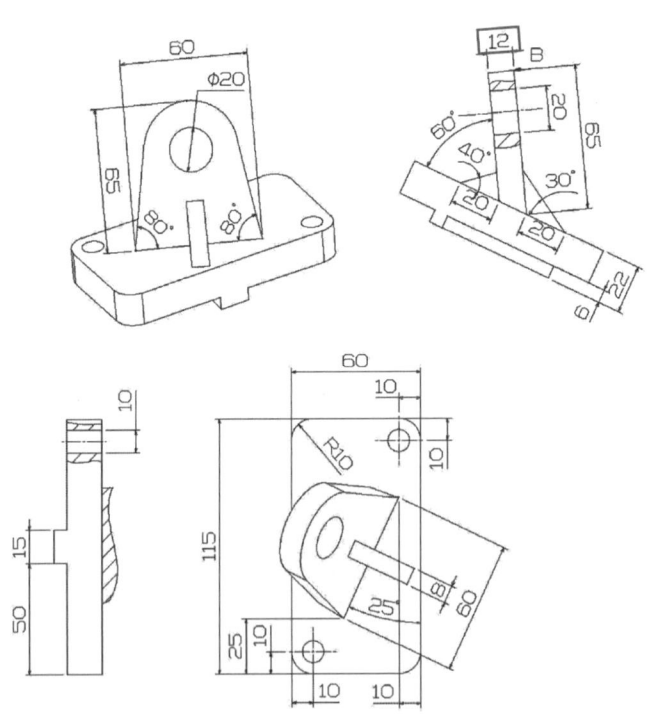

6-14. New Plane Definition

- Sketch-Based Features의 [Pad: 🗗]를 클릭하고 Sketch.5를 직접 클릭하거나 [Specification Tree]에서 [Sketch.5]를 클릭한다.
- [Type: Dimension] → [Length: 12mm] → [Reverse Direction으로 방향 조정] → [OK] 클릭한다.

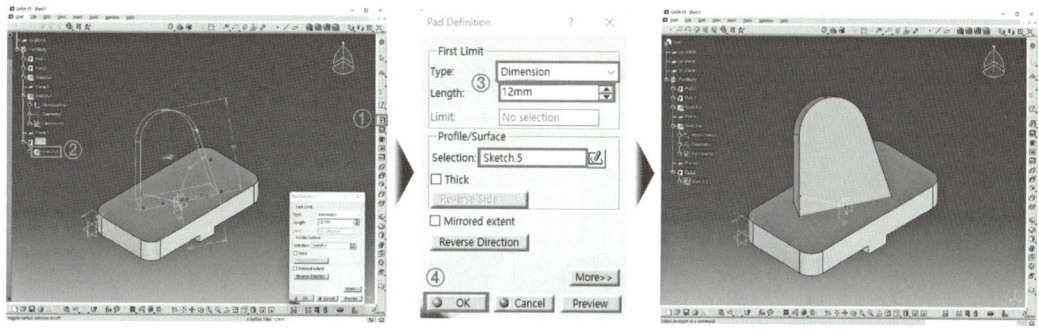

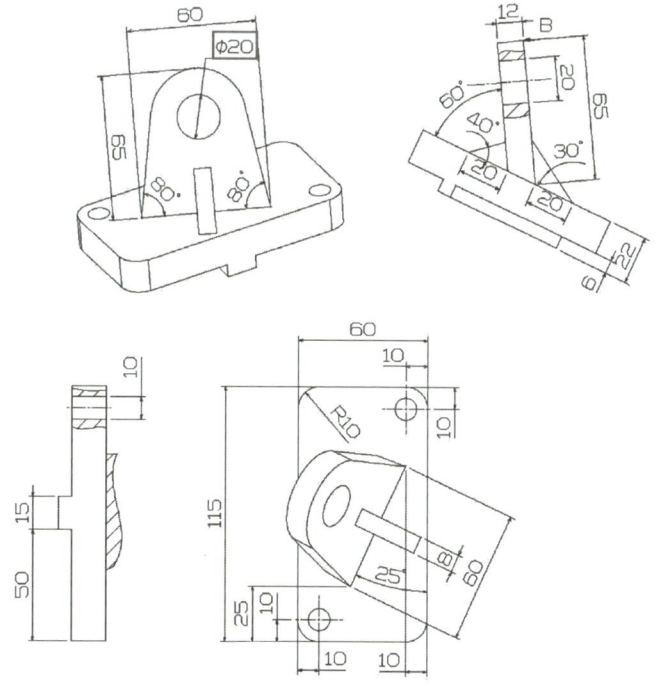

6-15. New Plane Definition

- Sketch-Based Features의 [Hole: ◉]를 클릭 → 사진에 표시된 피처의 면을 클릭한다.
- [Type: Up to Next/Diameter: 20mm]로 설정한 뒤, Hole의 중심점의 좌표를 설정하기 위해 [Positioning Sketch]를 클릭한다.
- 피처의 호 부분과 점을 동시에 선택 → [Constraints Defined in Dialog Box: 🖬]를 클릭하고 Concentricity(동심) 활성화.
- 모든 구속이 완료되었다면 [Exit workbench: 🖱]을 클릭하여 Sketch를 종료하고, [OK]를 클릭한다.

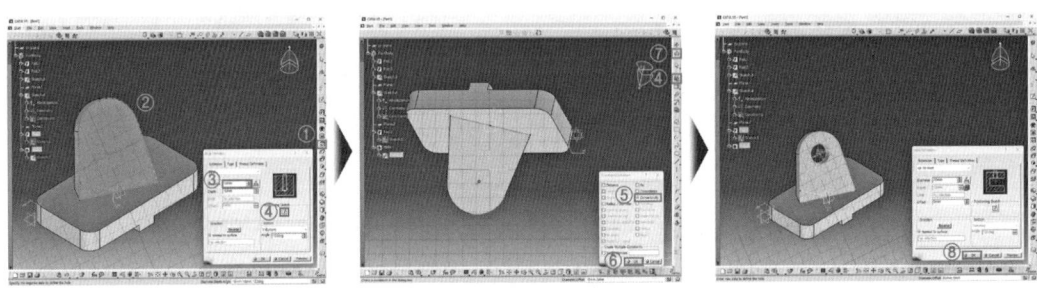

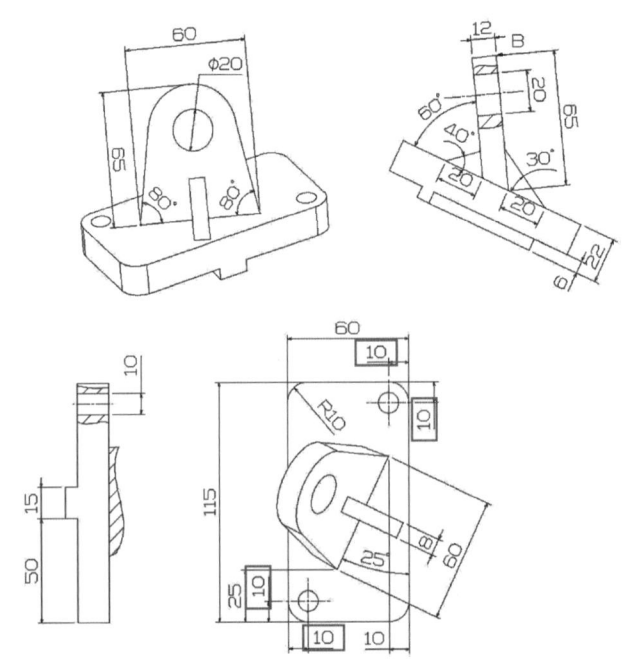

6-16. New Plane Definition

- Sketch-Based Features의 [Hole: ◉]를 클릭한 뒤, 사진에 표시된 피처의 면을 클릭한다.
- [Type: Up to Next/Diameter: 10mm]로 설정한 뒤, Hole의 중심점의 좌표를 설정하기 위해 [Positioning Sketch]를 클릭한다.
- 피처의 호 부분과 점을 동시에 선택 → [Constraints Defined in Dialog Box: 🔗]를 클릭하고 Concentricity(동심) 활성화
- 모든 구속이 완료되었다면 [Exit workbench: ⬆]을 클릭하여 Sketch를 종료하고, [OK]를 클릭한다.

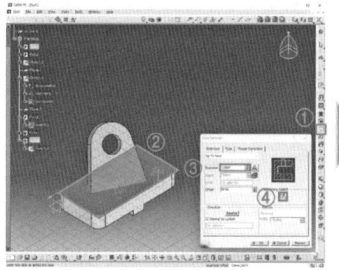  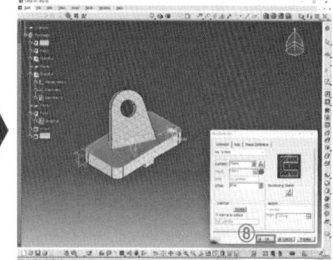

- Sketch-Based Features의 [Hole: ◉]를 클릭한 뒤, 사진에 표시된 피처의 면을 클릭한다.
- [Type: Up to Next/Diameter: 10mm]로 설정한 뒤, Hole의 중심점의 좌표를 설정하기 위해 [Positioning Sketch]를 클릭한다.
- 피처의 호 부분과 점을 동시에 선택 → [Constraints Defined in Dialog Box: 🔗]를 클릭하고 Concentricity(동심) 활성화
- 모든 구속이 완료되었다면 [Exit workbench: ⬆]을 클릭하여 Sketch를 종료하고, [OK]를 클릭한다.

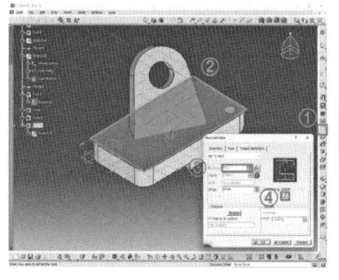 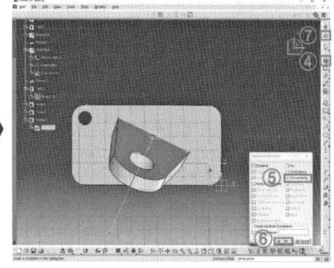 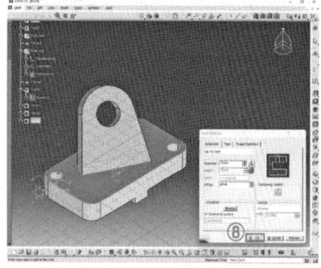

6-17. New Plane Definition

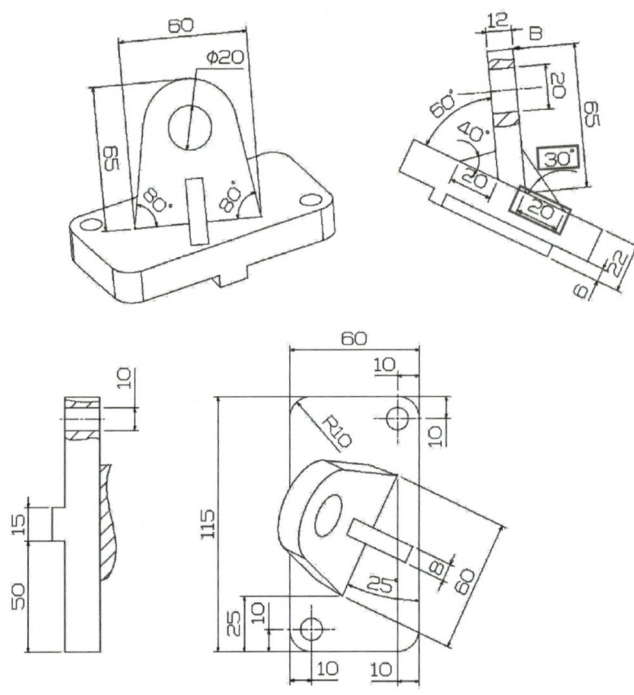

- [Specification Tree]에 Plane.1을 선택한 상태로 [Sketcher:]를 클릭한다.
- [Line:]을 클릭 → 적절한 위치에 임의의 선 그린다.
- [Constraints Defined in Dialog Box:]을 클릭 → 선의 양 끝점과 피처의 각 면이 일치하도록 [Coincidence(부합)] 구속을 입력한다.

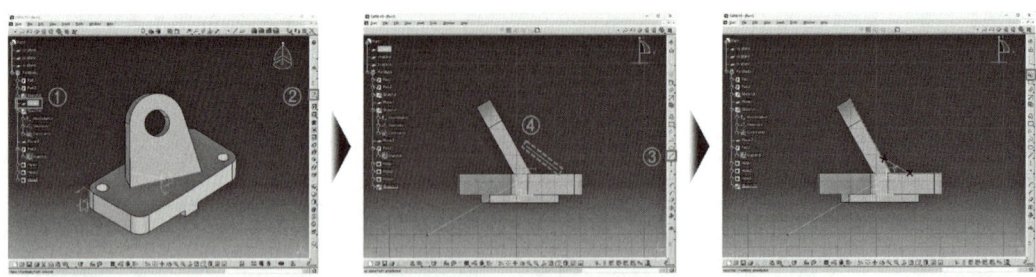

6-18. New Plane Definition

- [Constraint:]을 클릭 → 피처의 면과 선 사이 각도 [Value: 30deg]를 정의한다.
- [Constraint:]을 클릭 → 선의 끝점과 [Plane.1]의 중심에 위치한 점 클릭 → 피처의 점의 거리 [Value: 20mm]를 입력한다.
- 모든 구속이 완료되었다면 [Exit workbench:]을 클릭하여 Sketch를 종료한다.

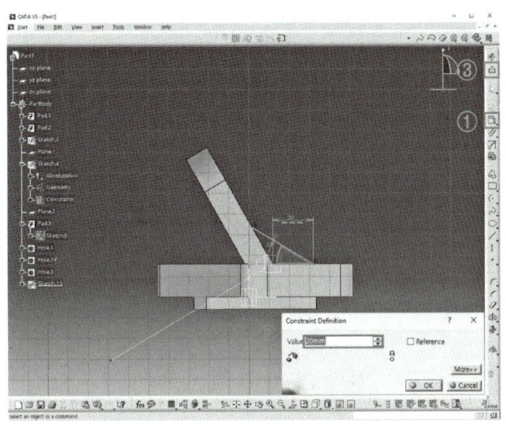

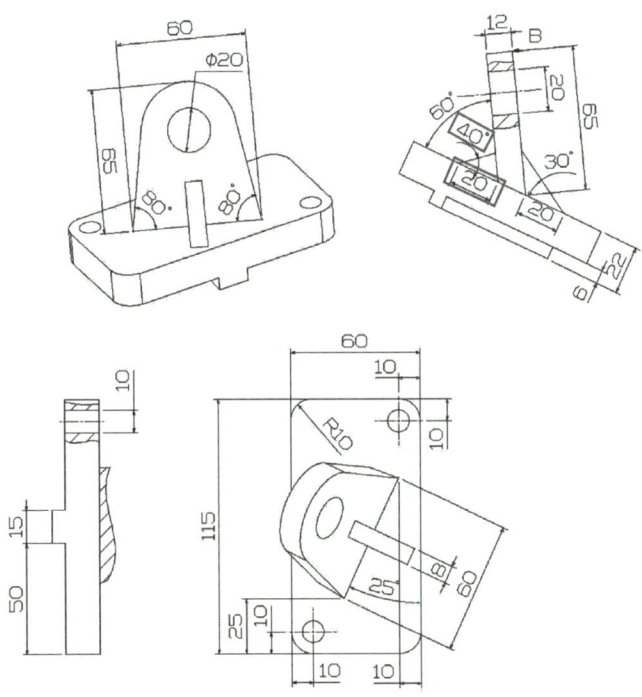

6-19. New Plane Definition

- [Specification Tree]에 Plane.1을 선택한 상태로 [Sketcher: ✏️]를 클릭한다.
- [Line: /]을 클릭 → 적절한 위치에 임의의 선 그린다.
- [Constraints Defined in Dialog Box: 🔲]을 클릭 → 선의 양 끝점과 피처의 각 면이 일치하도록 [Coincidence(부합)]구속을 입력한다.

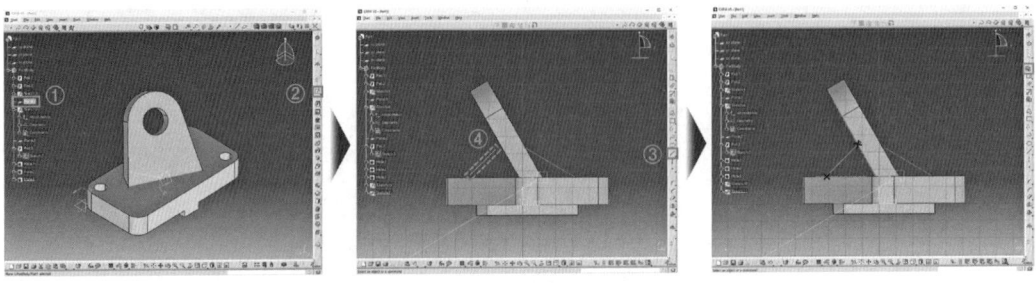

- [Constraint: 🔲]을 클릭 → 피처의 면과 선 사이 각도 [Value: 40deg]를 정의한다.
- [Constraint: 🔲]을 클릭 → 선의 끝점과 [Plane.1]의 중심에 위치한 점 클릭 → 피처의 점의 거리 [Value: 20mm]를 입력한다.
- 모든 구속이 완료되었다면 [Exit workbench: 🔼]을 클릭하여 Sketch를 종료한다.

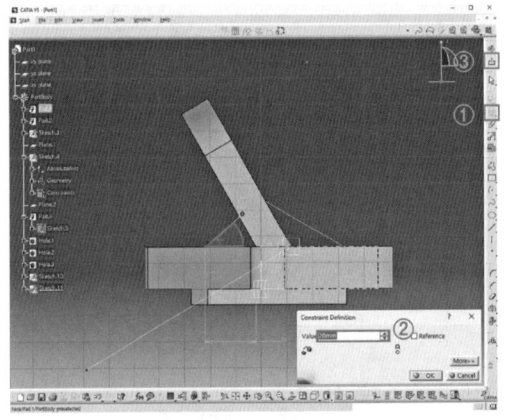

6-20. New Plane Definition

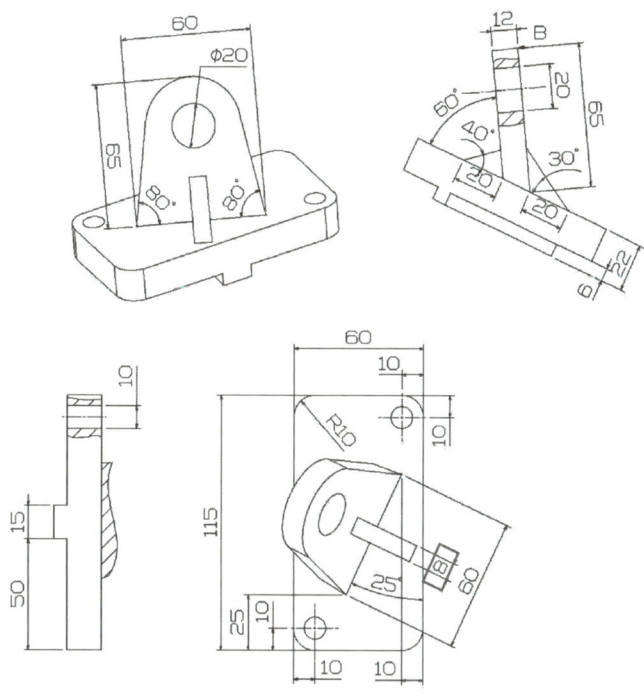

- [Stiffner: 🔲]를 클릭 → [Selection: Sketch.9] → [Thickness: 8mm] → [OK]
- [Stiffner: 🔲]를 클릭 → [Selection: Sketch.10] → [Thickness: 8mm] → [OK]

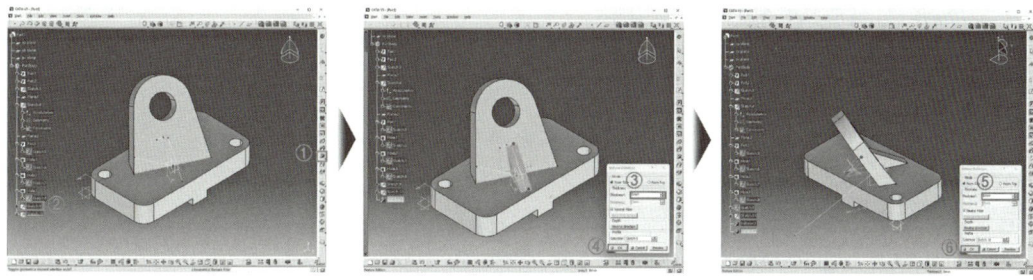

6-21. New Plane Definition

- [Applied Material: ]를 클릭하고 피처를 직접 클릭하거나 [Specification Tree]에서 [PartBody] 을 클릭한다.
- [Metal → Aluminum]을 클릭한 뒤 OK를 클릭한다.

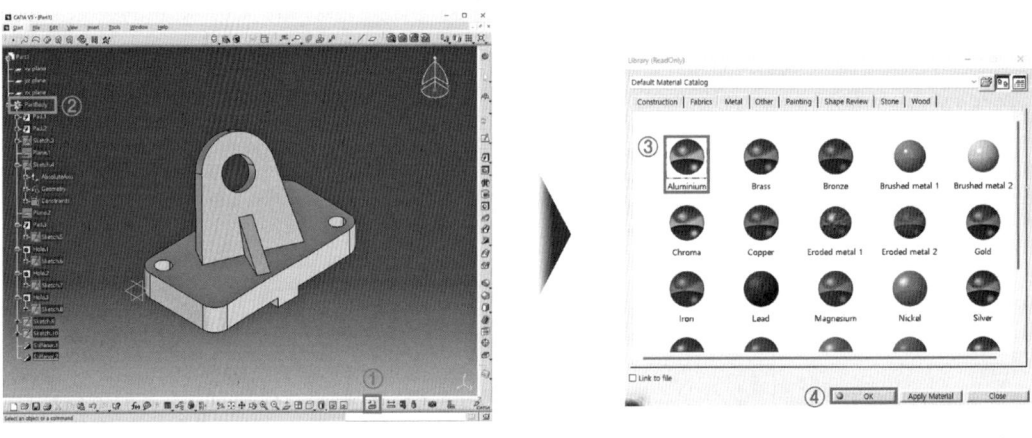

- [Specification Tree]에서 [Partdesign6]를 우클릭 → [Properties]를 클릭한다.
- [Mass]에서 무게 중심과 Mass 값을 교재와 비교해 보고 값이 일치하는지 확인한다.

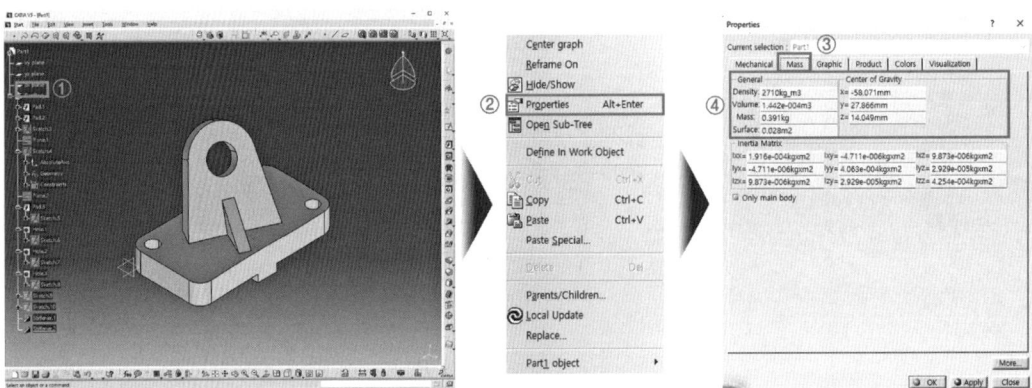

3

Generative Shape Design

Sweep, Trim

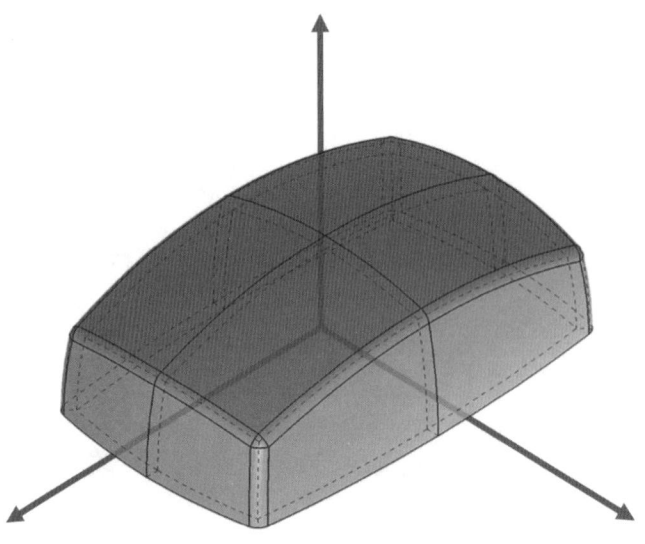

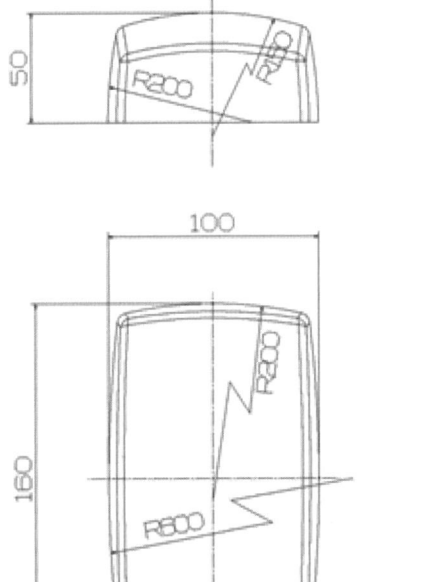

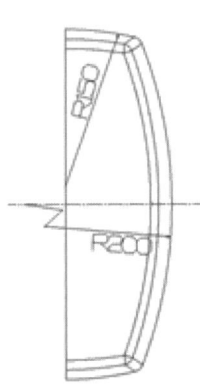

1-1. Sweep, Trim

- [PullDownMenu: Start → Shape → Generative ShapeDesign]을 실행한다.
- [Enter part name]에 'Shape1'을 입력한 뒤 다음과 같이 설정하고 [OK]를 클릭한다.

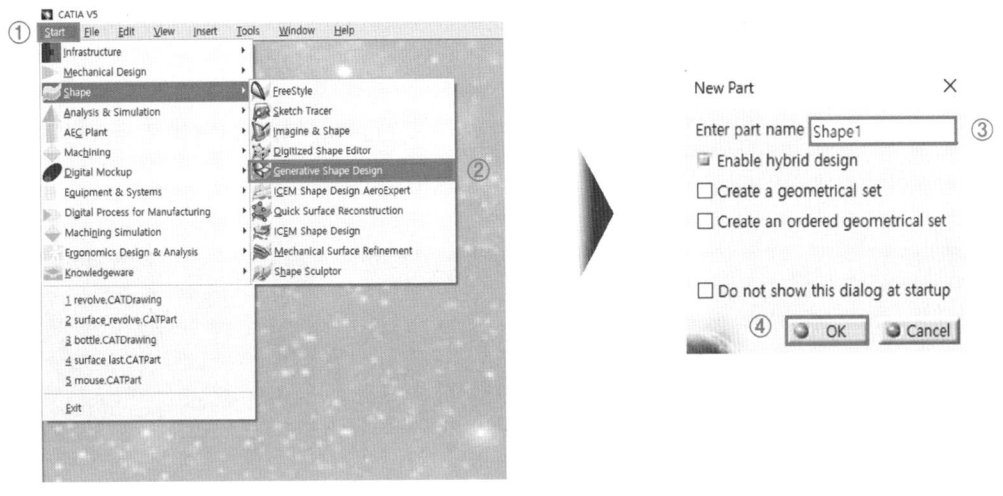

- [Specification Tree]에 xy Plane을 선택한 상태로 [Sketcher:]를 클릭한다.

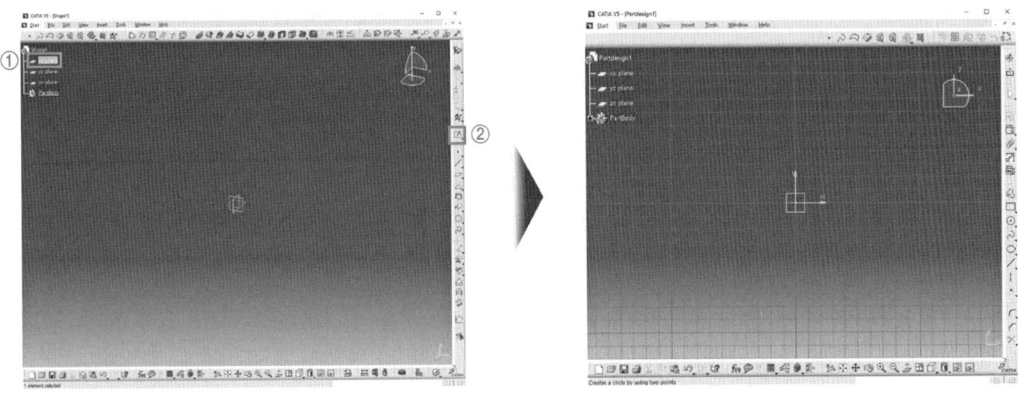

1-2. Sweep, Trim

- [Arc:] 을 클릭 → 호의 중심과 중심좌표의 수평축이 일치하도록 임의의 호를 그린다.
- [Constraint:] 을 클릭 → 호 클릭 → [Dimension: Radius], [Radius: 200mm]로 설정하고 [OK]를 클릭한다.
- [Constraint:] 을 클릭 → 중심좌표와 호를 클릭 → [Value: 80mm]로 설정하고 [OK]를 클릭한다.
- 스케치의 모든 구속이 완료되었다면 [Exit workbench:] 을 클릭하여 Sketch를 종료한다.

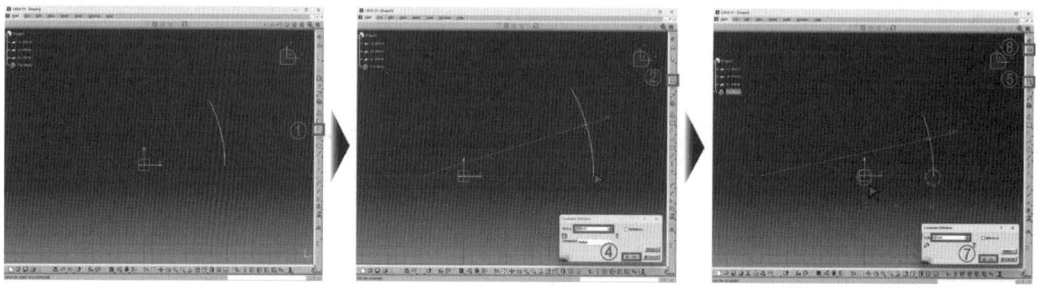

- [Specification Tree]에 zx Plane을 선택한 상태로 [Sketcher:]를 클릭한다.

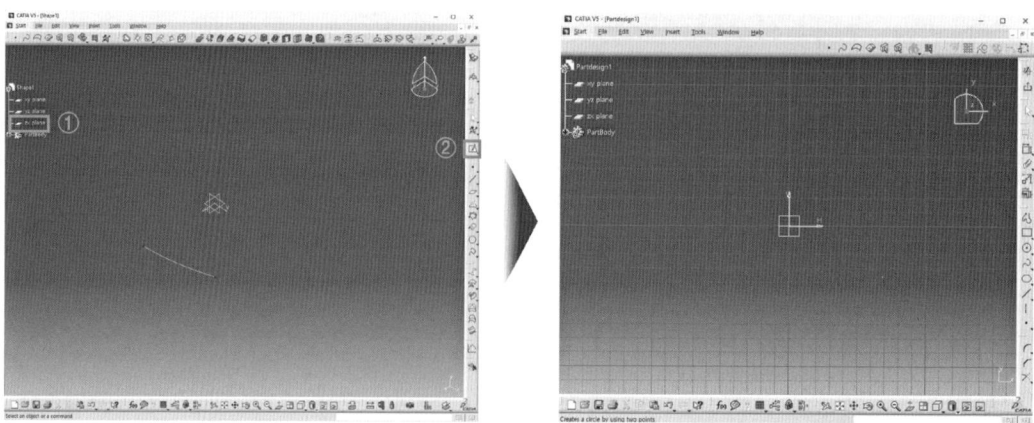

1-3. Sweep, Trim

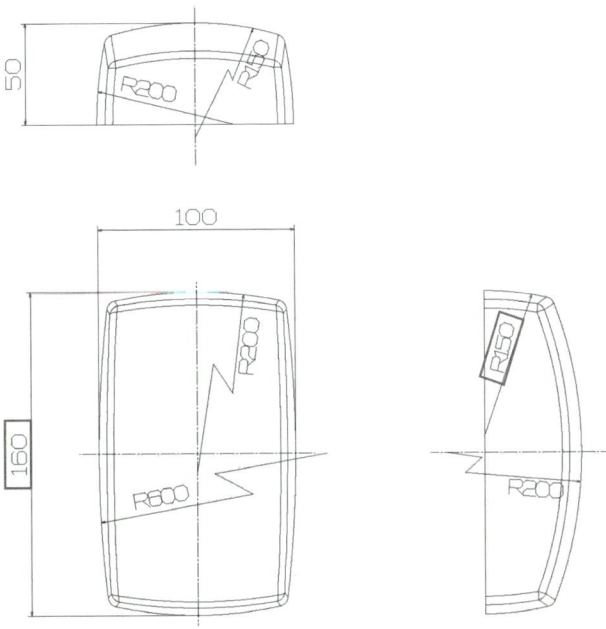

- [Arc: ⌒]을 클릭 →호의 중심과 중심좌표의 수평축이 일치하도록 호를 그린다.
- [Constraint: ⊡]을 클릭 → 호 클릭 → [Dimension: Radius], [Radius: 150mm]로 설정하고 [OK]를 클릭한다.
- [Constraints Defined in Dialog Box: ⊟]을 클릭 → [Sketch.1 호의 끝점, Sketch.2에서 그린 호의 끝점 Coincidence(부합)] 구속을 정의한다.
- 스케치의 모든 구속이 완료되었다면 [Exit workbench: ⬆]을 클릭하여 Sketch를 종료한다.

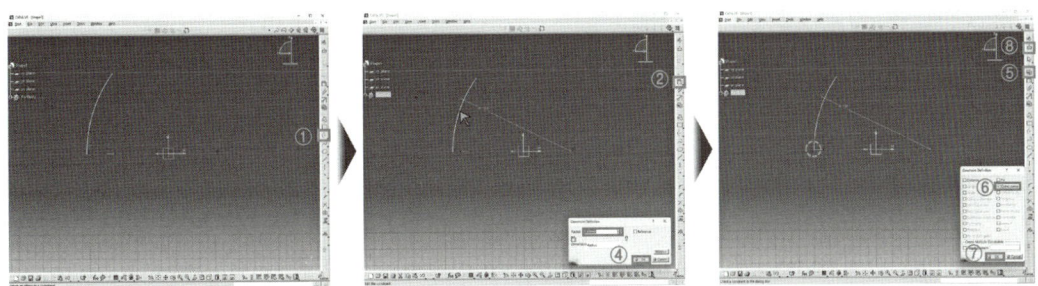

1-4. Sweep, Trim

- [Sweep:]을 클릭 →Sketch.1과 Sketch.2를 직접 클릭하거나 [Specification Tree]에서 클릭한다.
- [Profile type: Explicit]으로 설정 → [Subtype: With reference surface] → [OK]를 클릭한다.

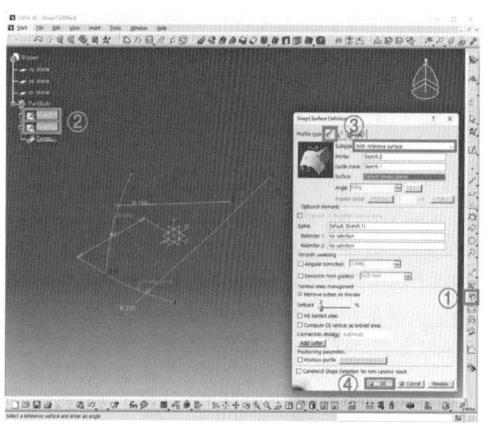 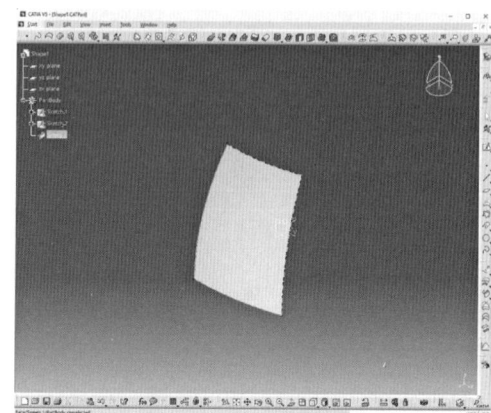

- [Specification Tree]에 xy Plane을 선택한 상태로 [Sketcher:]를 클릭한다.

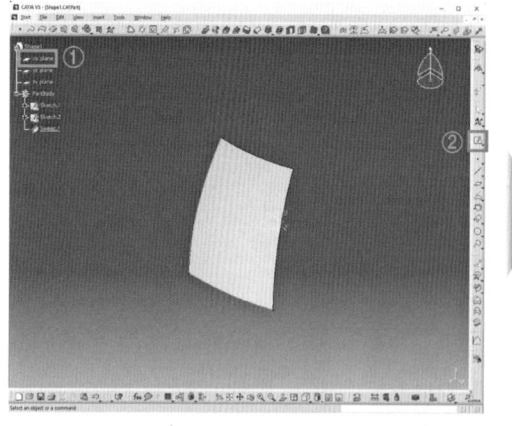 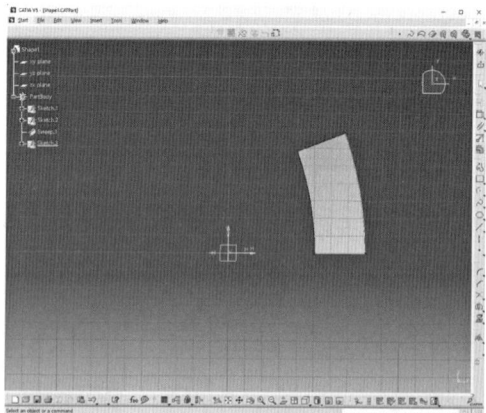

1-5. Sweep, Trim

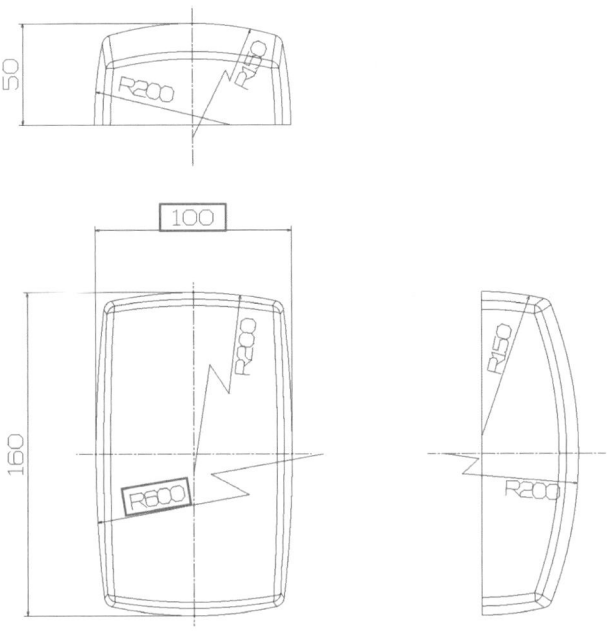

- [Arc: 〔·〕]을 클릭하고 호의 중심과 중심좌표의 수직축이 일치하도록 임의의 호를 그린다.
- [Constraint: 〔□〕]을 클릭 → 호 클릭 → [Dimension: Radius], [Radius: 600mm]로 설정하고 [OK]를 클릭한다.
- [Constraint: 〔□〕]을 클릭 → 중심점과 호를 클릭 → [Value: 50mm]로 설정하고 [OK]를 클릭한다.
- 스케치의 모든 구속이 완료되었다면 [Exit workbench: 〔凸〕]을 클릭하여 Sketch를 종료한다.

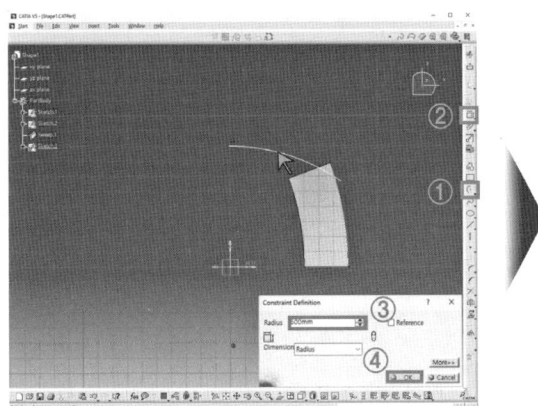
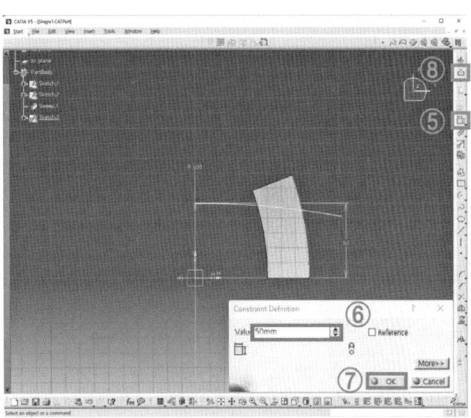

3. Generative Shape Design **109**

1-6. Sweep, Trim

- [Specification Tree]에 yz Plane을 선택한 상태로 [Sketcher:]를 클릭한다.

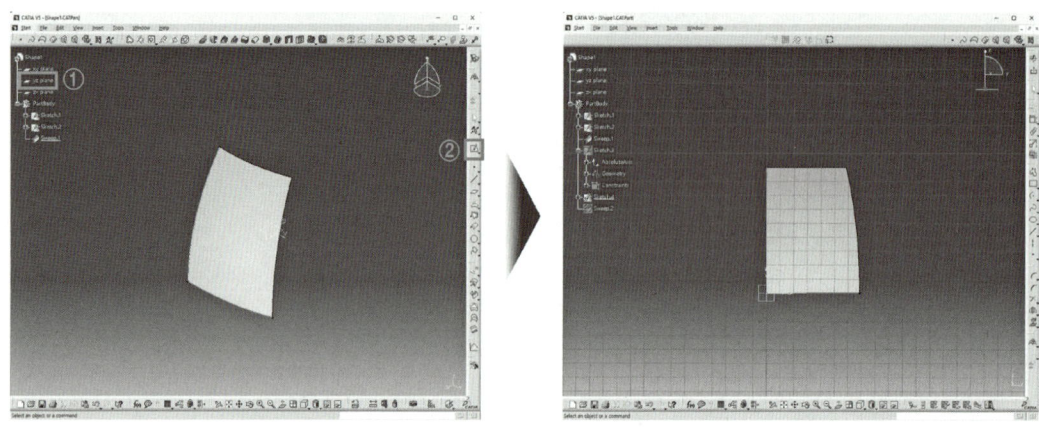

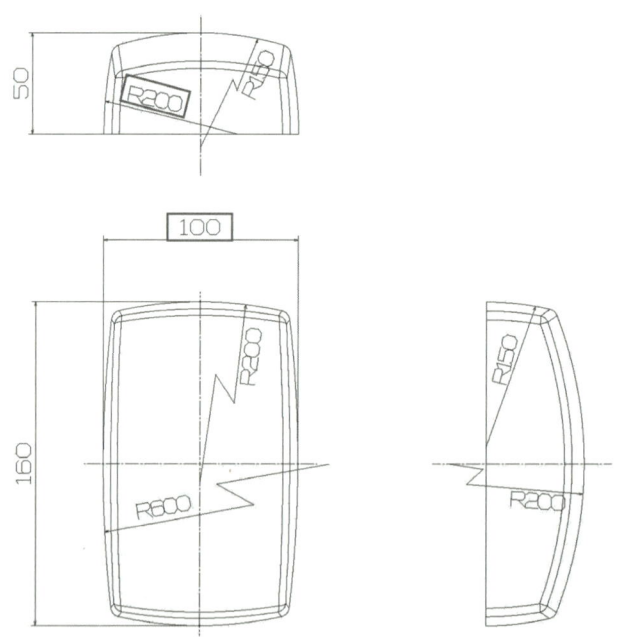

1-7. Sweep, Trim

- [Arc:]을 클릭 → 호의 중심과 중심좌표의 수평축이 일치하도록 호를 그린다.
- [Constraint:]을 클릭 → 호 클릭 → [Dimension: Radius], [Radius: 200mm]로 설정하고 [OK]를 클릭한다.
- [Constraints Defined in Dialog Box:]을 클릭 → [Sketch.3 호의 끝점, Sketch.4에서 그린 호의 끝점 Coincidence(부합)] 구속을 정의한다.
- 스케치의 모든 구속이 완료되었다면 [Exit workbench:]을 클릭하여 Sketch를 종료한다.

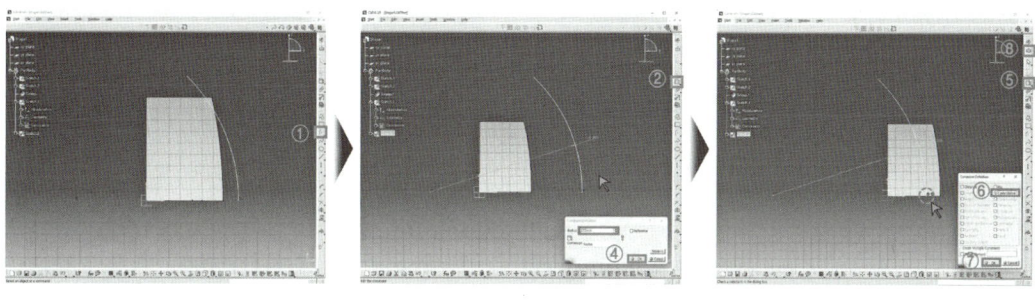

- [Sweep:]을 클릭하고 Sketch.3과 Sketch.4를 직접 클릭하거나 [Specification Tree]에서 클릭한다.
- [Profile type: Explicit]으로 설정 → [Subtype: With reference surface] → [OK]를 클릭한다.

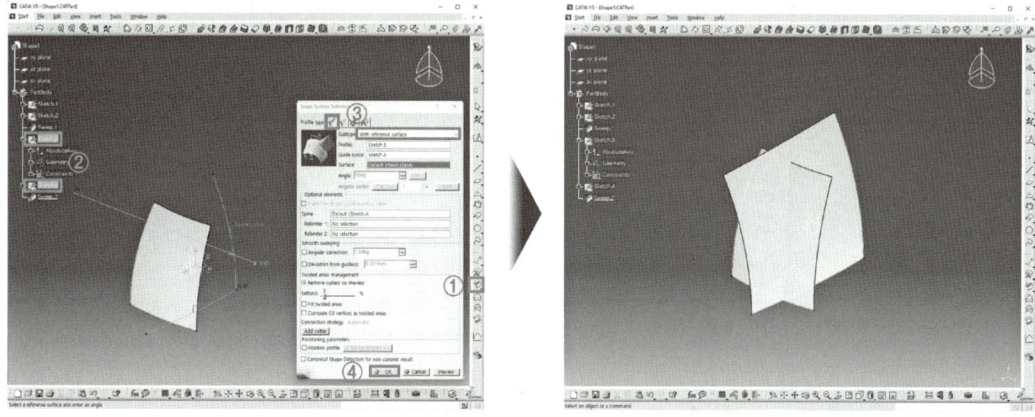

3. Generative Shape Design

1-8. Sweep, Trim

- [Specification Tree]에 yz Plane을 선택한 상태로 [Sketcher:]를 클릭한다.

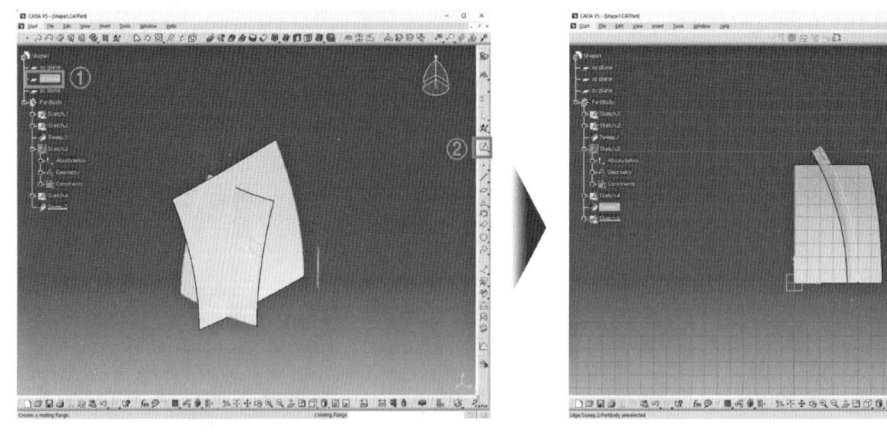

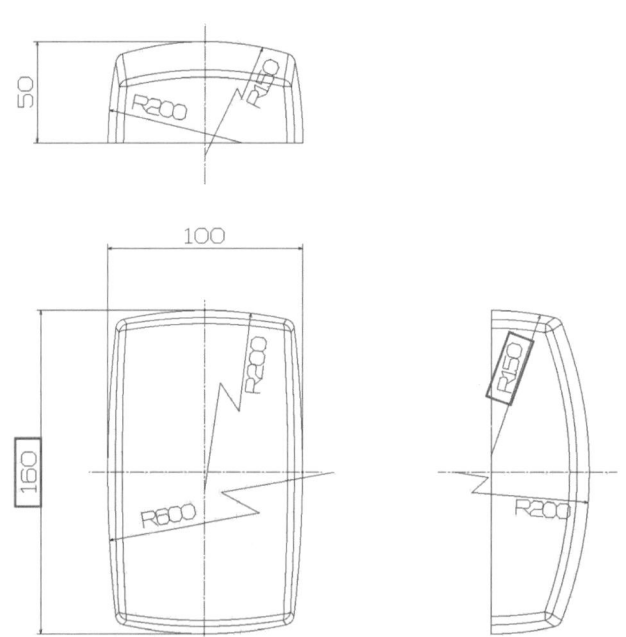

1-9. Sweep, Trim

- [Arc: ⌒]을 클릭 → 호의 중심과 중심좌표의 수평축이 일치하도록 호를 그린다.
- [Constraint: 🗍]을 클릭 → 호 클릭 → [Dimension: Radius], [Radius: 150mm]로 설정하고 [OK]를 클릭한다.
- [Constraint: 🗍]을 클릭 → 중심점과 호를 클릭 → [Value: 80mm]로 설정하고 [OK]를 클릭한다.
- 스케치의 모든 구속이 완료되었다면 [Exit workbench: 🗍]을 클릭하여 Sketch를 종료한다.

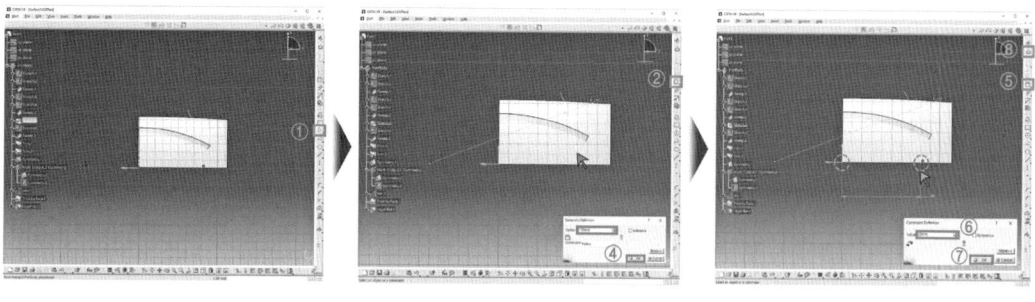

- [Specification Tree]에 zx Plane을 선택한 상태로 [Sketcher: 🗍]를 클릭한다.

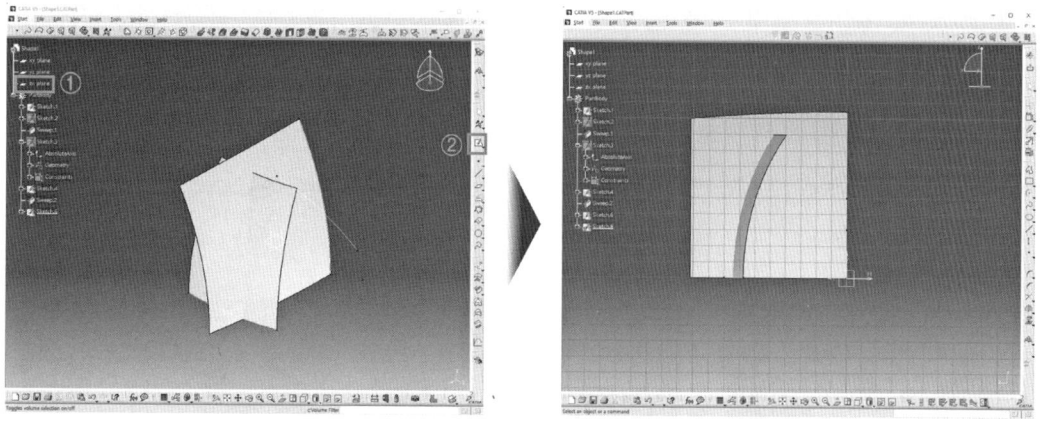

3. Generative Shape Design

1-10. Sweep, Trim

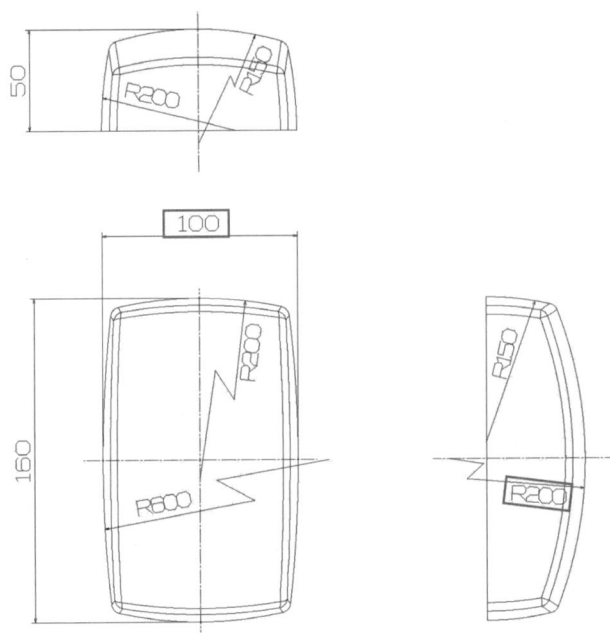

- [Arc:]을 클릭 → 호의 중심과 중심좌표의 수평축이 일치하도록 호를 그린다.
- [Constraint:]을 클릭 → 호 클릭 → [Dimension: Radius], [Radius: 150mm]로 설정하고 [OK]를 클릭한다.
- [Constraint:]을 클릭 → 중심점과 호를 클릭 → [Value: 80mm]로 설정하고 [OK]를 클릭한다.
- 스케치의 모든 구속이 완료되었다면 [Exit workbench:]을 클릭하여 Sketch를 종료한다.

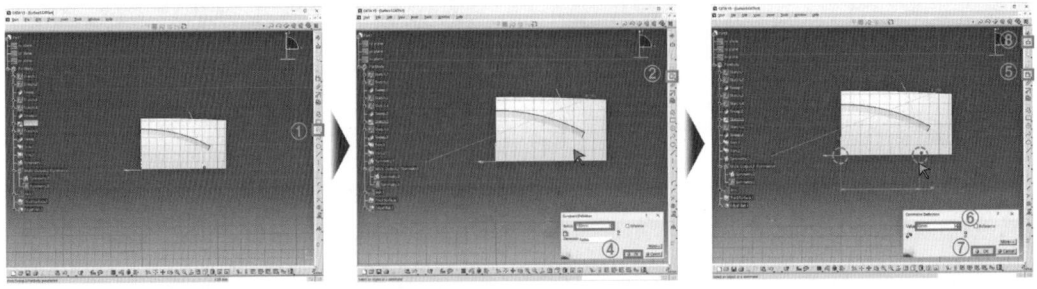

1-11. Sweep, Trim

- [Specification Tree]에 zx Plane을 선택한 상태로 [Sketcher: ⌗]를 클릭한다.

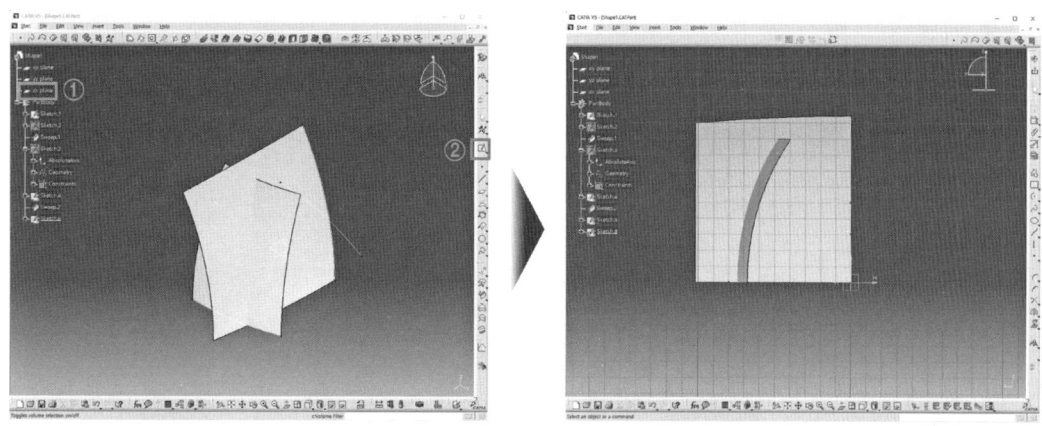

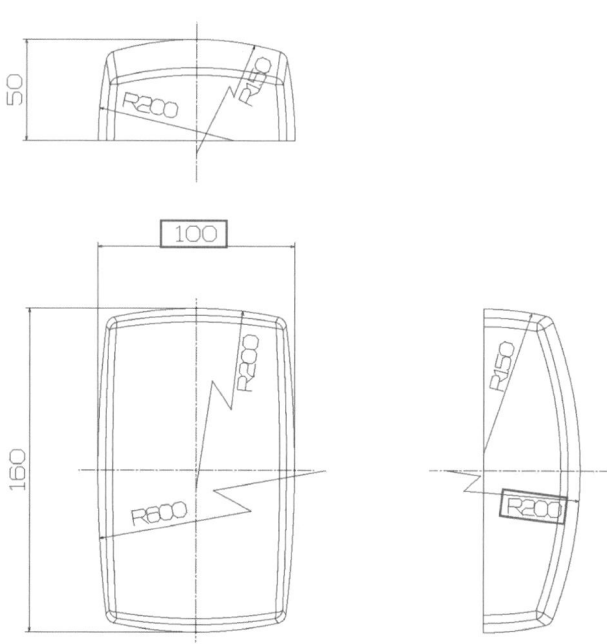

1-12. Sweep, Trim

- [Arc:]을 클릭 → 호의 중심과 중심좌표의 수직축이 일치하도록 호를 그린다.
- [Constraint:]을 클릭 → 호 클릭 → [Dimension: Radius], [Radius: 200mm]로 설정하고 [OK]를 클릭한다.
- [Constraint:]을 클릭 → 중심점과 호를 클릭 → [Value: 50mm]로 설정하고 [OK]를 클릭한다.
- 스케치의 모든 구속이 완료되었다면 [Exit workbench:]을 클릭하여 Sketch를 종료한다.

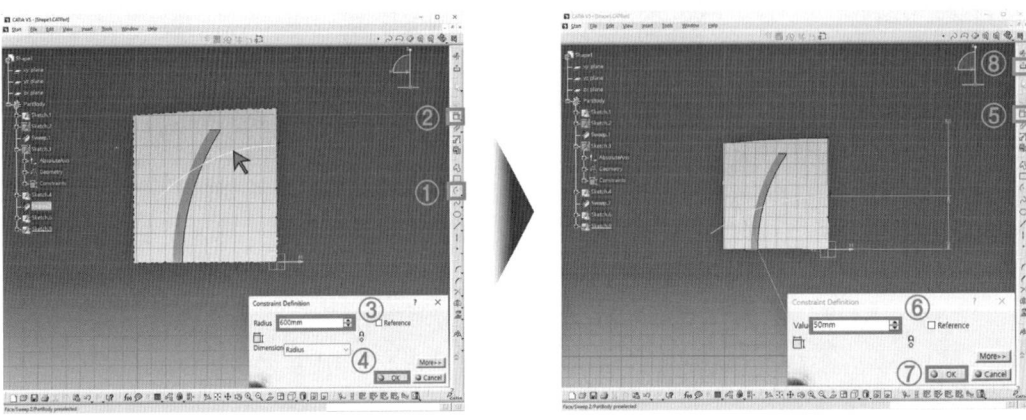

- [Sweep:]을 클릭하고 Sketch.5와 Sketch.6을 직접 클릭하거나 [Specification Tree]에서 클릭한다.
- [Profile type: Explicit]으로 설정 → [Subtype: With reference surface] → [OK]를 클릭한다.

1-13. Sweep, Trim

- [Trim: ▨]을 클릭 → Sweep1과 Sweep2를 직접 클릭하거나 [Specification Tree]에서 클릭한다.
- [Otherside/next element]와 [Otherside/previous element]를 클릭하여 원하는 면이 잘리도록 조정한 뒤 [OK]를 클릭한다.

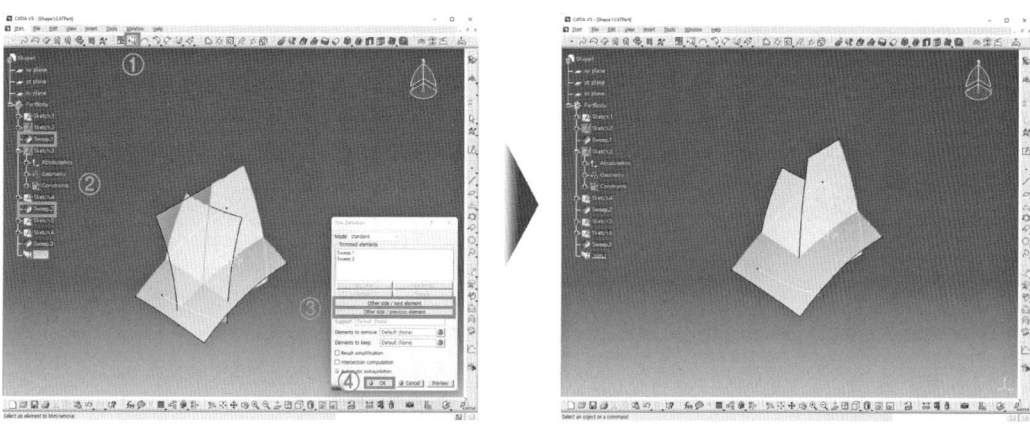

- [Trim: ▨]을 클릭 → Sweep3과 Trim1을 직접 클릭하거나 [Specification Tree]에서 클릭한다.
- [Otherside/next element]와 [Otherside/previous element]를 클릭하여 원하는 면이 잘리도록 조정한 뒤 [OK]를 클릭한다.

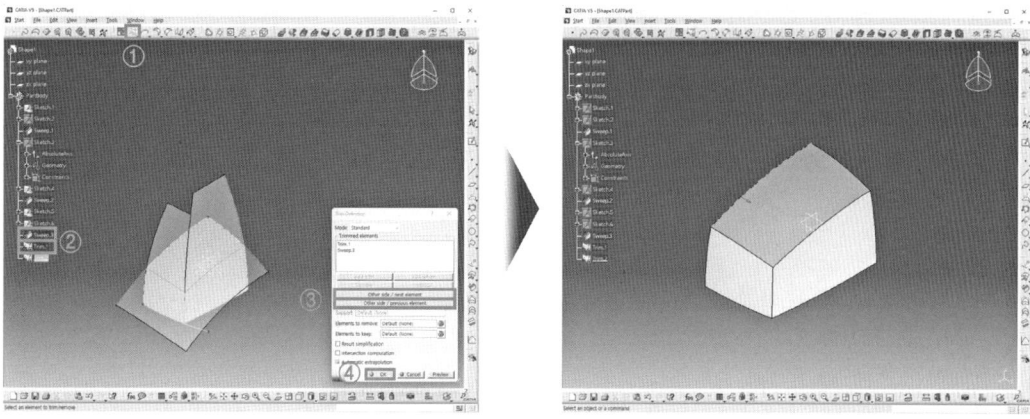

1-14. Sweep, Trim

- [Symmetry: 🔘]을 클릭 → [Element: Trim2/Reference: zx Plane] → [OK]
- [Join: 🔳]을 클릭 → Trim2와 Symmetry1을 직접 클릭하거나 [Specification Tree]에서 클릭 → [OK]

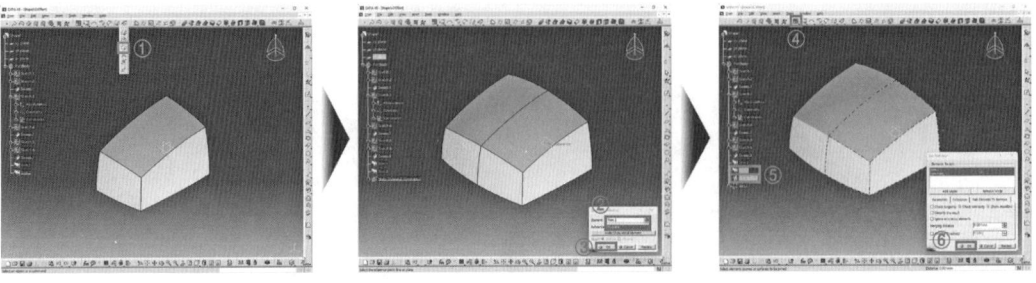

- [Symmetry: 🔘]을 클릭 → [Element: Join1/Reference: yz Plane] → [OK]
- [Join: 🔳]을 클릭 → Join1와 Symmetry2을 직접 클릭하거나 [Specification Tree]에서 클릭 → [OK]

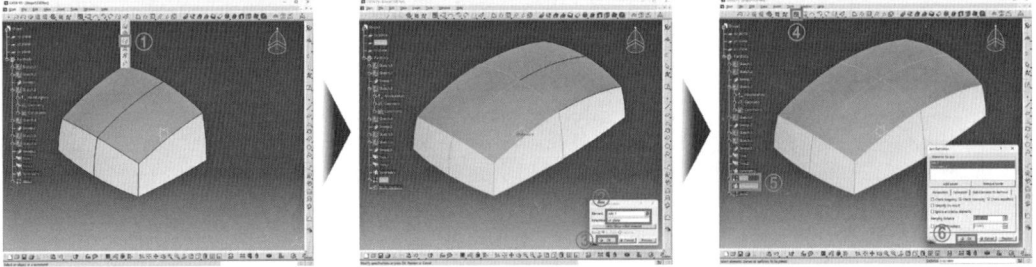

1-15. Sweep, Trim

- [PullDownMenu: Start → Mechanical Design → Generative Shape Design]을 클릭한다.
- [Thick Surface: 🗔]를 클릭 → [First Offset: 5mm/SecondOffset: 0mm/Object to offset: Join2] → 화살표를 클릭하여 두께 방향을 안쪽으로 조정 → [OK]를 클릭한다.
- [Specification Tree]에서 Join2를 우클릭 → [Hide/Show]를 클릭하여 Surface 피처를 숨긴다.

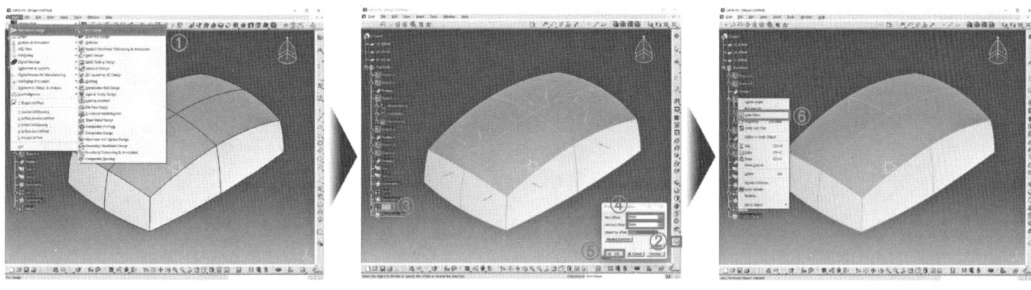

- [Edge Fillet: 🗔]를 클릭 → 도면을 참고하여 Fillet을 입력할 Edge를 클릭 → [Radius: 5mm] 입력 → [OK]를 클릭한다.

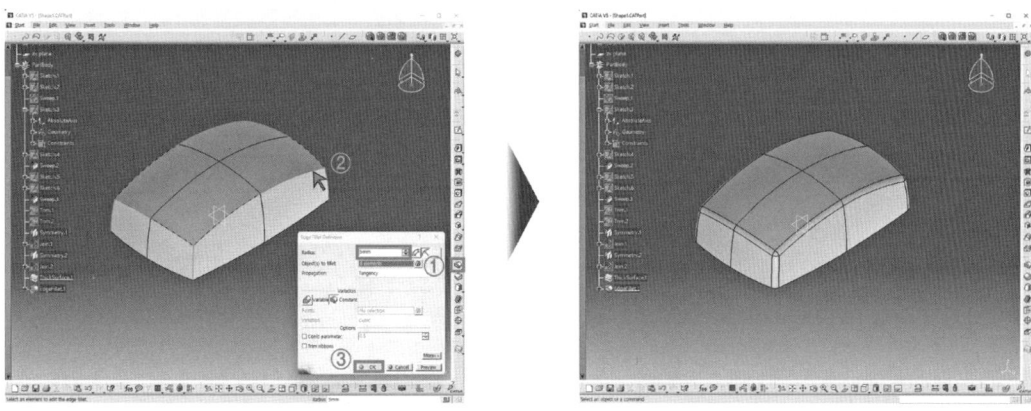

1-16. Sweep, Trim

- [Applied Material: 🛠]를 클릭하고 피처를 직접 클릭하거나 [Specification Tree]에서 [🔧 PartBody] 을 클릭한다.
- [Metal → Aluminum]을 클릭한 뒤 OK를 클릭한다.

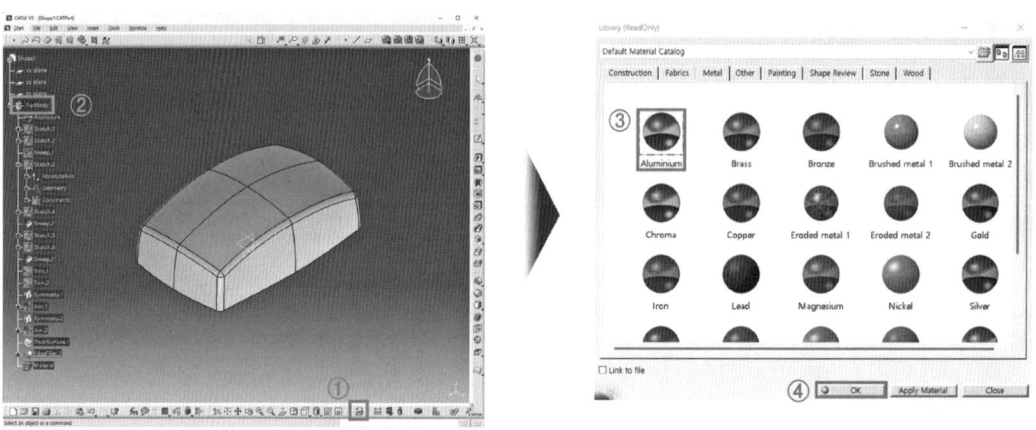

- [Specification Tree]에서 [🔧 Shape1]를 우클릭 → [Properties]를 클릭한다.
- [Mass]에서 무게 중심과 Mass 값을 교재와 비교해 보고 값이 일치하는지 확인한다.

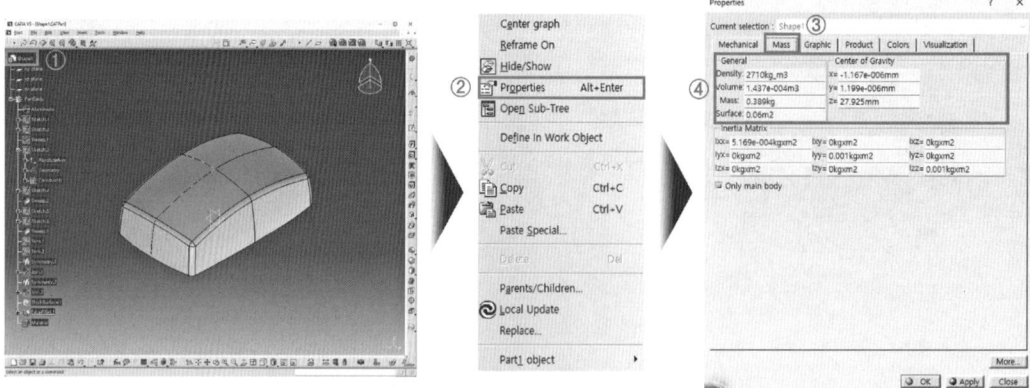

2 Multi-Section Surface

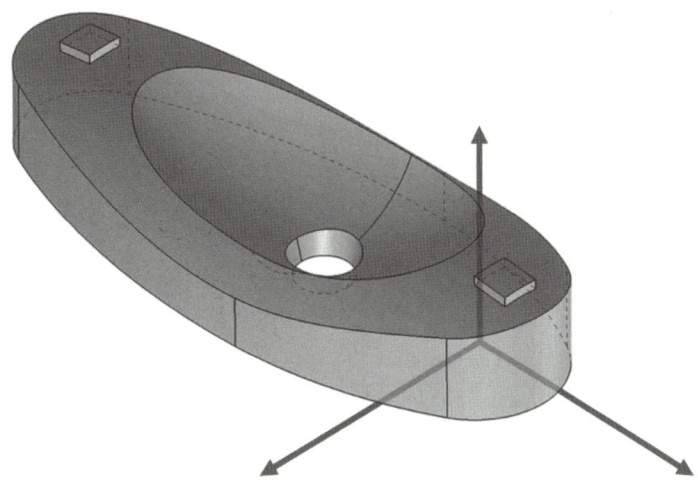

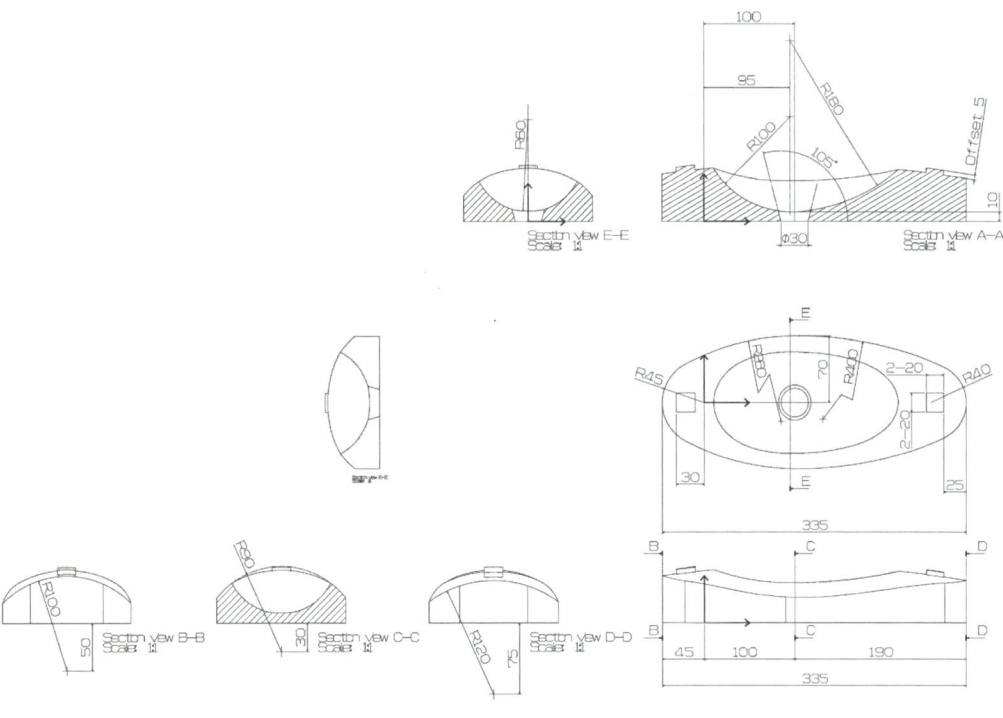

3. Generative Shape Design

2-1. Multi-Section Surface

- [PullDownMenu: Start → Shape → Generative ShapeDesign]을 실행한다.
- [Enter part name]에 'Shape2'을 입력한 뒤 다음과 같이 설정하고 [OK]를 클릭한다.

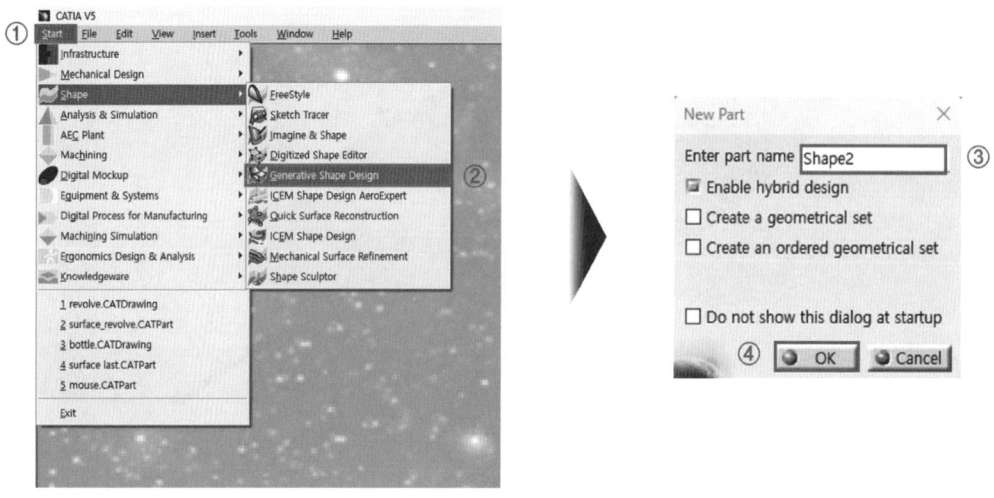

- [Specification Tree]에 xy Plane을 선택한 상태로 [Sketcher:]를 클릭한다.

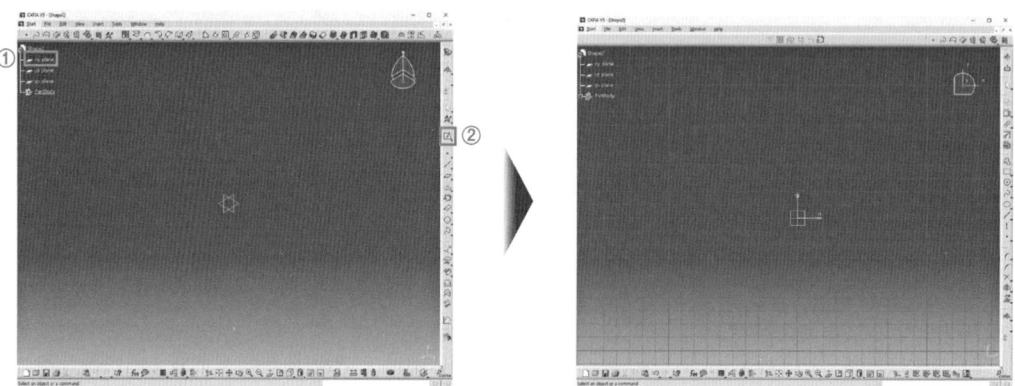

2-3. Multi-Section Surface

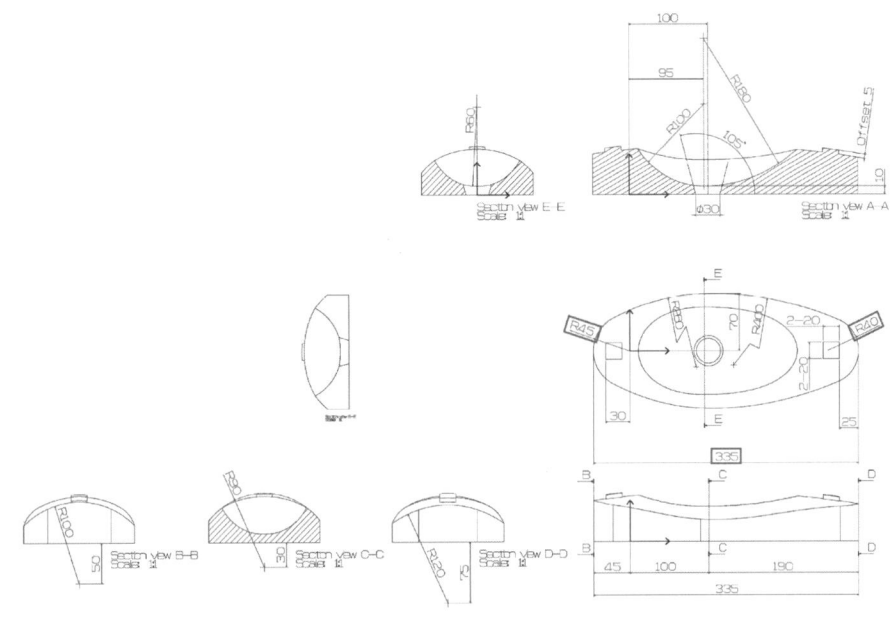

- [Circle: ⊙]을 클릭하고 [원의 중심과 중심좌표계가 일치하는 원]과 [원의 중심과 중심좌표계의 수직축이 일치]하도록 두 원을 그린다.
- [Constraint:]을 클릭 → 중심 원 클릭 → [Dimension: Radius], [Radius: 45mm]로 설정하고 [OK]를 클릭한다.
- [Constraint:]을 클릭 → 다른 원 클릭 → [Dimension: Radius], [Radius: 40mm]로 설정하고 [OK]를 클릭한다.

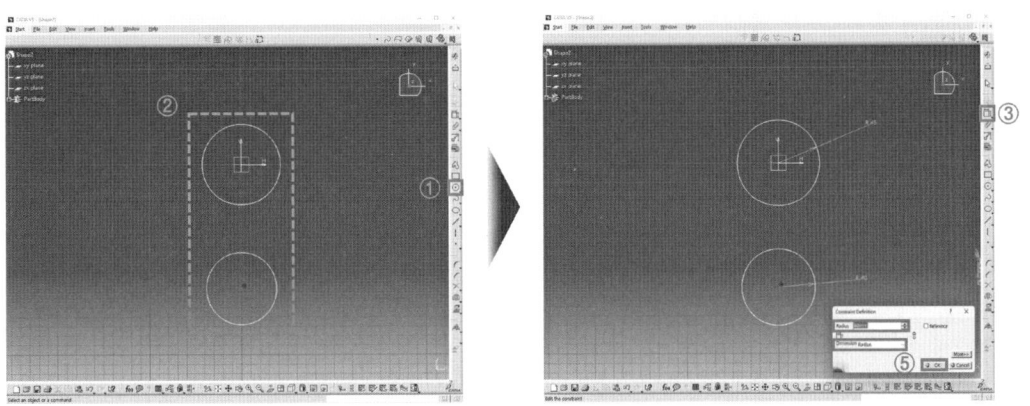

3. Generative Shape Design

2-4. Multi-Section Surface

- [Constraint:]을 클릭 → 두 원의 중심을 클릭 → [Value: 250mm]로 설정하고 [OK]를 클릭한다.
- [Arc:]을 클릭 → 사진과 같이 임의의 호 두 개를 그린다.

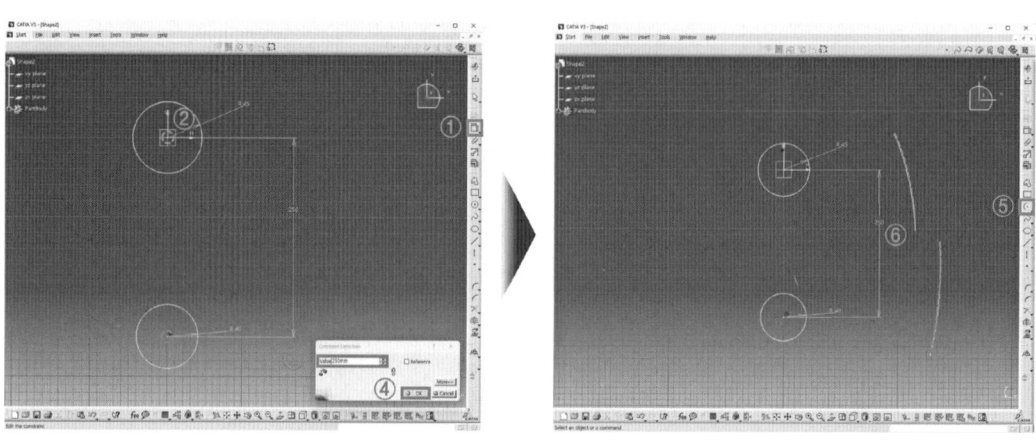

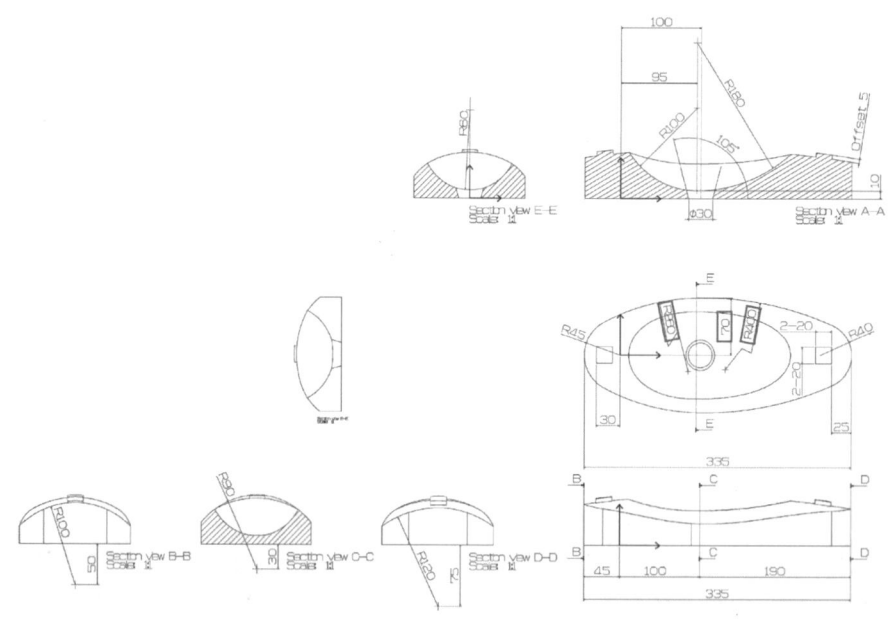

2-5. Multi-Section Surface

- [Constraint: ▣]을 클릭 → 상단에 위치한 호를 클릭 → [Radius: 260mm]로 설정하고 [OK]를 클릭한다.
- [Constraint: ▣]을 클릭 → 상단에 위치한 호를 클릭 → [Radius: 400mm]로 설정하고 [OK]를 클릭한다.
- [Constraints Defined in Dialog Box: ▣]를 클릭 → [각 호의 끝점 간 Coincidence(부합)/두 호 간 Tangency(접선)] 구속을 정의한다.
- [Constraints Defined in Dialog Box: ▣]를 클릭 → [각 호의 끝점과 각 원 Coincidence(부합)/호와 두 원 Tangency(접선)] 구속을 정의한다.

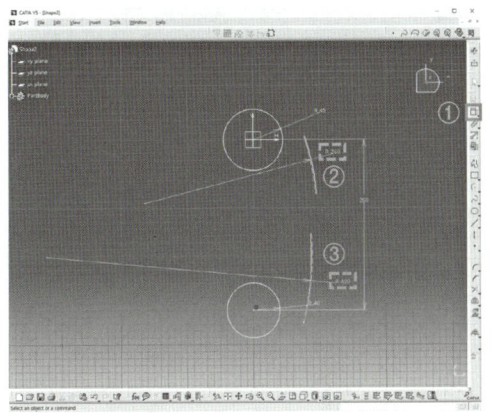 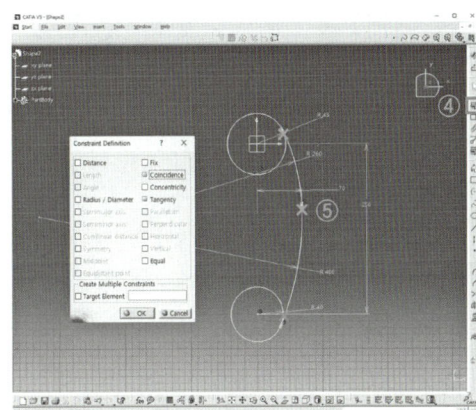

- Ctrl을 누른 상태로 두 호를 클릭 → [Mirror: ▣]를 클릭한 뒤, 중심좌표의 세로축을 클릭한다.
- [Quick Trim: ▣]를 더블 클릭하여 활성화 → 사진을 참고하여 불필요한 선들을 제거한다.
- 스케치의 모든 구속이 완료되었다면 [Exit workbench: ▣]을 클릭하여 Sketch를 종료한다.

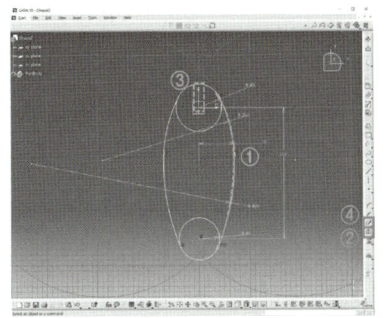 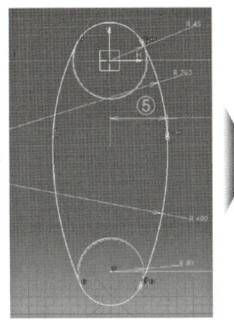 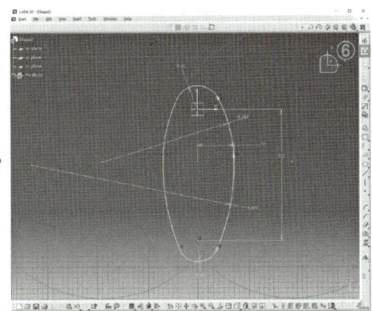

3. Generative Shape Design

2-6. Multi-Section Surface

- [Specification Tree]에 xy Plane을 선택한 상태로 [Sketcher:]를 클릭한다.

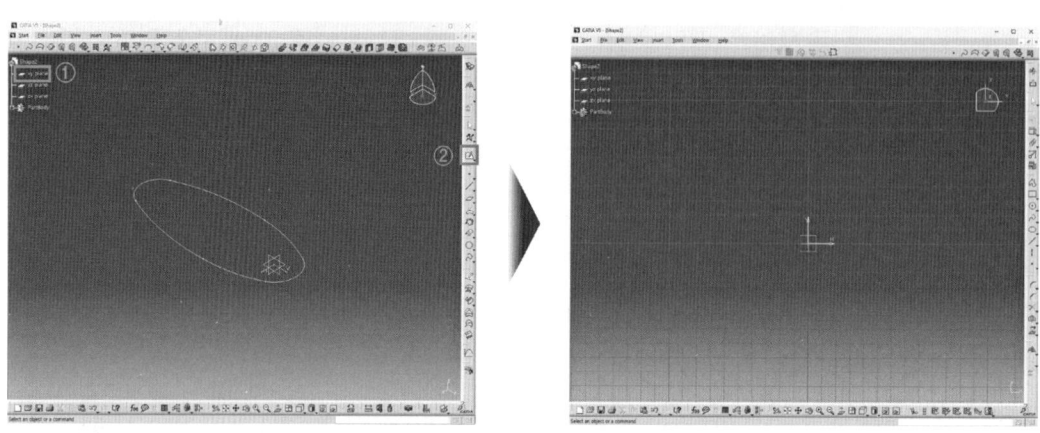

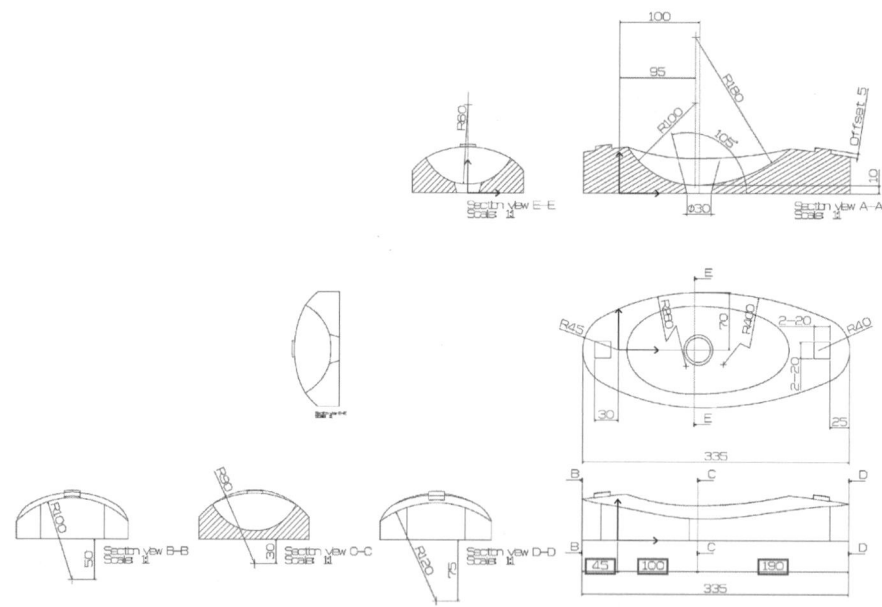

2-7. Multi-Section Surface

- [Line: ✎]을 클릭 → 중심좌표의 수직 축과 일치하도록 연결되는 두 선을 그린다.
- [Constraints Defined in Dialog Box: 🗔]를 클릭 → [각 선의 양 끝점과 Sketch.1의 호 간 Coincidence(부합)] 구속을 정의한다.
- [Constraint: 🗔]을 클릭 → 중심좌표와 두 선의 연결점 클릭 → [Value: 100mm]로 설정하고 [OK]를 클릭한다.
- 스케치의 모든 구속이 완료되었다면 [Exit workbench: 🖒]을 클릭하여 Sketch를 종료한다.

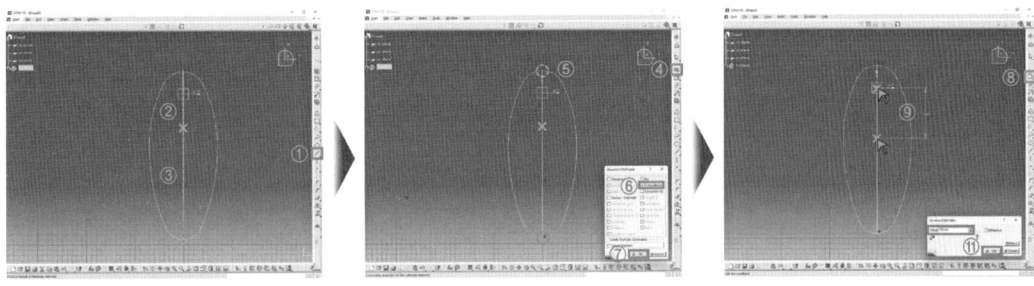

- [Plane: ⬨] 클릭 → [Type: Normal to curve] → [Curve: Sketch.2] → [Point: Sketch의 끝점] → [OK]를 클릭하여 새로운 Plane을 생성한다.
- 동일한 과정으로 Sketch의 각 점과 일치하는 Plane을 생성한다.

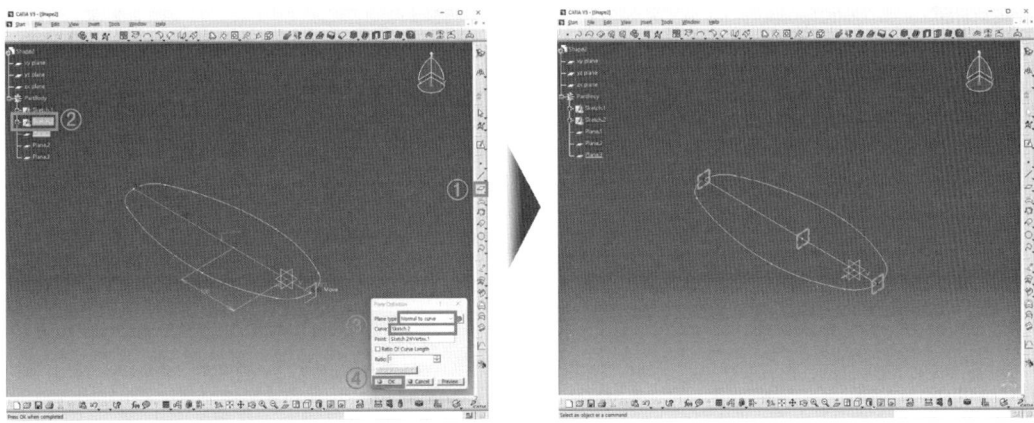

2-8. Multi-Section Surface

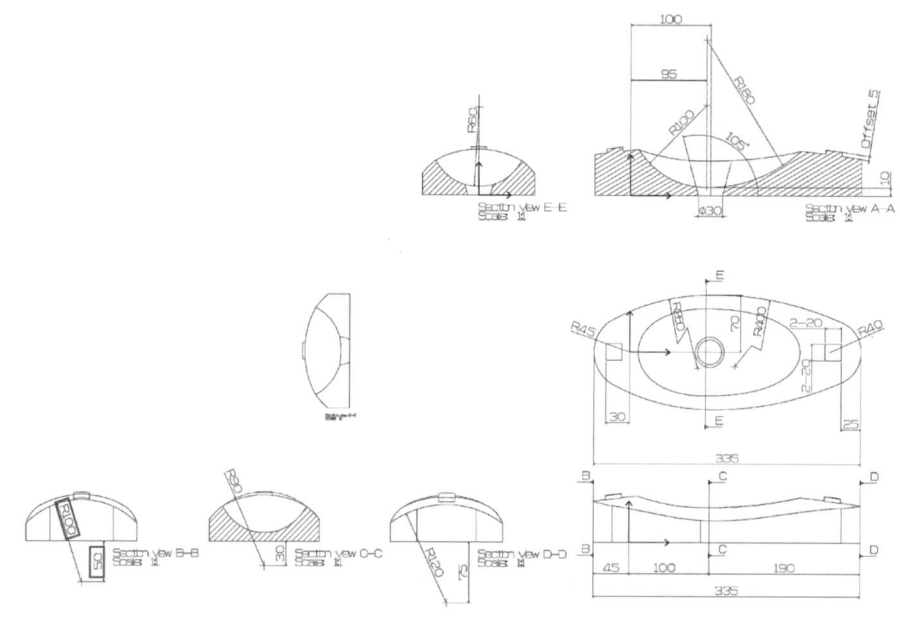

- [Specification Tree]에 Plane.1을 선택한 상태로 [Sketcher:]를 클릭한다.

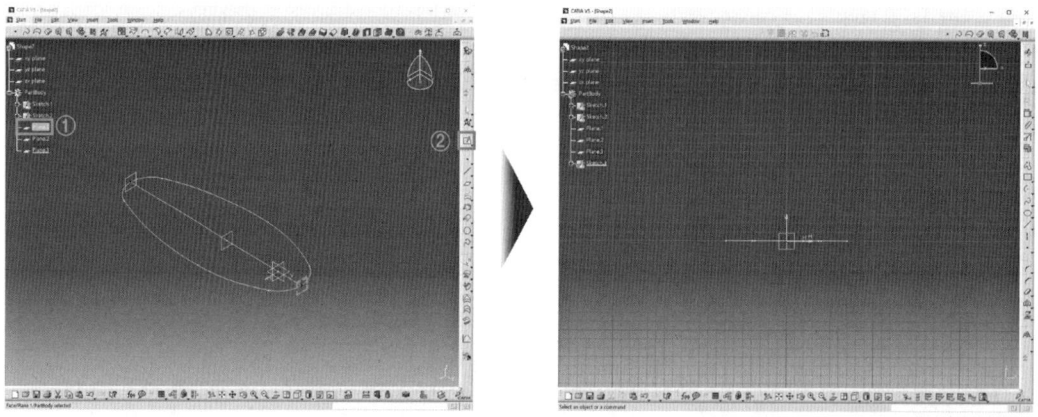

2-9. Multi-Section Surface

- [Arc:]을 클릭하고 중심좌표의 수직축과 호의 중심이 일치하도록 임의의 호를 그린다.

  * 이때, 호의 양 끝점이 Sketch.1의 외각에 위치하도록 한다.

- [Constraint:]을 클릭 → 호 클릭 → [Dimension: Radius], [Radius: 100mm]로 설정하고 [OK]를 클릭한다.

- [Constraint:]을 클릭 → 중심좌표와 호의 중점을 클릭 → [Value: 50mm]로 설정하고 [OK]를 클릭한다.

- 스케치의 모든 구속이 완료되었다면 [Exit workbench:]을 클릭하여 Sketch를 종료한다.

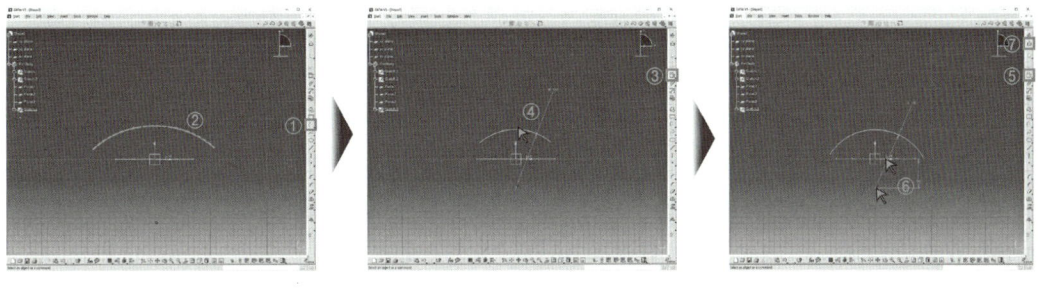

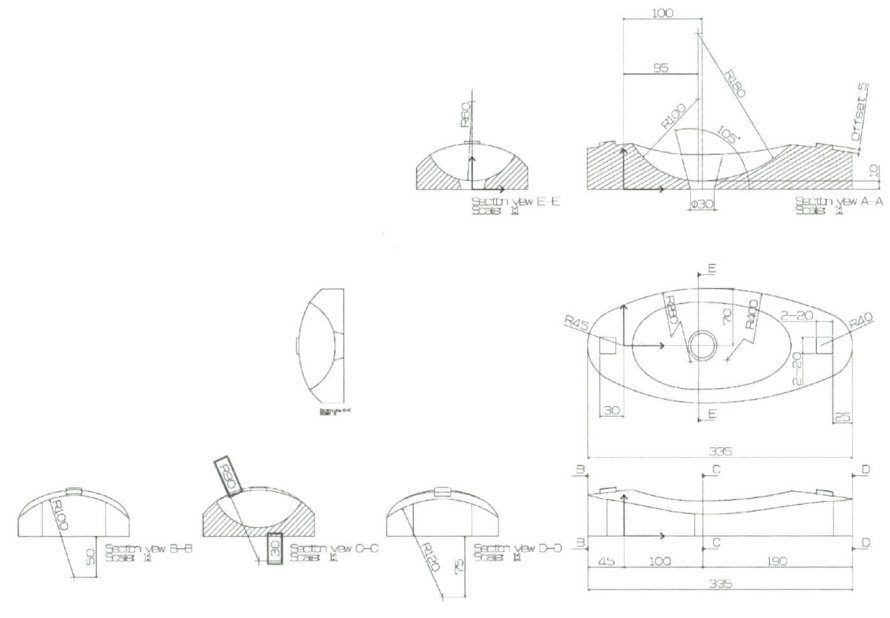

2-10. Multi-Section Surface

- [Specification Tree]에 Plane.2를 선택한 상태로 [Sketcher: ⌁]를 클릭한다.

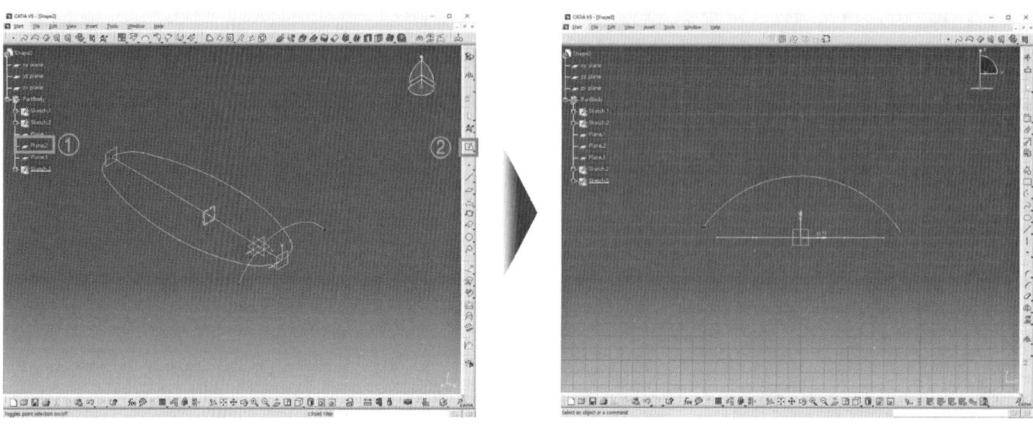

- [Arc: ⌁]을 클릭하고 중심좌표의 수직축과 호의 중심이 일치하도록 임의의 호를 그린다.

  * 이때, 호의 양 끝점이 Sketch.1의 외각에 위치하도록 한다.

- [Constraint: ⌁]을 클릭 → 호 클릭 → [Dimension: Radius], [Radius: 90mm]로 설정하고 [OK]를 클릭한다.
- [Constraint: ⌁]을 클릭 → 중심좌표와 호의 중점을 클릭 → [Value: 30mm]로 설정하고 [OK]를 클릭한다.
- 스케치의 모든 구속이 완료되었다면 [Exit workbench: ⌁]을 클릭하여 Sketch를 종료한다.

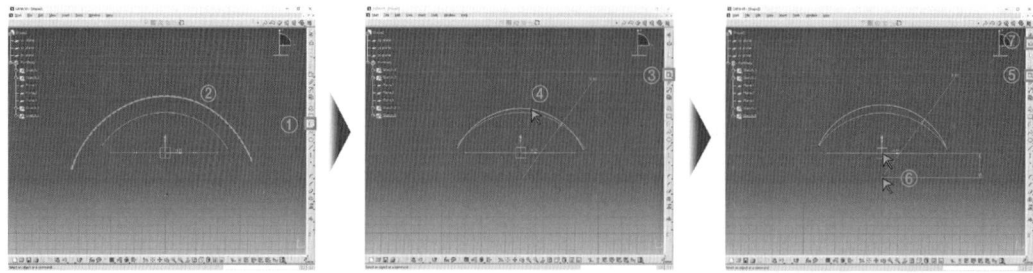

2-11. Multi-Section Surface

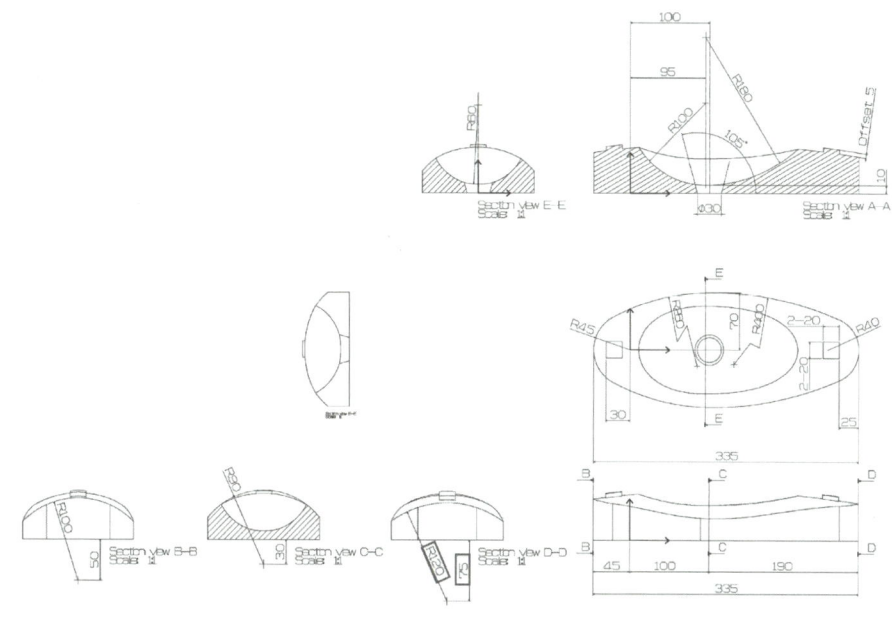

- [Specification Tree]에 Plane.3을 선택한 상태로 [Sketcher:]를 클릭한다.

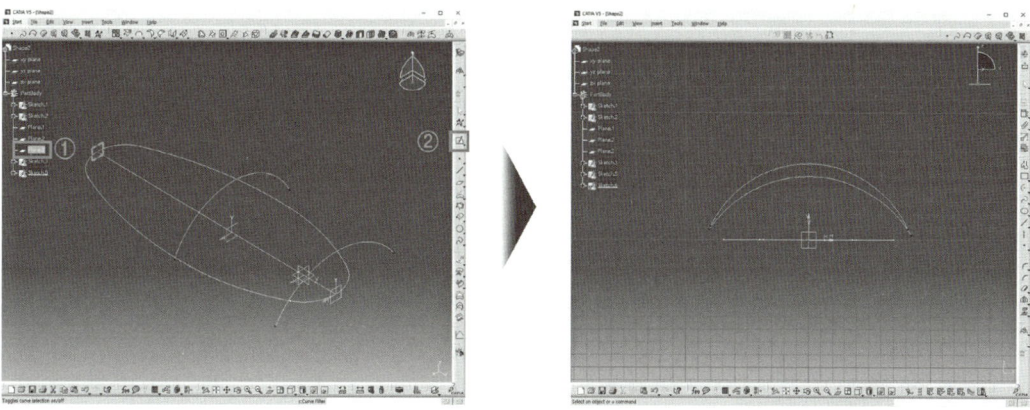

2-12. Multi-Section Surface

- [Arc:]을 클릭하고 중심좌표의 수직축과 호의 중심이 일치하도록 임의의 호를 그린다.

  * 이때, 호의 양 끝점이 Sketch.1의 외각에 위치하도록 한다.

- [Constraint:]을 클릭 → 호 클릭 → [Dimension: Radius], [Radius: 120mm]로 설정하고 [OK]를 클릭한다.
- [Constraint:]을 클릭 → 중심좌표와 호의 중점을 클릭 → [Value: 75mm]로 설정하고 [OK]를 클릭한다.
- 스케치의 모든 구속이 완료되었다면 [Exit workbench:]을 클릭하여 Sketch를 종료한다.

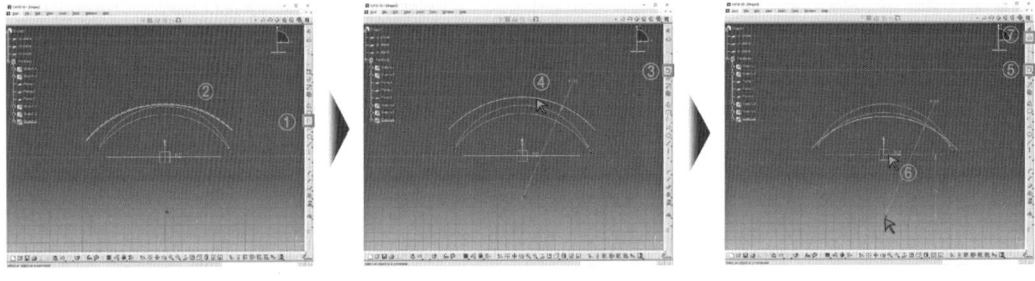

- [Multi-SectionSurface:]를 클릭 → Sketch.3, Sketch.4, Sketch.5를 클릭 → [OK]를 클릭한다.
- [PullDownMenu: Start → Mechanical Design→ Generative Shape Design]을 클릭한다.

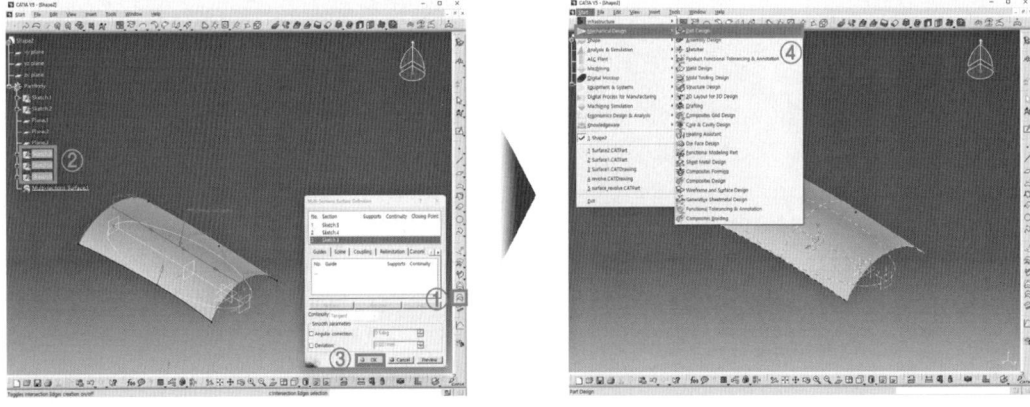

2-13. Multi-Section Surface

- Sketch-Based Features의 [Pad: 🗗]를 클릭하고 Sketch.1을 직접 클릭하거나 [Specification Tree]에서 [Sketch.1]을 클릭한다.
- [Type: Uptosurface], [Limit: MultisectionsSurface 1]로 설정하고 [OK]를 클릭한다.

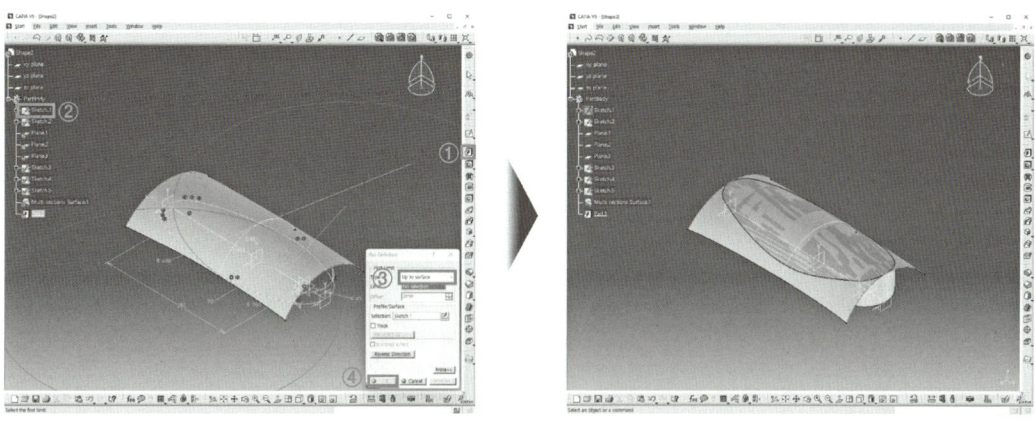

- [Specification Tree]에서 [Multi-sections Surface 1]을 우클릭 → [Hide/Show]를 클릭하여 Surface 피처를 숨긴다.
- [PullDownMenu: Start → Shape → Generative ShapeDesign]을 클릭한다.

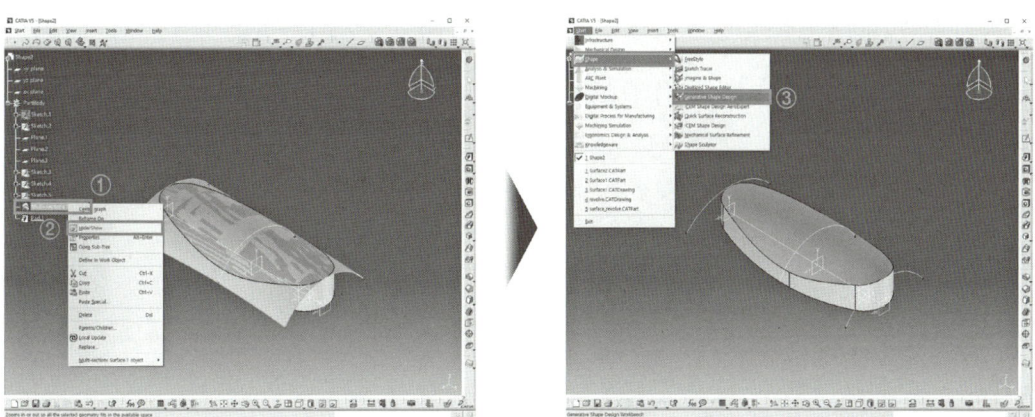

3. Generative Shape Design

2-14. Multi-Section Surface

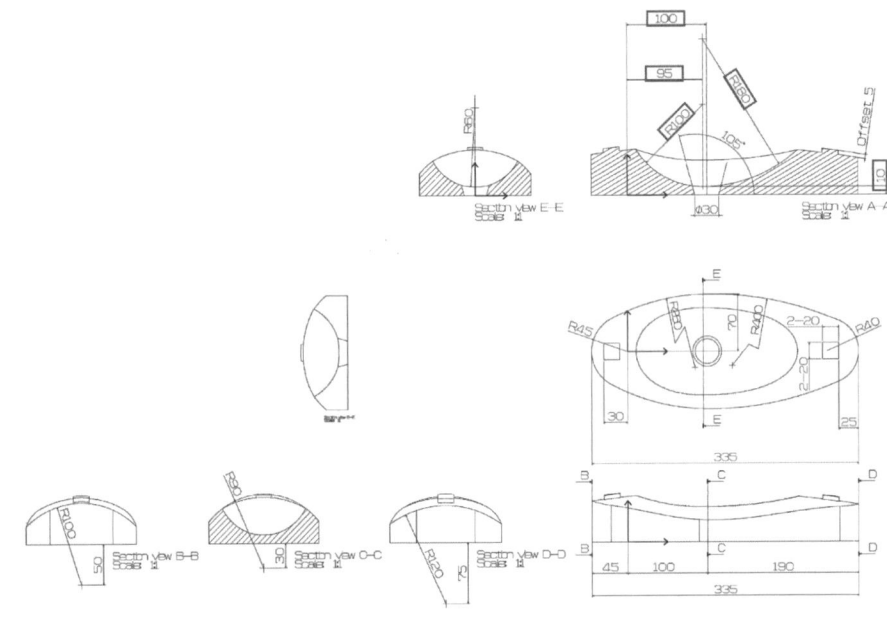

- [Specification Tree]에 yz Plane을 선택한 상태로 [Sketcher:]를 클릭한다.
- 만약 중심좌표가 우측에 위치한다면 [Normal view:]를 클릭하여 도면과 뷰가 일치하도록 조정한다.

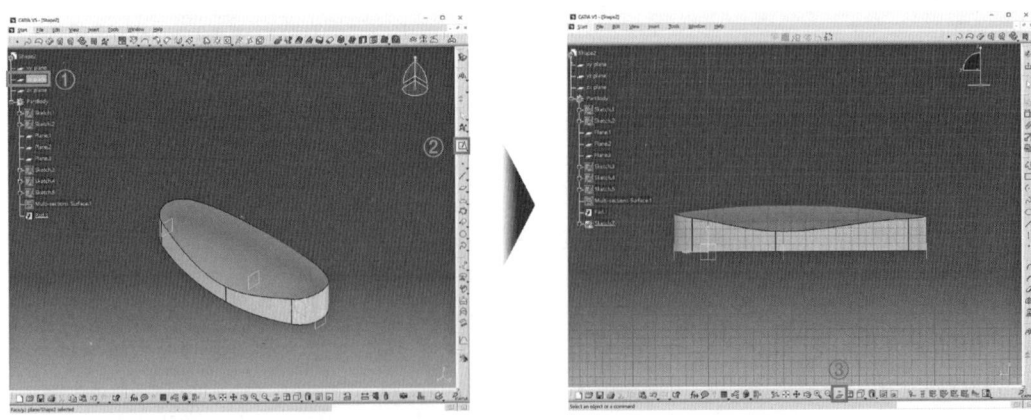

2-15. Multi-Section Surface

- [Arc: ⌒]을 클릭 → 사진과 같이 임의의 호 두 개를 그린다.
- [Constraint: 🗂]을 클릭 → 좌측에 위치한 호를 클릭 → [Dimension: Radius], [Radius: 100mm]로 설정하고 [OK]를 클릭한다.
- [Constraint: 🗂]을 클릭 → 우측에 위치한 호를 클릭 → [Dimension: Radius], [Radius: 180mm]로 설정하고 [OK]를 클릭한다.

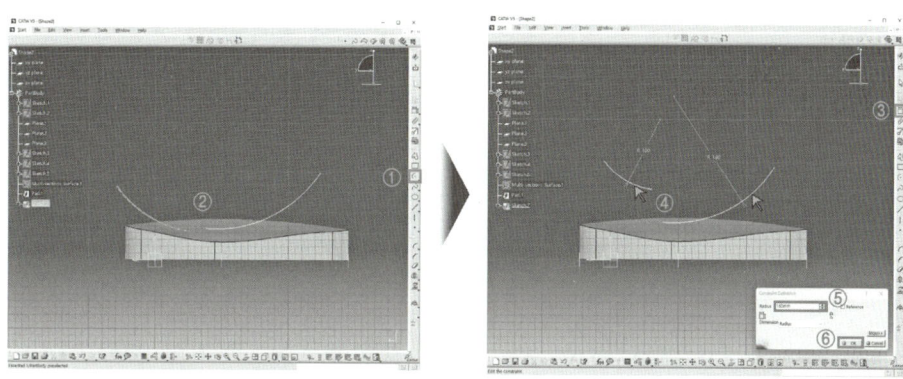

- [Constraints Defined in Dialog Box: 🗂]를 클릭 → [각 호의 끝점 간 Coincidence(부합)/두 호 간 Tangency(접선)] 구속을 정의한다.
- [Constraint: 🗂]을 클릭 → 좌측 호의 중심과 중심좌표를 클릭 → [Value: 95mm]로 설정하고 [OK]를 클릭한다.
- [Constraint: 🗂]을 클릭 → 우측 호의 중심과 중심좌표를 클릭 → [Value: 95mm]로 설정하고 [OK]를 클릭한다.
- [Constraint: 🗂]을 클릭 → 중심좌표의 수평선과 우측 호를 클릭 → [Value: 10mm]로 설정하고 [OK]를 클릭한다.
- 스케치의 모든 구속이 완료되었다면 [Exit workbench: 🗂]을 클릭하여 Sketch를 종료한다.

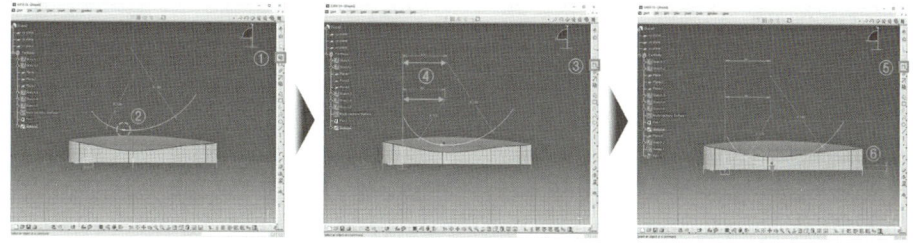

2-16. Multi-Section Surface

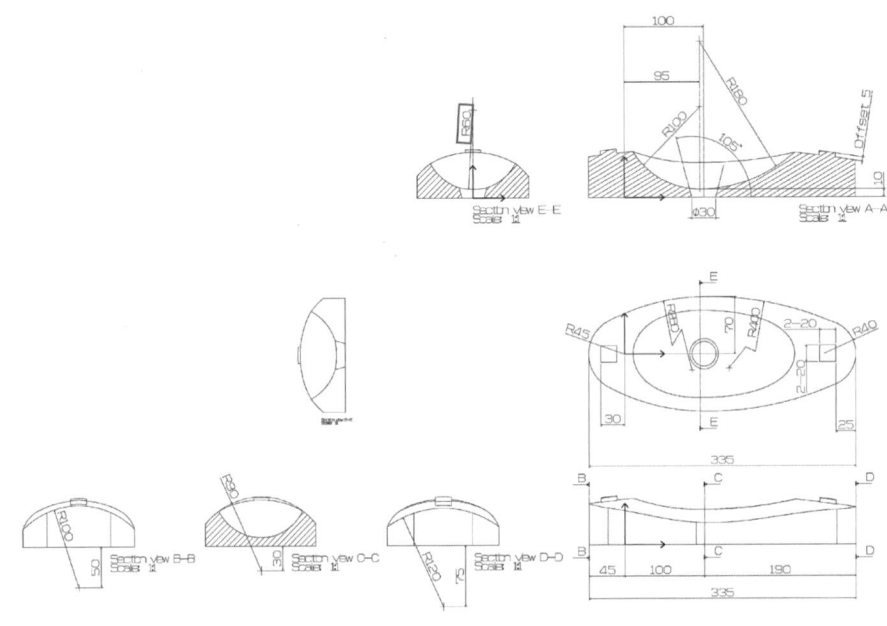

- [Plane: ▱] 클릭 → [Type: Normal to curve] → [Curve: Sketch.6] → [Point: Sketch의 끝점] → [OK]를 클릭하여 새로운 Plane을 생성한다.
- [Specification Tree]에 Plane.4를 선택한 상태로 [Sketcher: ✏️]를 클릭한다.

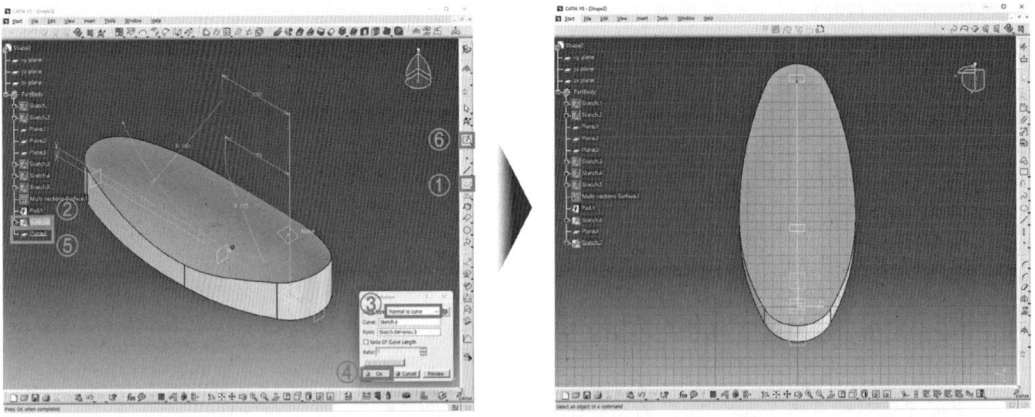

2-17. Multi-Section Surface

- [Arc: 〔 〕]을 클릭하고 중심좌표의 수직축과 호의 중심이 일치하도록 임의의 호를 그린다.
- [Constraint: 〔 〕]을 클릭 → 호 클릭 → [Dimension: Radius], [Radius: 60mm]로 설정하고 [OK]를 클릭한다.
- [Constraints Defined in Dialog Box: 〔 〕]를 사용하여 [Sketch.6의 끝점과 호에 Coincidence(부합)] 구속을 정의한다.
- 스케치의 모든 구속이 완료되었다면 [Exit workbench: 〔 〕]을 클릭하여 Sketch를 종료한다.

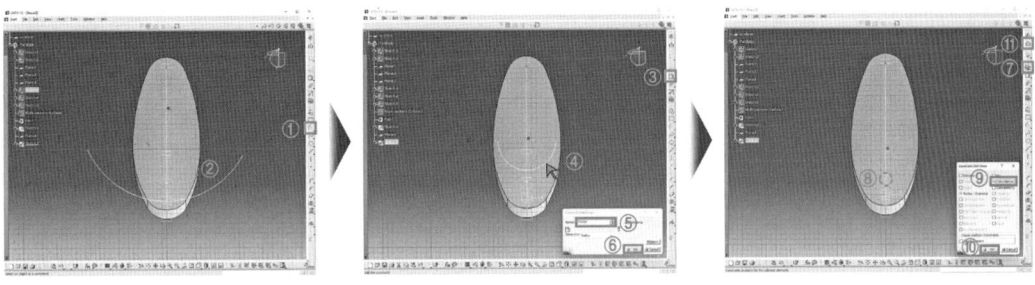

- [Sweep: 〔 〕]을 클릭 → Sketch.6과 Sketch.7을 직접 클릭하거나 [Specification Tree]에서 클릭한다.
- [Profile type: Explicit]으로 설정 → [Subtype: With reference surface] → [OK] 클릭

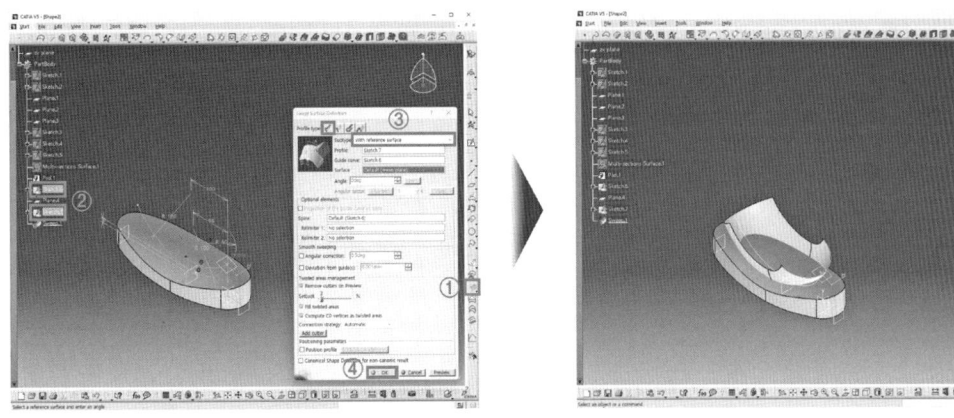

2-18. Multi-Section Surface

- [PullDownMenu: Start → Mechanical Design → Generative Shape Design]을 클릭한다.
- [Split:]을 클릭 → [Splitting Element: Sweep1] → 화살표를 클릭하여 피처의 제거 방향을 조정 → [OK] 클릭

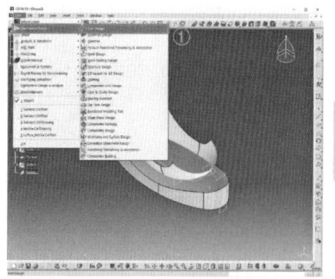 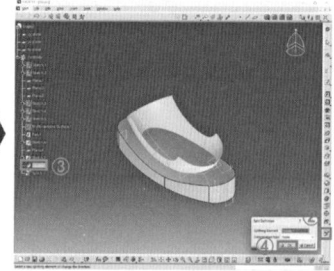 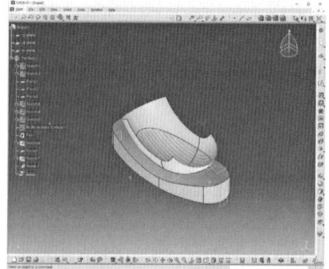

- [Specification Tree]에서 [Sweep1]을 우클릭 → [Hide/Show]를 클릭하여 Surface 피처를 숨긴다.
- [Specification Tree]에 yz Plane을 선택한 상태로 [Sketcher:]를 클릭한다.

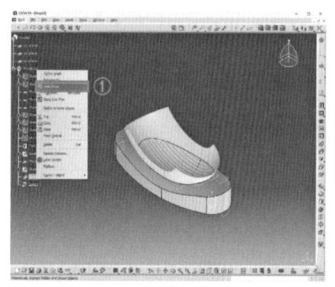 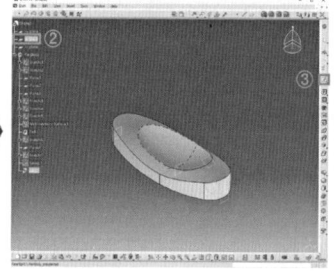 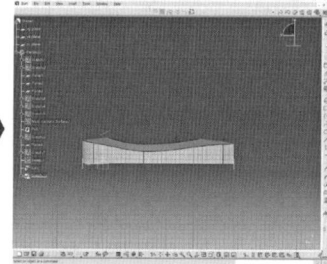

2-19. Multi-Section Surface

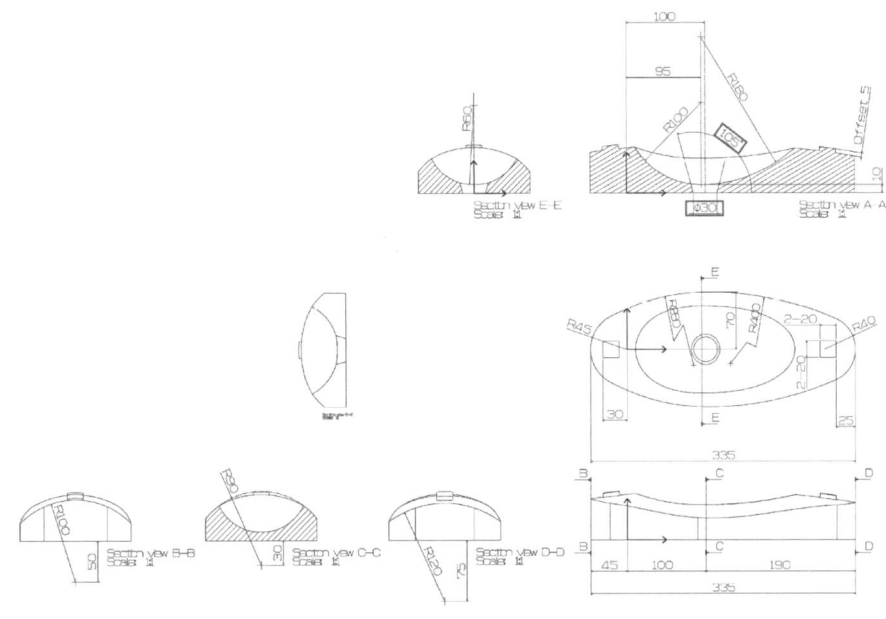

- [Profile:]을 사용하여 적절한 위치에 그림과 같이 사각형을 그린다.
- [Constraint:]을 클릭 → 아래 변 클릭 → [Value: 15mm]로 설정하고 [OK]를 클릭한다.
- [Constraint:]을 클릭 → 아래 변과 수직이 아닌 변 클릭 → [Value: 105deg]로 설정하고 [OK]를 클릭한다.

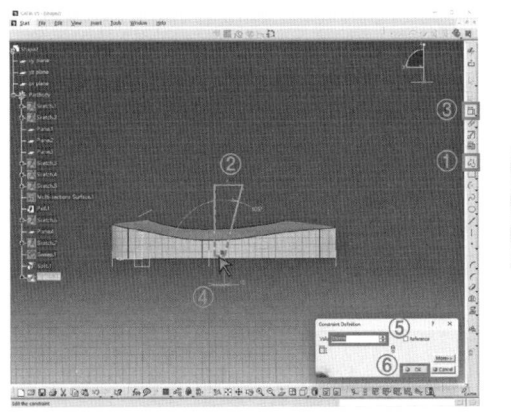 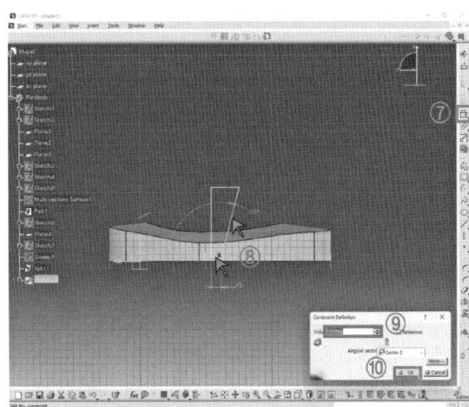

2-20. Multi-Section Surface

- [Constraints Defined in Dialog Box:]를 사용하여 사각형의 아랫변과 중심좌표 수평축 사이 Coincidence(부합) 구속을 정의한다.
- [Constraint:]을 클릭 → 사각형의 수직선 클릭 → [Value: 100mm]로 설정하고 [OK]를 클릭한다.
- [Constraint:]을 클릭 → 중심좌표와 사각형의 수직선 클릭 → [Value: 100mm]로 설정하고 [OK]를 클릭한다.
- 스케치의 모든 구속이 완료되었다면 [Exit workbench:]을 클릭하여 Sketch를 종료한다.

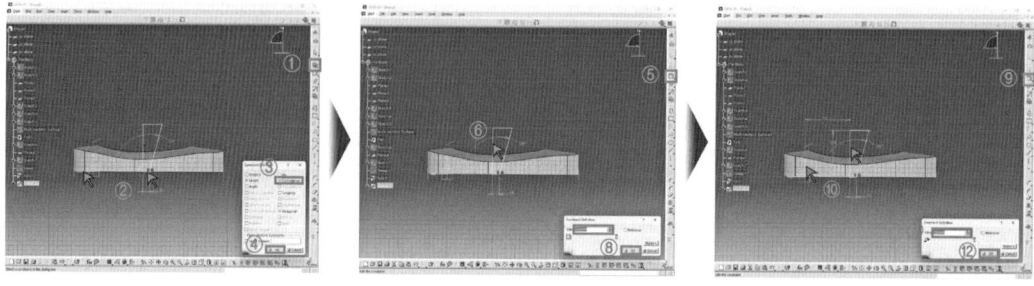

- Sketch-Based Features의 [Groove:]를 클릭하고 Sketch.8을 직접 클릭하거나 [Specification Tree]에서 [Sketch.8]을 클릭한다.
- [First Angle: 360deg], [Profile Selection: Sketch.8/Axis Selection: Sketch.8의 수직축]으로 입력 → [OK]를 클릭한다.

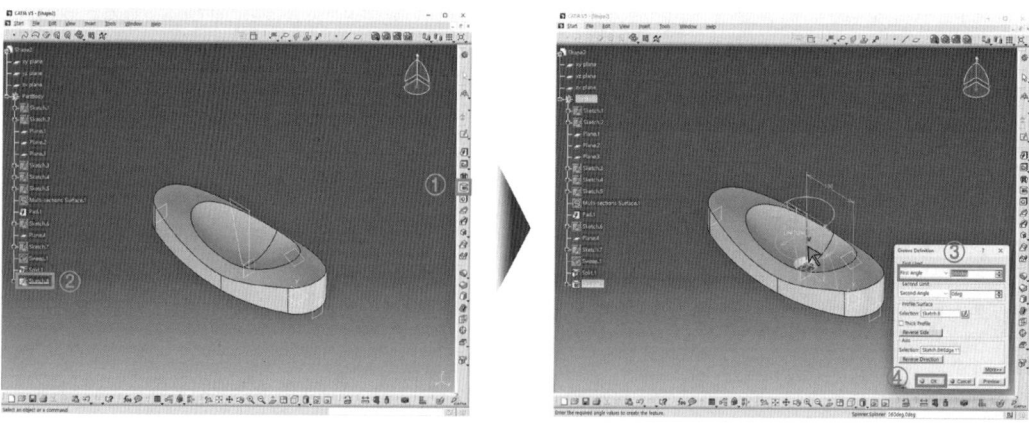

2-21. Multi-Section Surface

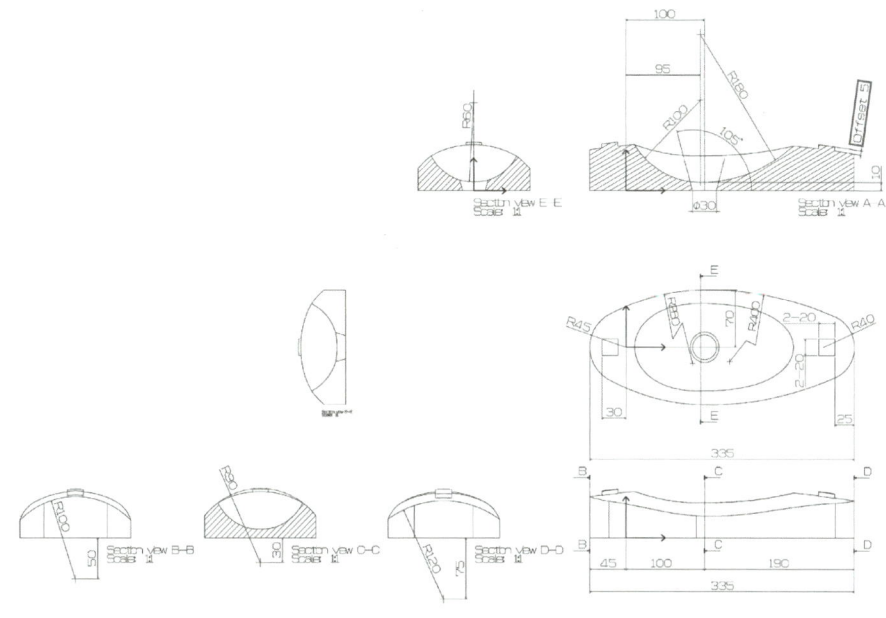

- [PullDownMenu: Start → Shape → Generative ShapeDesign]을 클릭한다.
- [Offset: 🗇] 클릭 → [Surface: Multi-sections Surface1/Offset: 5mm] → [Reverse Direction]을 클릭하여 위로 Offset 되도록 조정 → [OK] 클릭

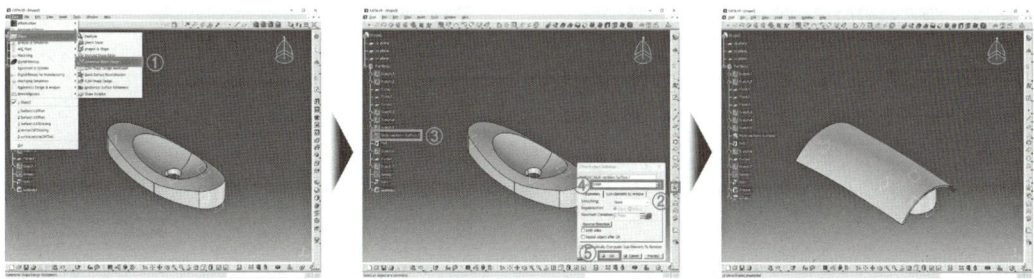

2-22. Multi-Section Surface

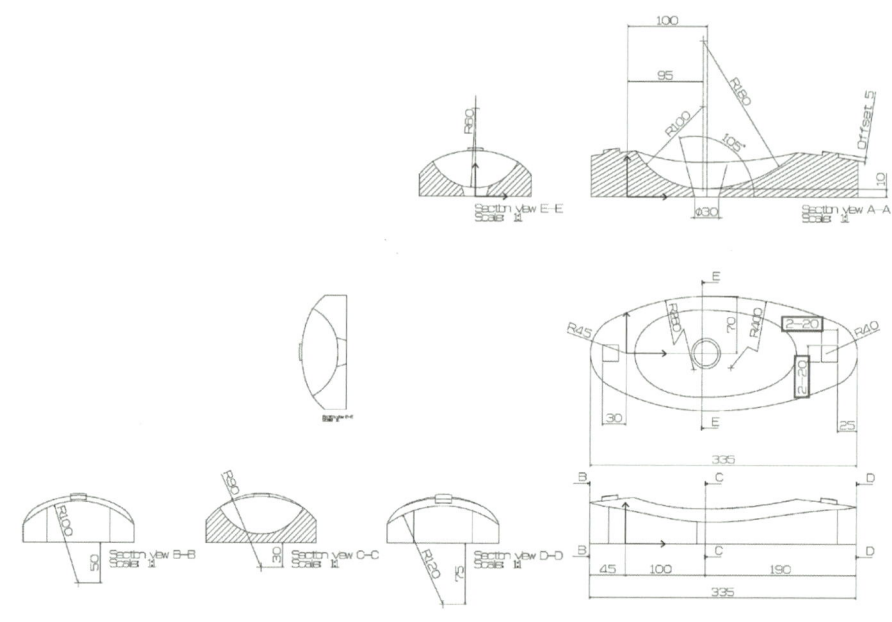

- [Specification Tree]에 xy Plane을 선택한 상태로 [Sketcher:]를 클릭한다.
- 만약 중심좌표가 우측에 위치한다면 [Normal view:]를 클릭하여 피처가 보이도록 조정한다.

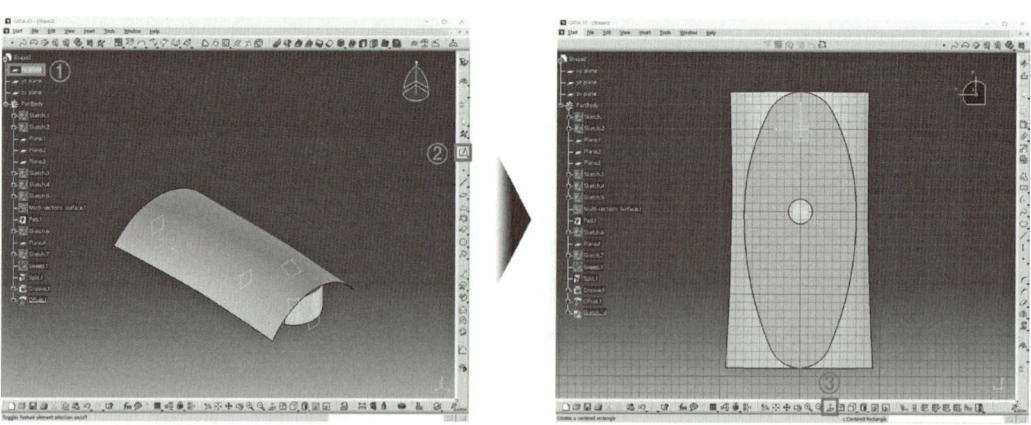

2-23. Multi-Section Surface

- [Centered Rectangle: 🔳]을 클릭하고 사각형의 중심과 중심좌표 수직축이 일치하도록 임의의 사각형 두 개를 그린다.
- [Constraint: 🔳]을 클릭 → 두 사각형의 가로 길이와 세로 길이를 [Value: 20mm]로 설정하고 [OK]를 클릭한다.
- [Constraint: 🔳]을 클릭 → 상단에 위치한 사각형의 윗변과 중심좌표 클릭 → [Value: 30mm]로 설정하고 [OK]를 클릭한다.
- [Constraint: 🔳]을 클릭 → 하단에 위치한 사각형의 밑변과 피처의 호 부분 클릭 → [Value: 25mm]로 설정하고 [OK]를 클릭한다.
- 스케치의 모든 구속이 완료되었다면 [Exit workbench: 🔳]을 클릭하여 Sketch를 종료한다.

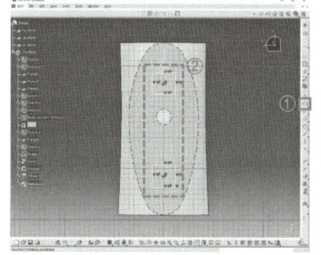 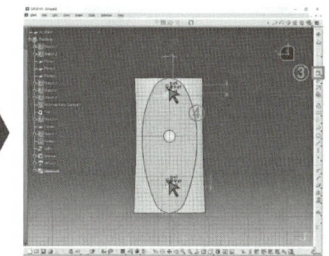 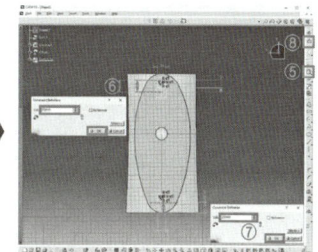

- [PullDownMenu: Start → Mechanical Design → Generative Shape Design]을 클릭한다.
- Sketch-Based Features의 [Pad: 🔳]를 클릭하고 Sketch.9를 직접 클릭하거나 [Specification Tree]에서 [Sketch.9]를 클릭한다.
- [Type: Uptosurface], [Limit: Offset1]로 설정하고 [OK]를 클릭한다.

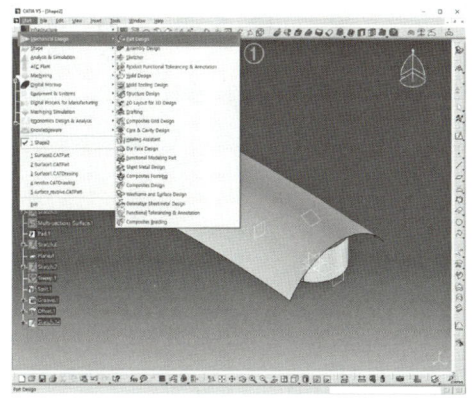 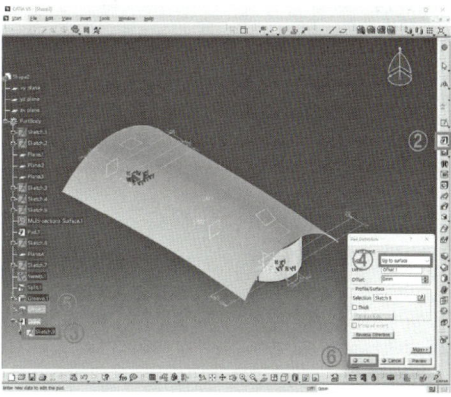

2-24. Multi-Section Surface

- [Specification Tree]에서 [Offset.1]를 우클릭 → [Hide/Show]를 클릭하여 Surface 피처를 숨긴다.

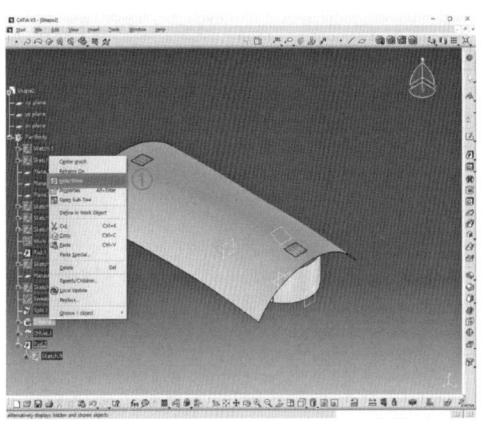 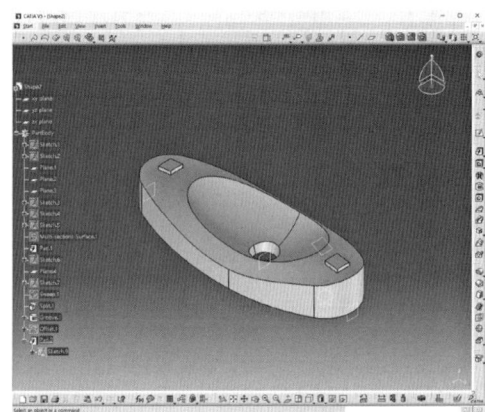

- [Applied Material:]를 클릭하고 피처를 직접 클릭하거나 [Specification Tree]에서 [PartBody] 을 클릭한다.
- [Metal → Aluminum]을 클릭한 뒤 [OK]를 클릭한다.

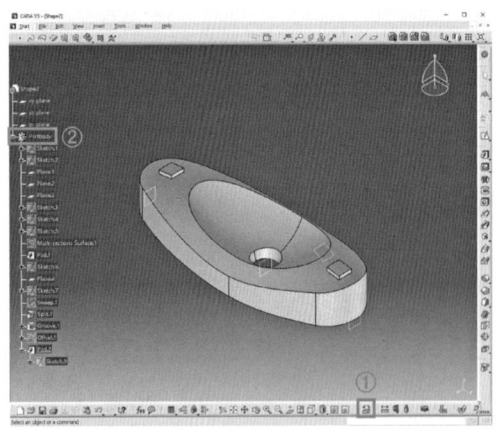 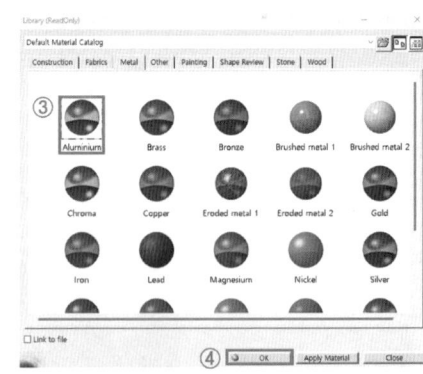

2-25. Multi-Section Surface

- [Specification Tree]에서 [Shape2]를 우클릭 → [Properties]를 클릭한다. [Mass]에서 무게 중심과 Mass 값을 교재와 비교해 보고 값이 일치하는지 확인한다.

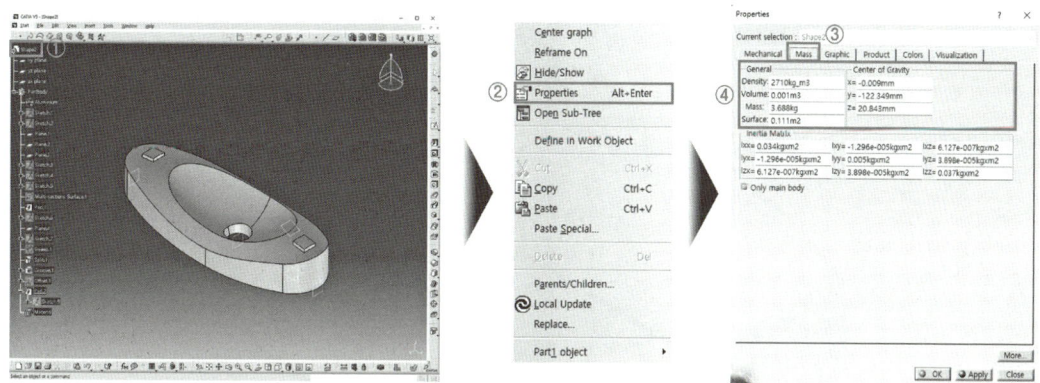

3 Offset, Intersection, Projection

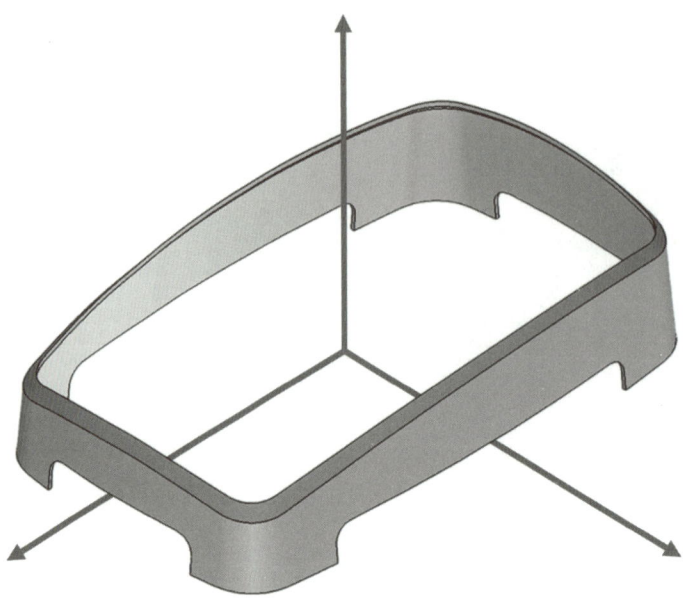

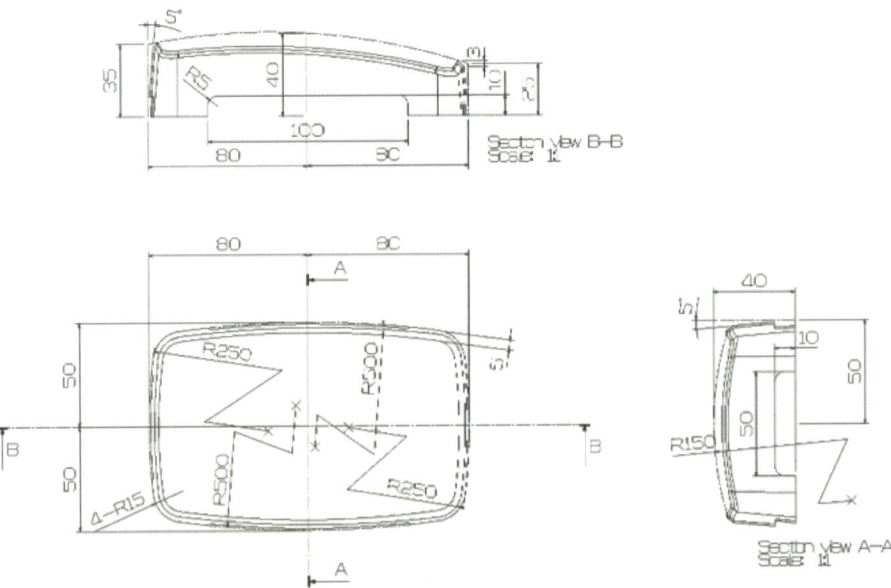

3-1. Offset, Intersection, Projection

- [PullDownMenu: Start → Shape → Generative ShapeDesign]을 실행한다.
- [Enter part name]에 'Shape3'을 입력한 뒤 다음과 같이 설정하고 [OK]를 클릭한다.

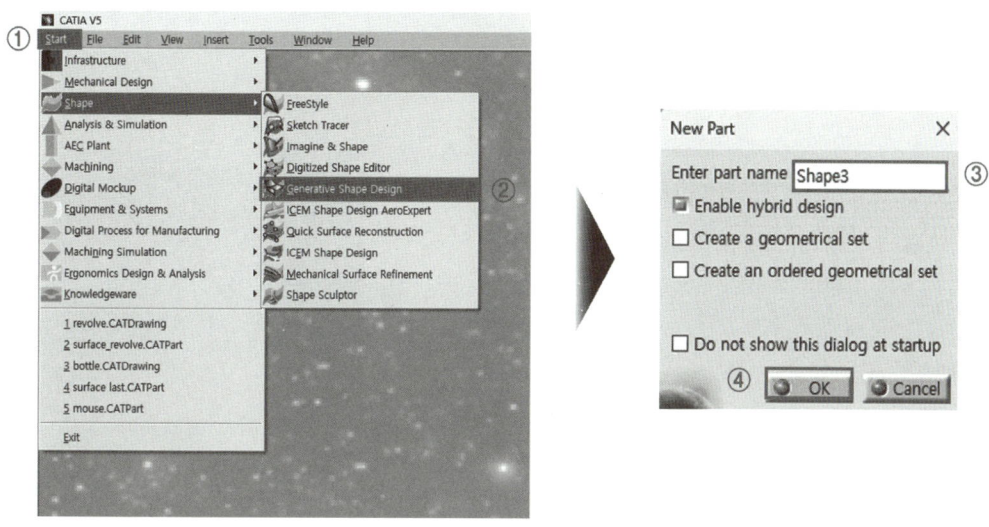

- [Specification Tree]에 xy Plane을 선택한 상태로 [Sketcher:]를 클릭한다.

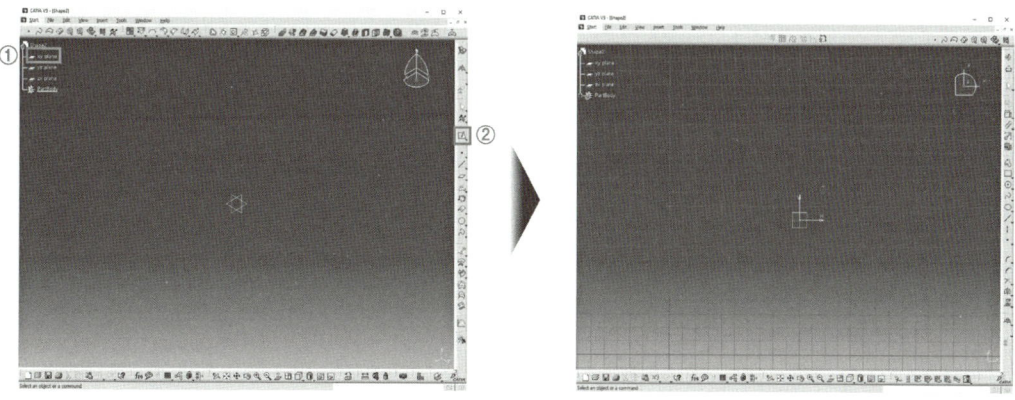

3. Generative Shape Design **147**

3-2. Offset, Intersection, Projection

- [Arc: ⌒]을 클릭 → 중심좌표의 각 축과 호의 중심이 일치하도록 임의의 호 4개를 그린다.

  * 이때 다른 구속이 자동 입력되지 않도록 주의한다.

- [Constraints Defined in Dialog Box: 🔲]을 사용하여 [각 호의 끝점 간 Coincidence(부합)] 구속을 정의한다.

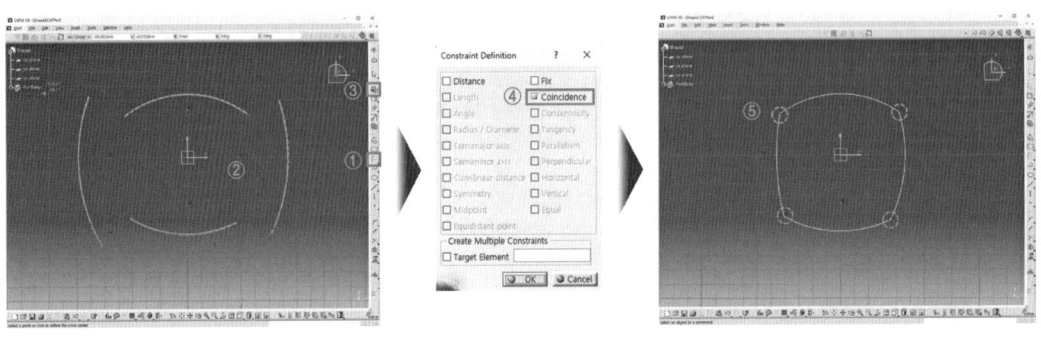

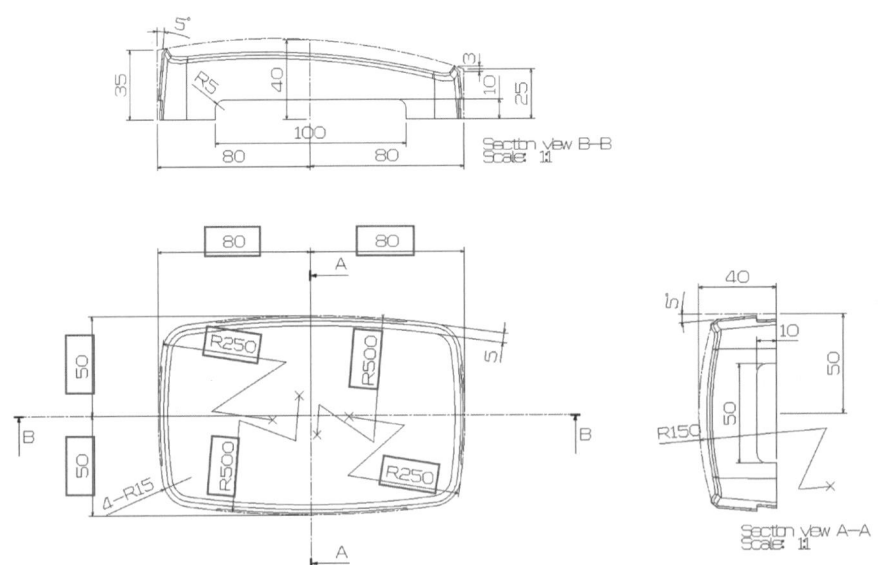

3-3. Offset, Intersection, Projection

- [Constraint: 〇]을 더블 클릭 → 각 호 클릭 → 도면을 참고하여 각 호에 알맞은 치수를 입력 → [OK]를 클릭한다.
- [Constraint: 〇]을 더블 클릭 → 중심점과 호 클릭 → 도면을 참고하여 중심좌표로 부터 각 호의 거리 치수를 입력 → [OK]를 클릭한다.

> * 수직, 수평 거리 입력이 안 되는 경우 해결 방법
> 1. [Constraint: 〇]를 클릭 → 중심좌표와 호를 클릭한 뒤 마우스 우클릭 → 수직 혹은 수평거리로 설정 가능
> 2. [Constraint: 〇]를 클릭 → 중심좌표의 축과 호를 클릭 → 수직 혹은 수평거리로 설정 가능

- 스케치의 모든 구속이 완료되었다면 [Exit workbench: 〇]을 클릭하여 Sketch를 종료한다.

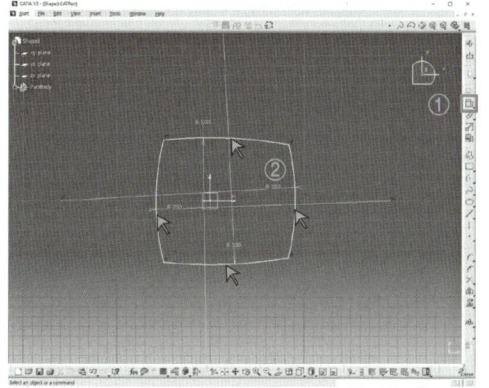 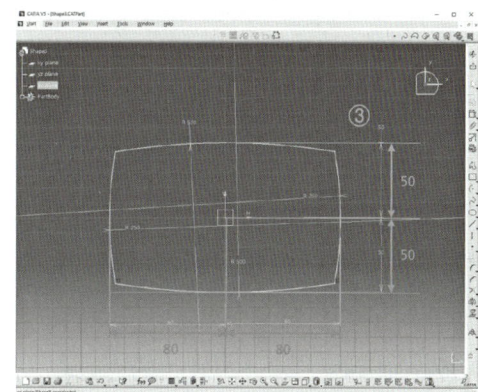

- [Specification Tree]에 zx Plane을 선택한 상태로 [Sketcher: 〇]를 클릭한다.

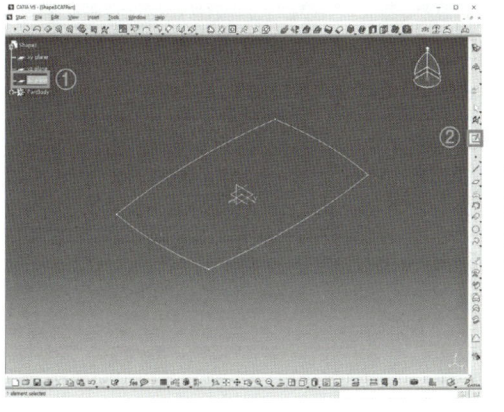 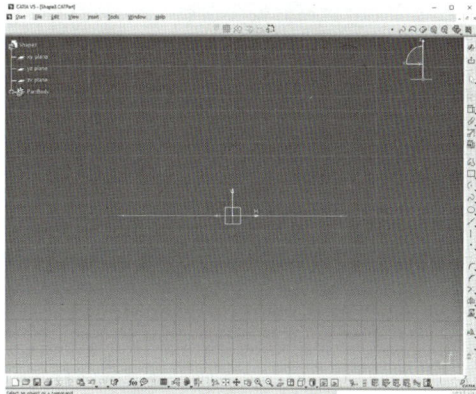

3-4. Offset, Intersection, Projection

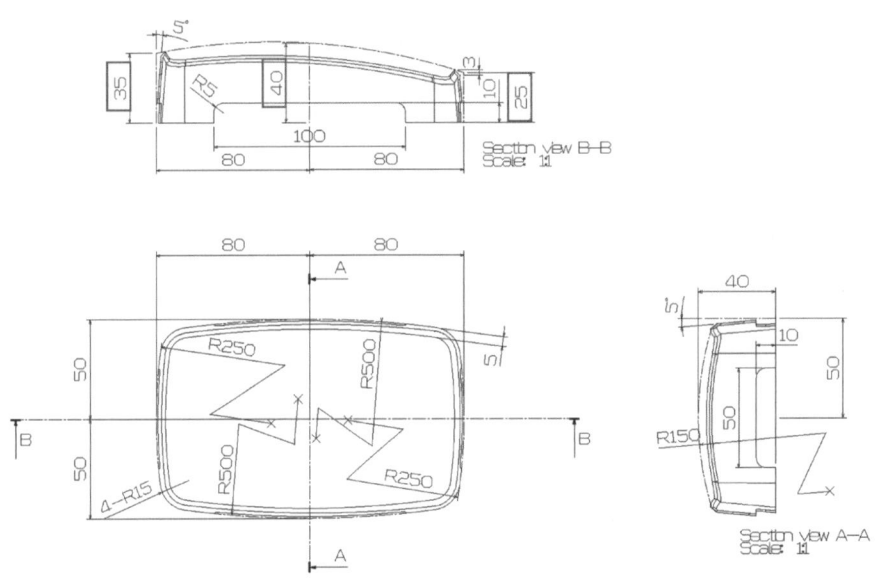

- [Arc:]을 클릭 → 자동으로 구속이 입력되지 않도록 주의하여 임의의 호를 그린다.
- [Axis:]을 클릭 → 중심좌표의 수평축과 점선의 끝점이 일치하도록 임의의 두 수직선을 그린다.
- [Constraints:]을 클릭 → 중심점과 점선 클릭 → [Value: 80mm]입력 → 동일한 과정으로 두 점선의 위치를 정의.

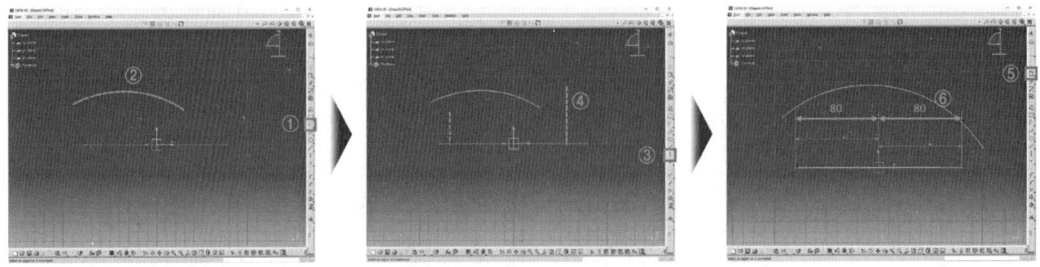

3-5. Offset, Intersection, Projection

- [Constraints Defined in Dialog Box:]을 사용하여 [각 호와 점선의 끝점 간 Coincidence(부합)] 구속을 정의한다.
- [Constraints:]을 클릭 → 각 점선 클릭 → 도면을 참고하여 점선의 길이를 입력→ [OK]를 클릭 → 동일한 과정으로 두 점선의 길이를 정의

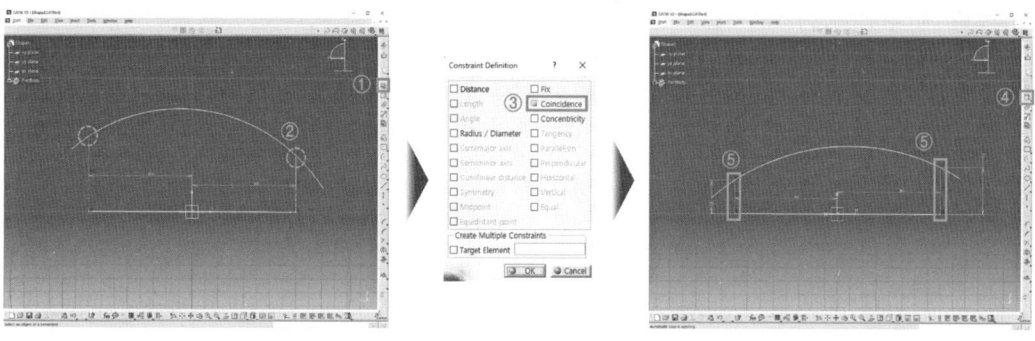

- [Axis:]을 클릭 → 중심좌표와 점선의 끝점이 일치, 호와 점선의 끝점이 일치하도록 수직선을 그린다.
- [Constraints:]을 클릭 → 중심에 위치한 점선 클릭 → [Value: 40mm]로 설정→ [OK]를 클릭한다.
- 스케치의 모든 구속이 완료되었다면 [Exit workbench:]을 클릭하여 Sketch를 종료한다.

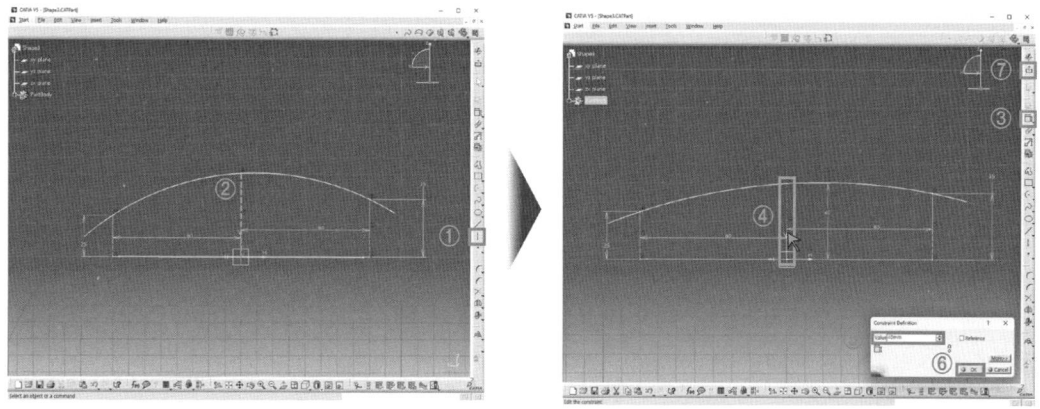

3. Generative Shape Design

3-6. Offset, Intersection, Projection

- [Plane: ▱] 클릭 → [Type: Normal to curve] → [Curve: Sketch.2/Point: Sketch.2의 끝점] → [OK]를 통해 새로운 Plane을 생성한다.
- [Specification Tree]에 Plane.1을 선택한 상태로 [Sketcher: ▱]를 클릭한다.

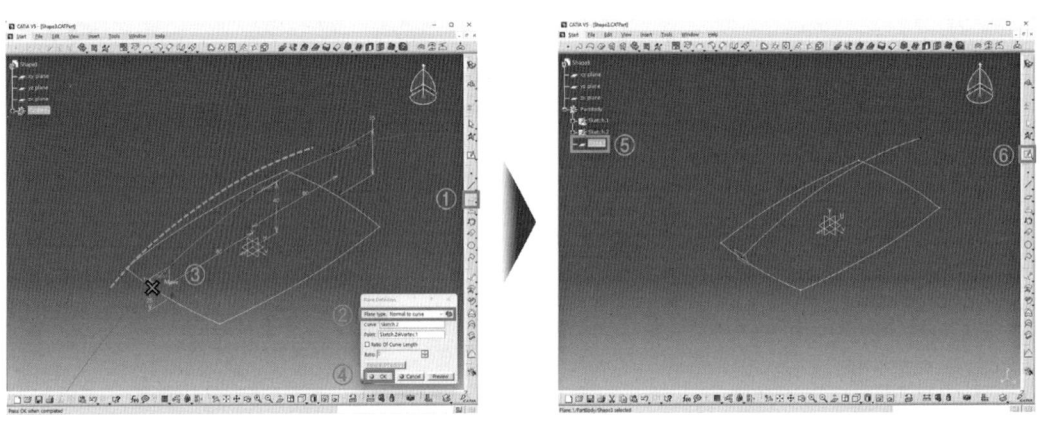

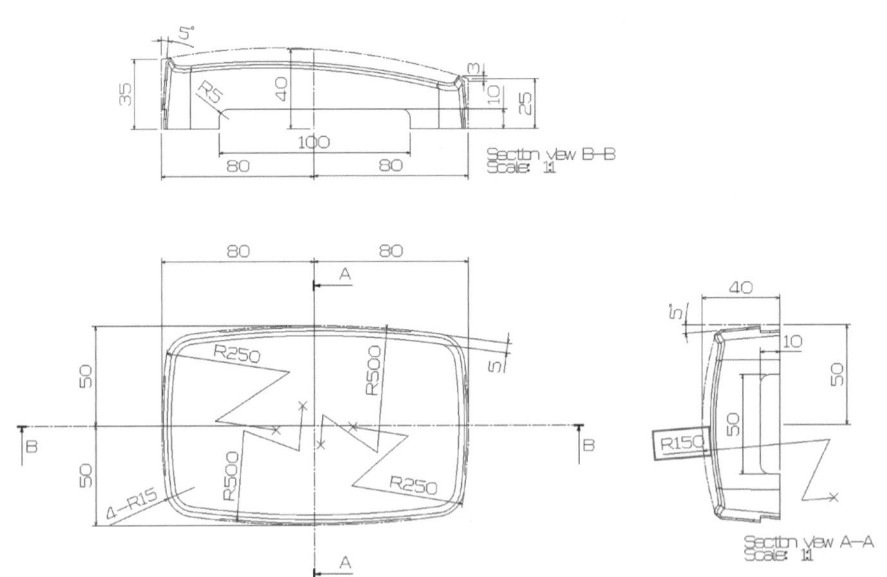

3-7. Offset, Intersection, Projection

- [Arc:]을 클릭 → 호의 중심과 중심좌표의 수직축이 일치하도록 임의의 호를 그린다.

  * 자동으로 구속이 잡히도록 유도.

- [Constraints:]을 클릭 → 호 클릭 → [Radius: 150mm]로 설정→ [OK]를 클릭한다.
- [Constraints Defined in Dialog Box:]을 사용하여 [호와 Sketch.2의 끝점 간 Coincidence(부합)] 구속을 정의한다.
- 스케치의 모든 구속이 완료되었다면 [Exit workbench:]을 클릭하여 Sketch를 종료한다.

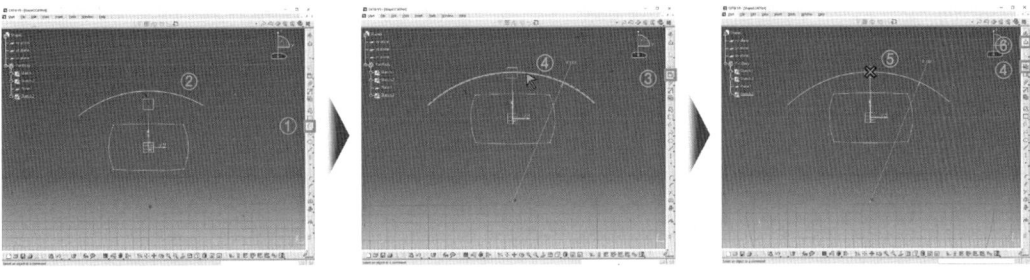

- [Sweep:]을 클릭하고 Sketch.2와 Sketch.3을 직접 클릭하거나 [Specification Tree]에서 클릭한다.
- [Profile type: Explicit]으로 설정 → [Subtype: With reference surface] → [OK] 클릭

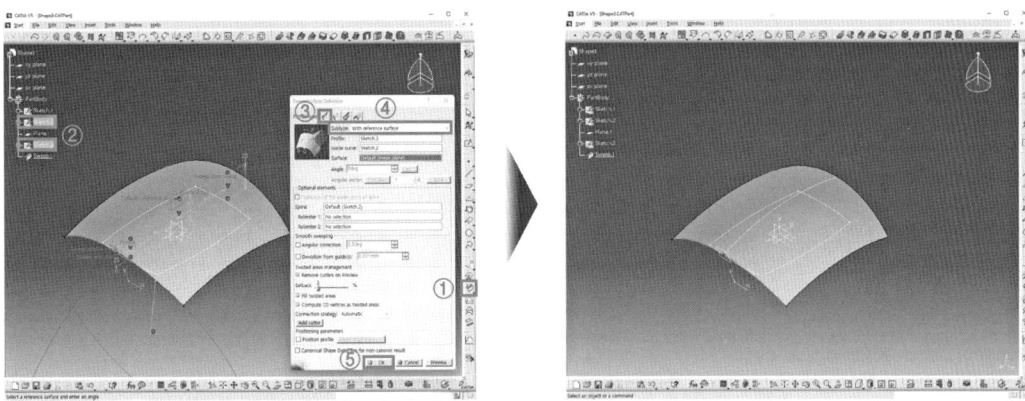

3-8. Offset, Intersection, Projection

- [PullDownMenu: Start → Mechanical Design → Generative Shape Design]을 클릭한다.
- Sketch-Based Features의 [Pad:]를 클릭하고 Sketch.1을 직접 클릭하거나 [Specification Tree]에서 [Sketch.1]을 클릭한다.
- [Type: Uptosurface], [Limit: Sweep.1]로 설정하고 [OK]를 클릭한다.

＊ 필요에 따라[Specification Tree]에서 [Hide/Show]를 통해 Sweep.1을 숨기거나 나타낼 수 있다.

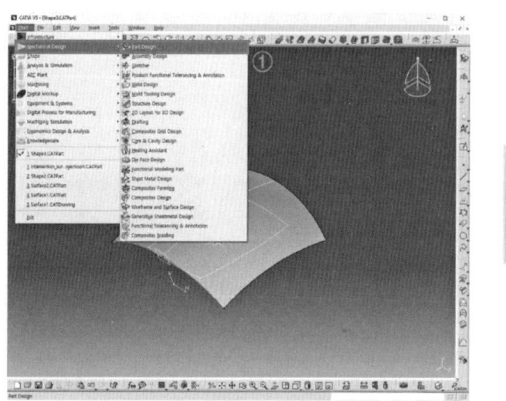 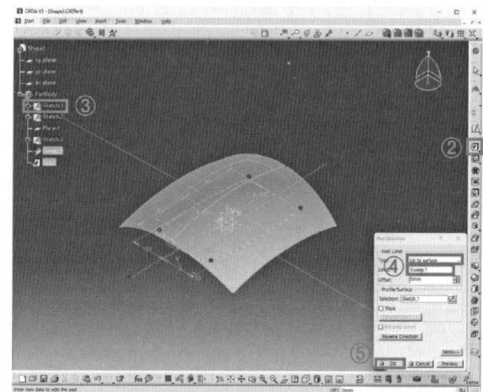

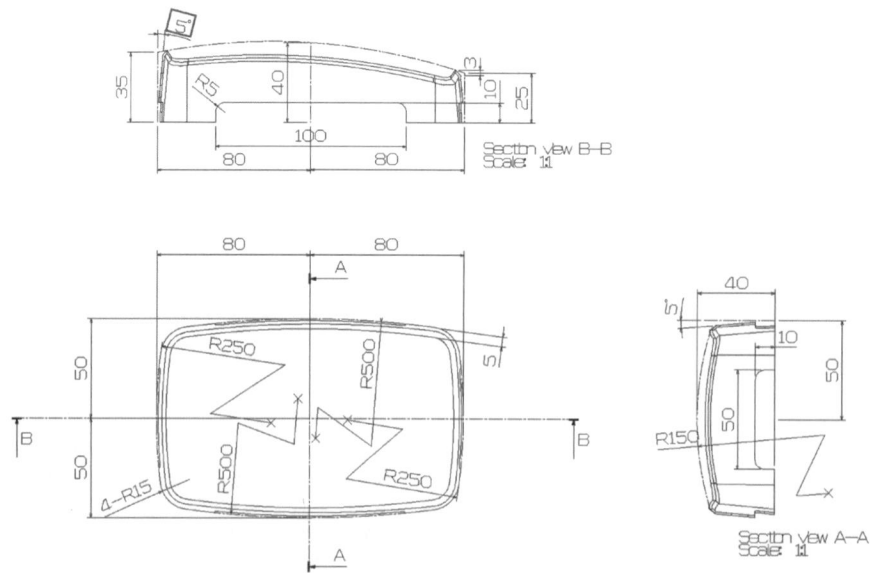

3-9. Offset, Intersection, Projection

- [Draft angle: 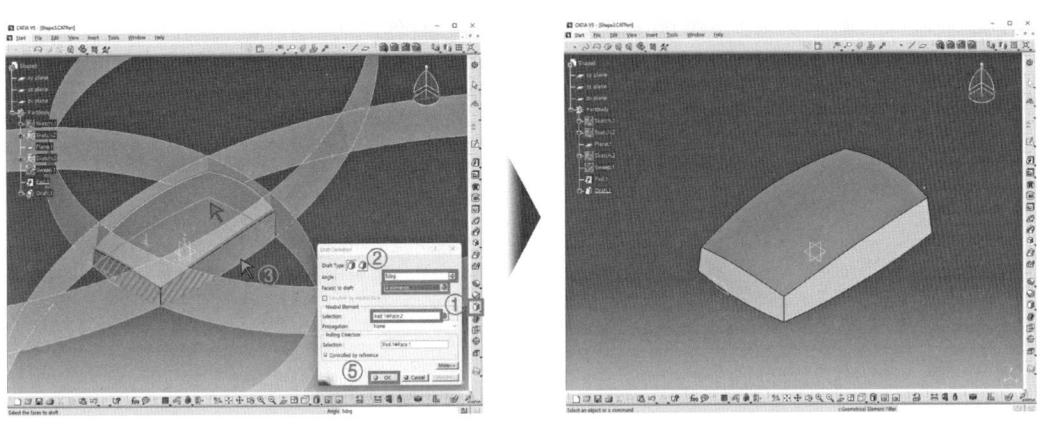]를 클릭 → [Angle: 5deg] → [Face(s) to draft: Partbody의 모든 옆면 클릭] → [Neutral Element - Selection: Partbody의 밑면 클릭] → [화살표를 클릭하여 방향이 위를 향하도록 조정] → [Preview를 클릭하여 형상 확인] → [OK]를 클릭한다.

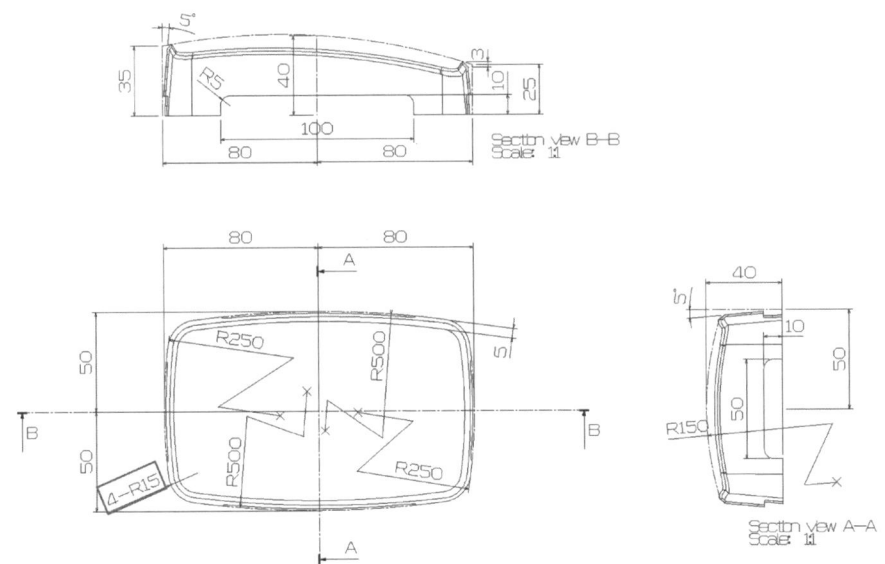

3-10. Offset, Intersection, Projection

- [Edge Fillet:]를 클릭 → 사진에 표시된 Pad 피처의 Edge를 클릭한다.
- [Radius: 15mm]를 입력하고 [OK]를 클릭한다.

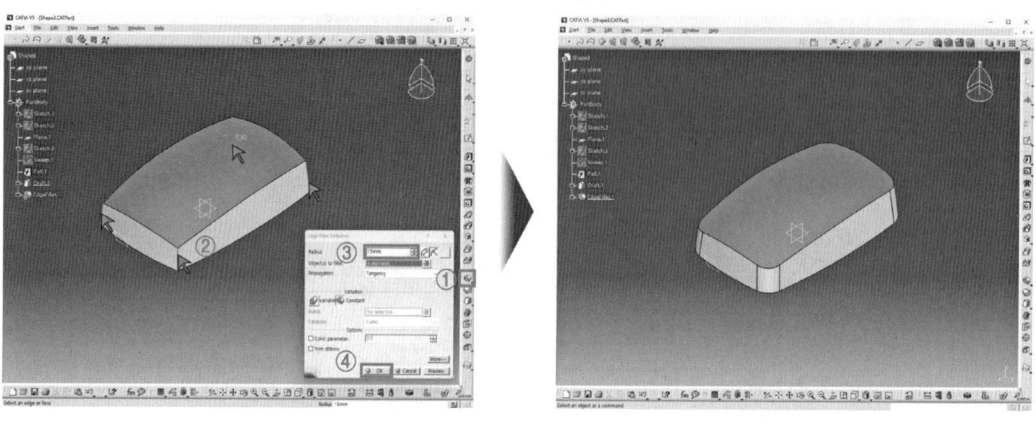

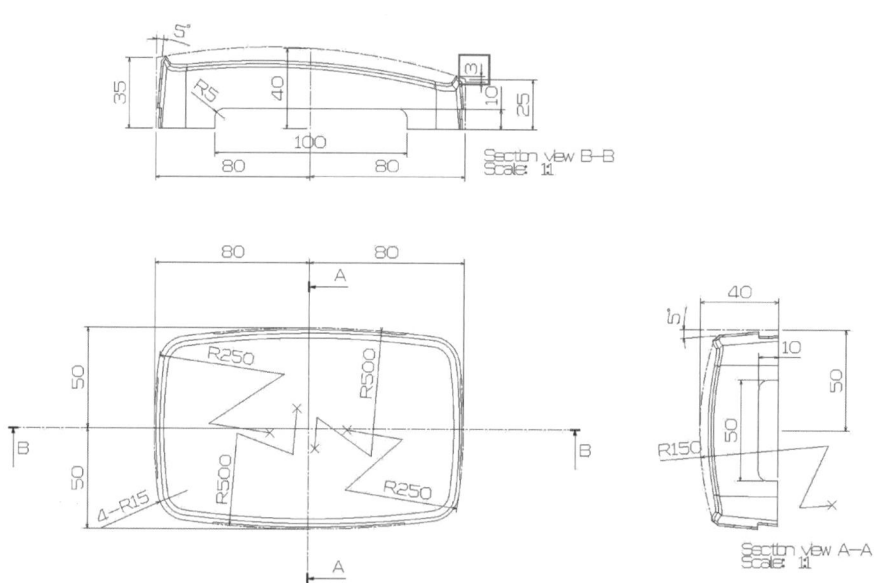

3-11. Offset, Intersection, Projection

- [PullDownMenu: Start → Shape → Generative ShapeDesign]을 클릭한다.
- [Offset:] 클릭 → [Surface: Sweep.1/Offset: 2mm] → [Reverse Direction]을 클릭하여 아래로 Offset 되도록 조정 → [OK]를 클릭한다.

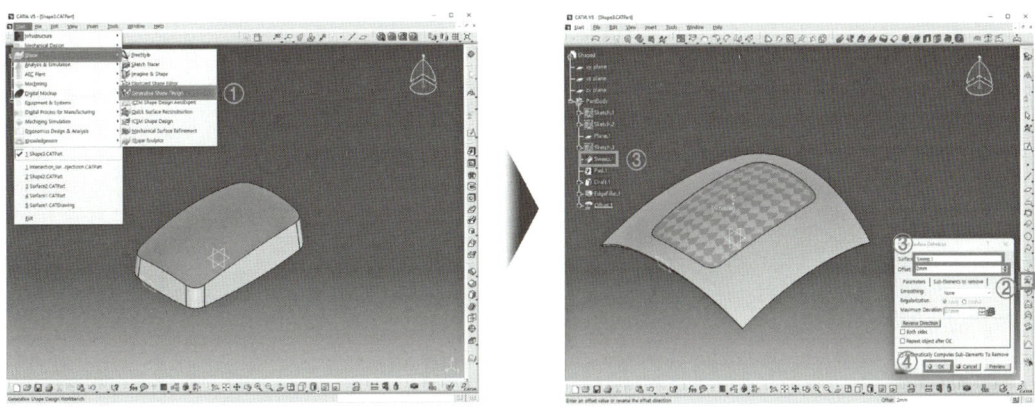

- [Intersection:]을 클릭 → [First Element: Offset.1/Second Element: Pad 피처의 옆면] → [OK]를 클릭한다.
- [Specification Tree]에서 [Offset.1]을 우클릭 → [Hide/Show]를 클릭하여 Offset.1을 숨긴다.

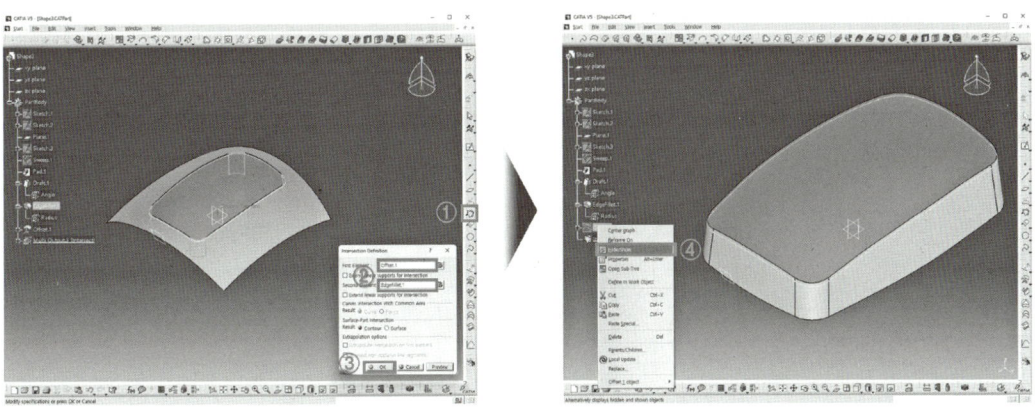

3. Generative Shape Design

3-12. Offset, Intersection, Projection

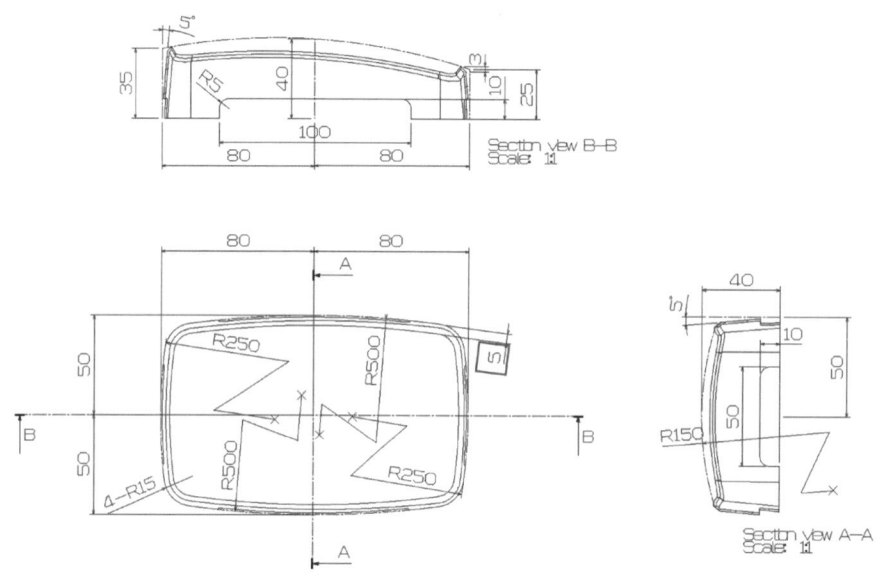

- [Specification Tree]에 xy Plane을 선택한 상태로 [Sketcher:]를 클릭한다.
- [Normal view:]를 클릭하여 PartBody의 밑면이 보이도록 조정한다.
- [Offset:]을 클릭 → PartBody의 밑면 클릭 → 임의의 Offset Sketch를 그린다 → 치수를 더블클릭 → [Value: 5mm] → Ok를 클릭한다.
- 스케치의 모든 구속이 완료되었다면 [Exit workbench:]을 클릭하여 Sketch를 종료한다.

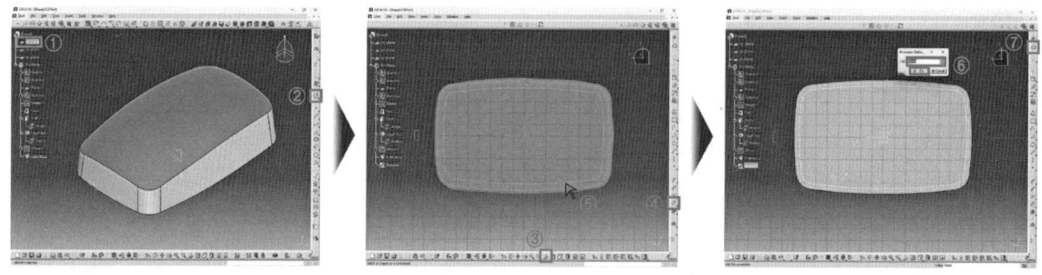

3-13. Offset, Intersection, Projection

- [Projection:]을 클릭 → [Projection Type: Along a direction/projected: Sketch.4/Support: Sweep. 1/Direction: xy Plane] 입력 → [OK]를 클릭한다.

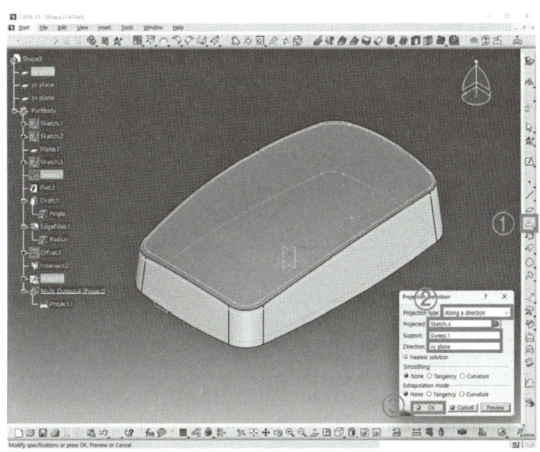

- [Sweep:]을 클릭 → [Profile type: Line/Subtype: Two limits]으로 설정 → [Guide curve 1: Intersect. 1/Guide curve 2: Projection. 1] 입력→ [Length 1: 1mm/Length 2: 1mm] 입력 → [OK]를 클릭한다.

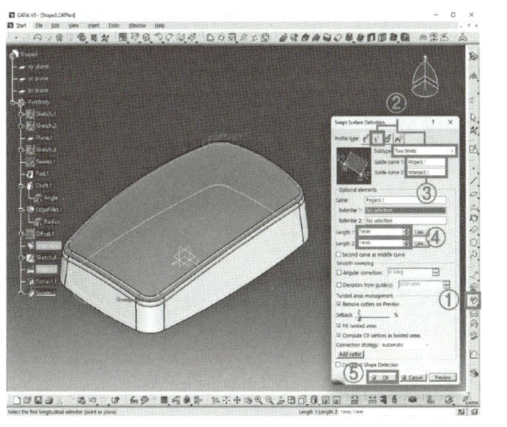 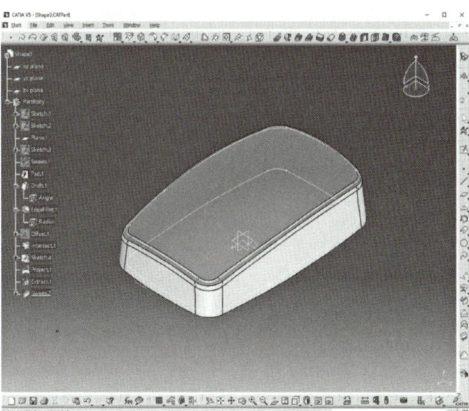

3-14. Offset, Intersection, Projection

- [Pull Down Menu: Start → Mechanical Design→ Generative Shape Design]을 클릭한다.
- [Split:] 클릭 → [Splitting Element: Sweep.2] 입력 → 화살표를 클릭하여 방향이 사진과 같도록 조정 → [OK]를 클릭한다.

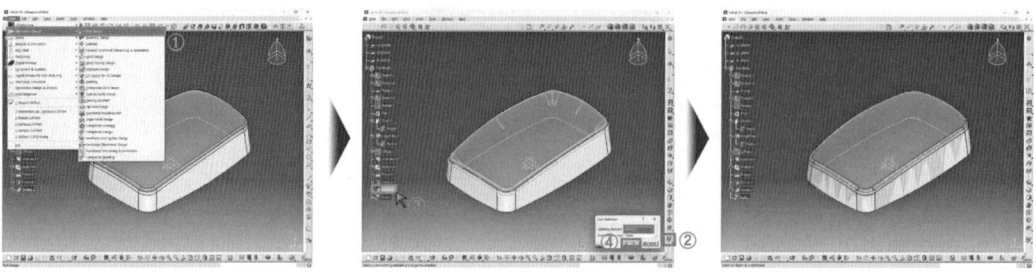

- [Shell:] 클릭 → [Default inside thickness: 1mm/Default outside thickness: 0mm] 입력 → [Facestoremove: Partbody의 밑면 선택] → [OK]를 클릭한다.
- Sketch-Based Features의 [Pocket:]를 클릭하고 Sketch.4를 직접 클릭하거나 [Specification Tree]에서 [Sketch.4]를 클릭한다.
- [Type: Up to last] 설정하고 [OK]를 클릭한다.

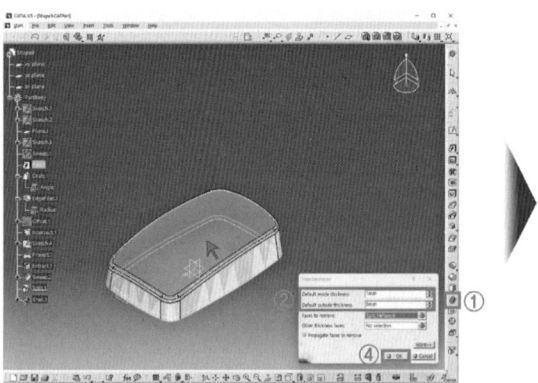 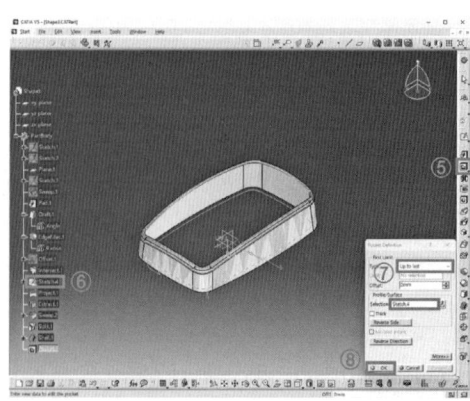

3-15. Offset, Intersection, Projection

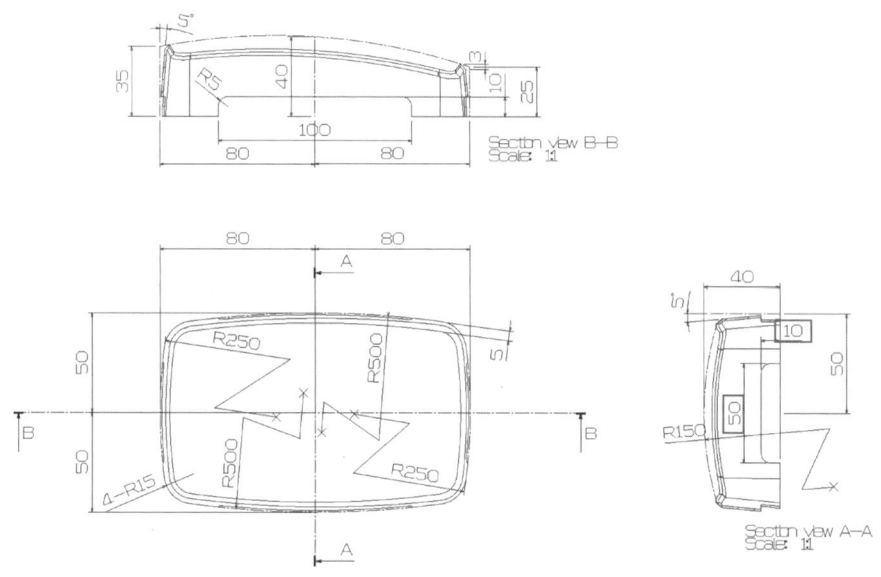

- [Specification Tree]에 yz Plane을 선택한 상태로 [Sketcher:]를 클릭한다.
- [Rectangle:]을 클릭하여 중심좌표의 수평축과 사각형의 밑변이 일치하도록 사각형을 그린다.
- [Constraint:]을 클릭 → [사각형의 너비: 50mm/사각형의 높이: 10mm/중심점으로부터 우측 변까지 거리: 25mm]를 입력한다.
- 스케치의 모든 구속이 완료되었다면 [Exit workbench:]을 클릭하여 Sketch를 종료한다.

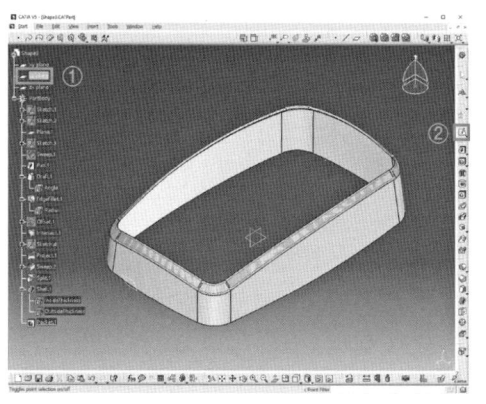
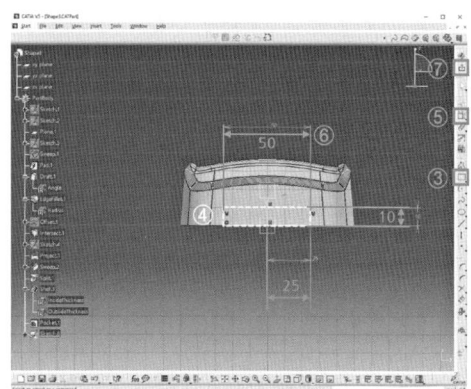

3-16. Offset, Intersection, Projection

- Sketch-Based Features의 [Pocket: 📭]를 클릭하고 Sketch.5를 직접 클릭하거나 [Specification Tree]에서 [Sketch.5]를 클릭한다.
- [Type: Up to last] 설정 → [More]을 클릭하고 Second Limit 활성화 → [Type: Up to last] 설정 → [OK]를 클릭한다.

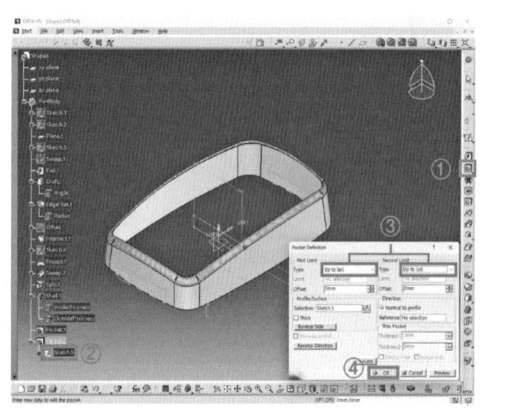 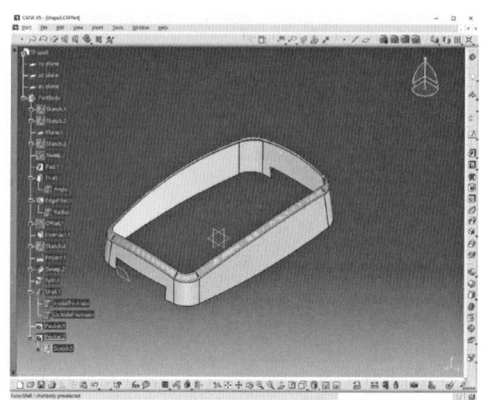

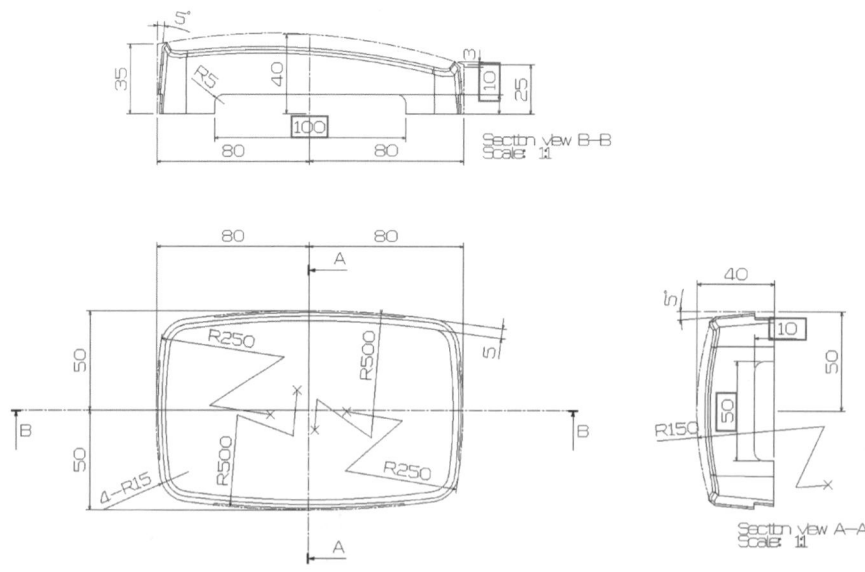

3-17. Offset, Intersection, Projection

- [Specification Tree]에 zx Plane을 선택한 상태로 [Sketcher:]를 클릭한다.
- [Rectangle:]을 클릭하여 중심좌표의 수평축과 사각형의 밑변이 일치하도록 사각형을 그린다.
- [Constraint:]을 클릭 → [사각형의 너비: 100mm/사각형의 높이: 10mm/중심점으로 부터 우측 변까지 거리: 50mm]를 입력한다.
- 스케치의 모든 구속이 완료되었다면 [Exit workbench:]을 클릭하여 Sketch를 종료한다.

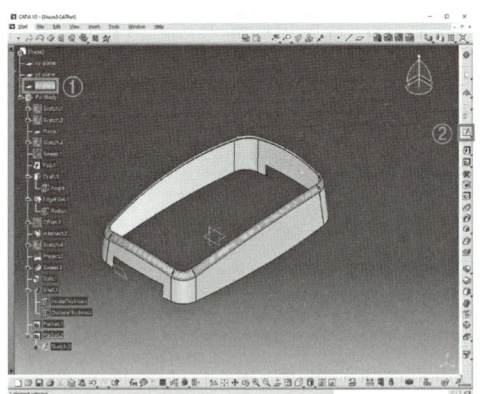 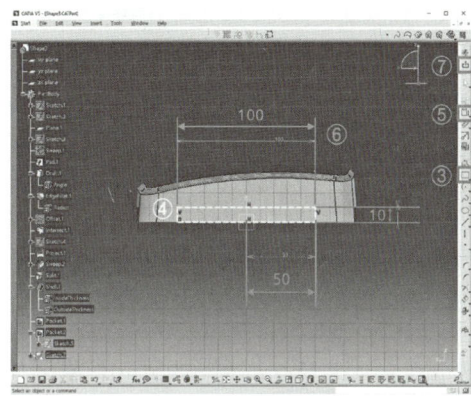

- Sketch-Based Features의 [Pocket:]를 클릭하고 Sketch.6을 직접 클릭하거나 [Specification Tree]에서 [Sketch.6]을 클릭한다.
- [Type: Up to last] 설정 → [More]을 클릭하고 Second Limit 활성화 → [Type: Up to last] 설정 → [OK]를 클릭한다.

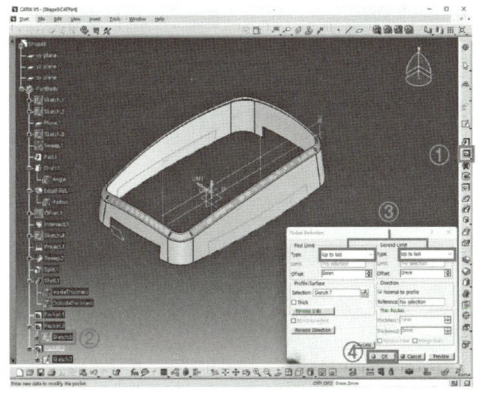 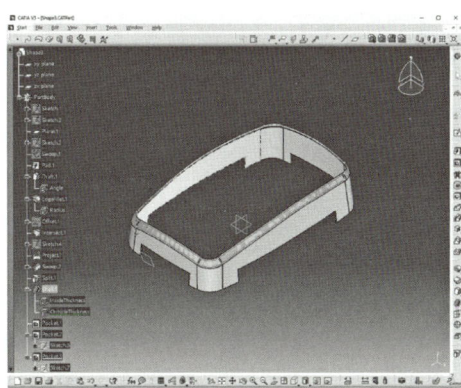

3-18. Offset, Intersection, Projection

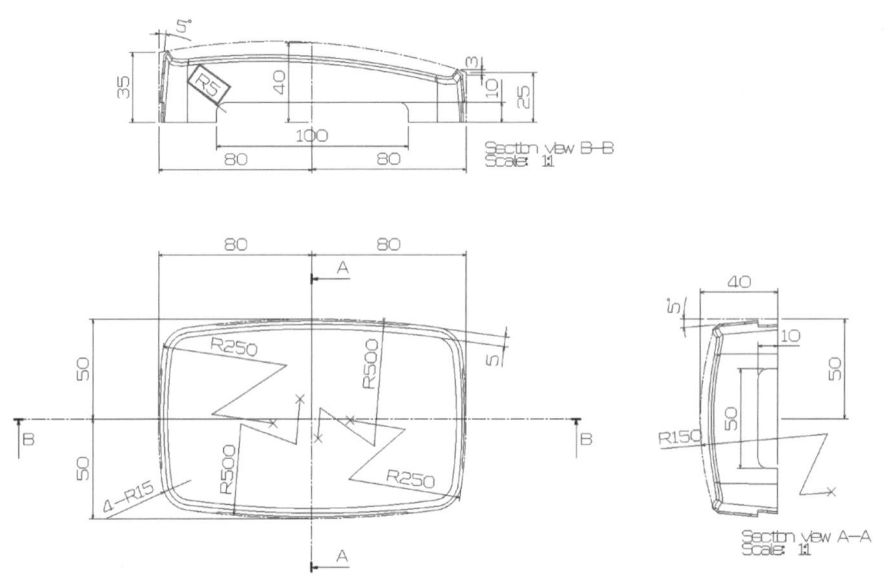

- [Edge Fillet:]를 클릭하고 사진에 표시된 Pad 피처의 Edge를 클릭한다.
- [Radius: 5mm]를 입력하고 [OK]를 클릭한다.

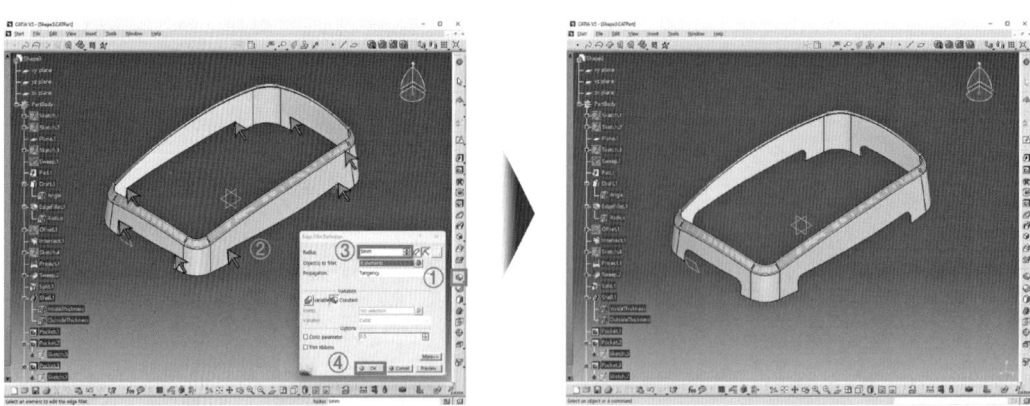

3-19. Offset, Intersection, Projection

- [Applied Material: 🗂]를 클릭하고 피처를 직접 클릭하거나 [Specification Tree]에서 [PartBody] 을 클릭한다.
- [Metal → Aluminum]을 클릭한 뒤 OK를 클릭한다.

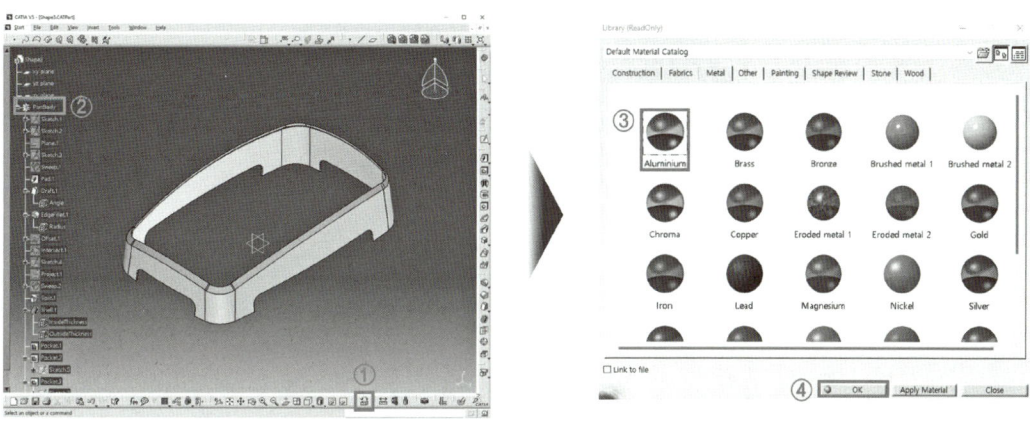

- [Specification Tree]에서 [Shape3]를 우클릭 → [Properties]를 클릭한다.
- [Mass]에서 무게 중심과 Mass 값을 교재와 비교해 보고 값이 일치하는지 확인한다.

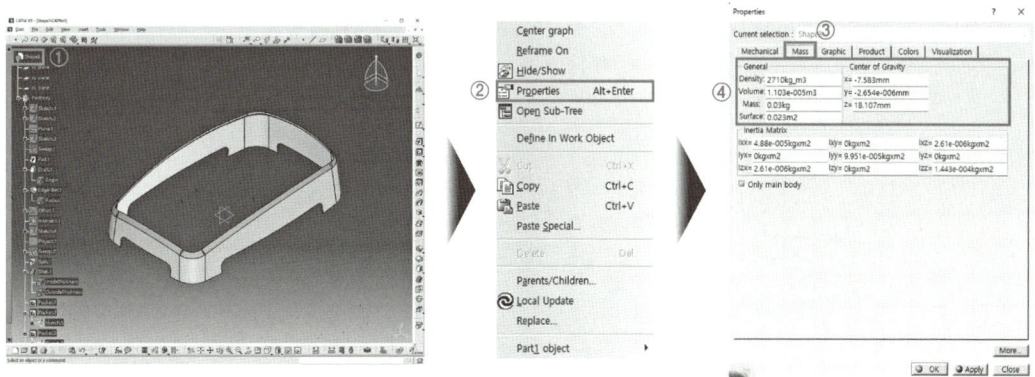

4 Extrude, Sweep

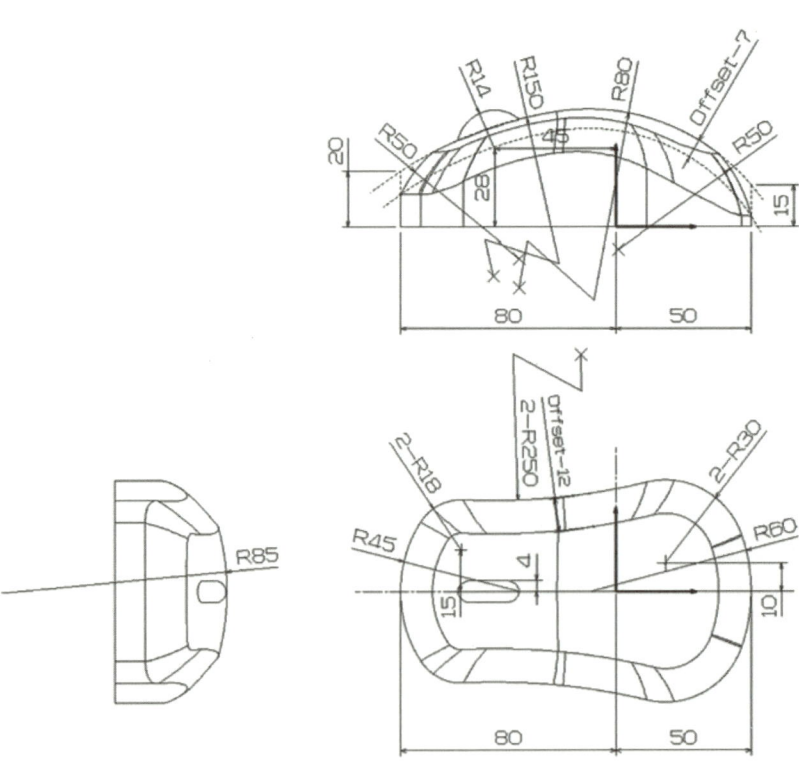

4-1. Extrude, Sweep

- [PullDownMenu: Start → Shape → Generative Shape Design]을 실행한다.
- [Enter part name]에 'Shape4'을 입력한 뒤 다음과 같이 설정하고 [OK]를 클릭한다.

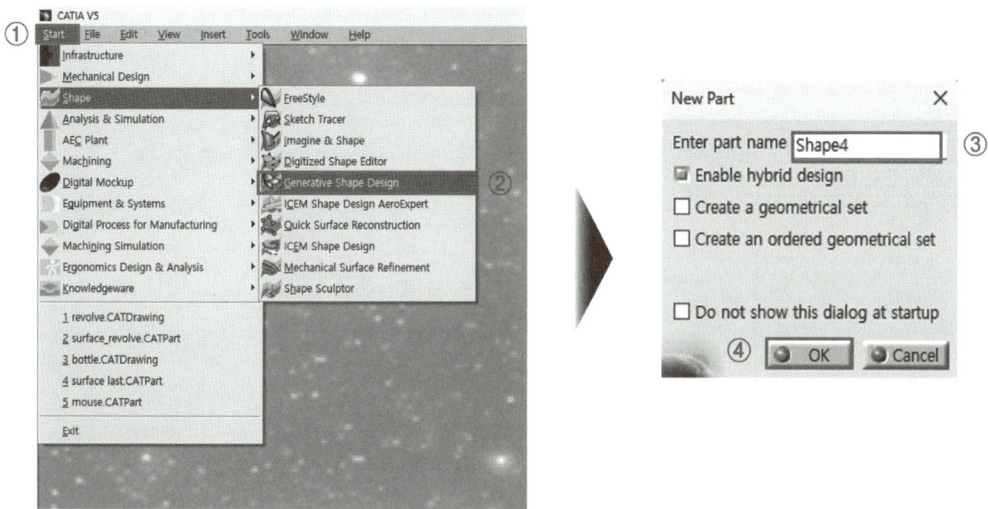

- [Specification Tree]에 xy Plane을 선택한 상태로 [Sketcher:]를 클릭한다.

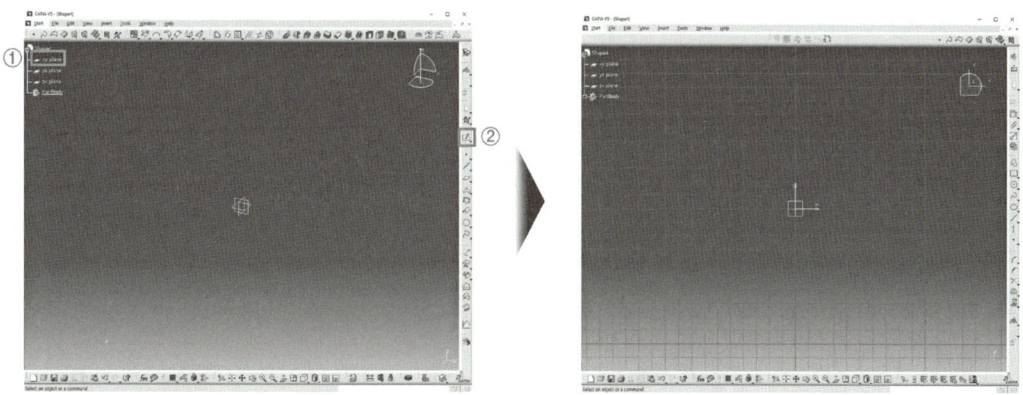

3. Generative Shape Design **167**

4-2. Extrude, Sweep

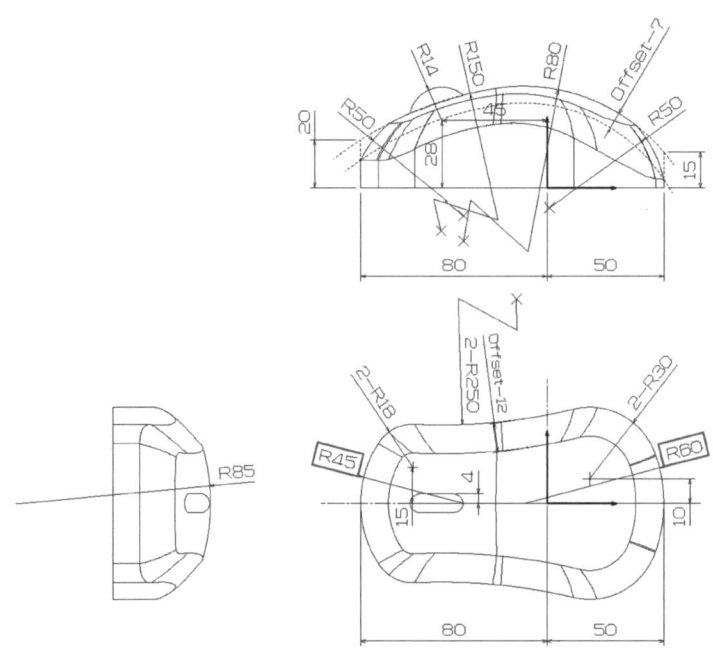

- [Arc: ⌒]을 클릭 → 호의 중심과 중심좌표의 수평축과 일치하도록 임의의 호를 두 개 그린다.
- [Constraint: 🗇]을 클릭 → 좌표를 기준으로 우측에 위치한 호 클릭 → [Dimension: Radius], [Radius: 45mm]로 설정하고 [OK]를 클릭한다.
- [Constraint: 🗇]을 클릭 → 좌표를 기준으로 좌측에 위치한 호 클릭 → [Dimension: Radius], [Radius: 60mm]로 설정하고 [OK]를 클릭한다.

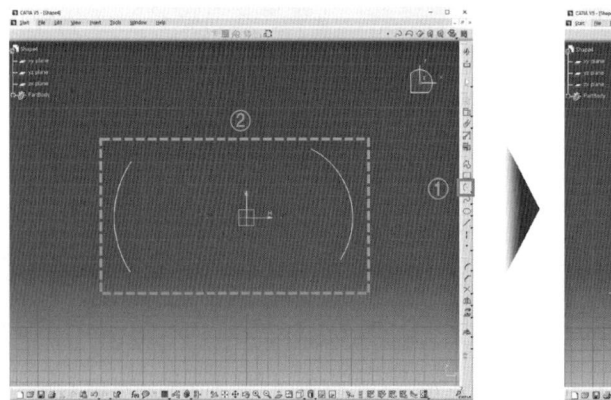 

4-3. Extrude, Sweep

- [Constraints Defined in Dialog Box: 　]를 사용하여 [두 호의 끝점과 중심좌표의 수평축 사이 Coincidence(부합)] 구속을 정의한다.

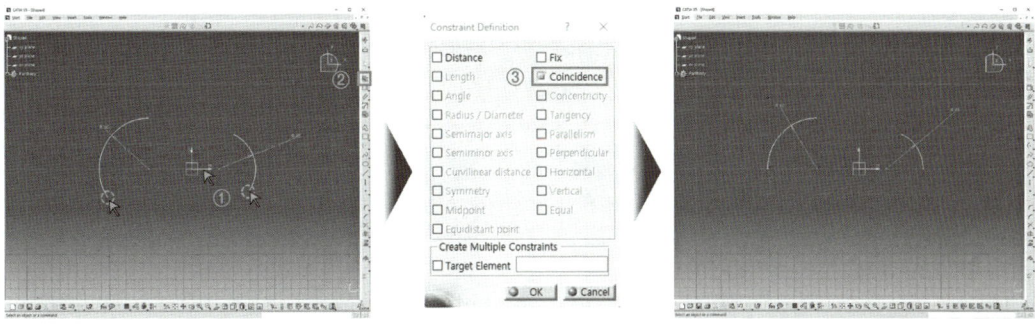

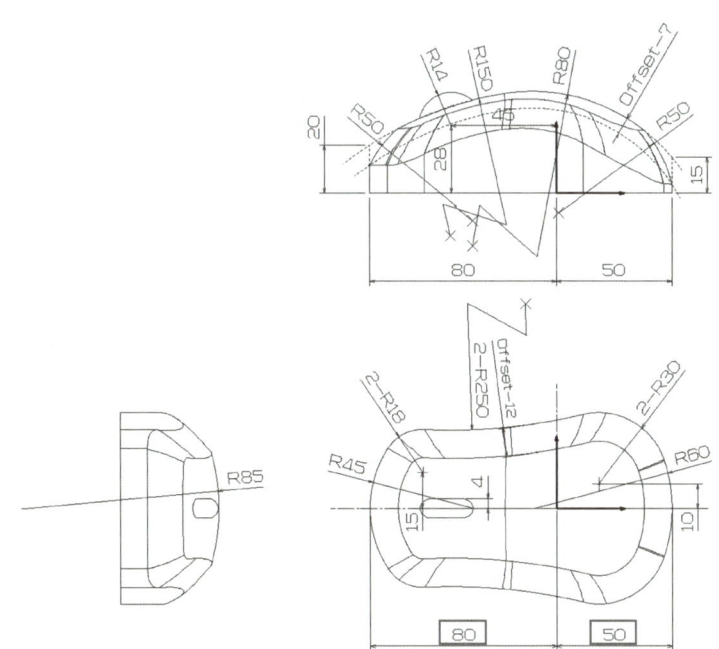

4-4. Extrude, Sweep

- [Constraint: ▣]을 클릭 → 중심좌표와 우측 호 클릭 → [Value: 80mm]로 설정하고 [OK]를 클릭한다.
- [Constraint: ▣]을 클릭 → 중심좌표와 좌측 호 클릭 → [Value: 50mm]로 설정하고 [OK]를 클릭한다.

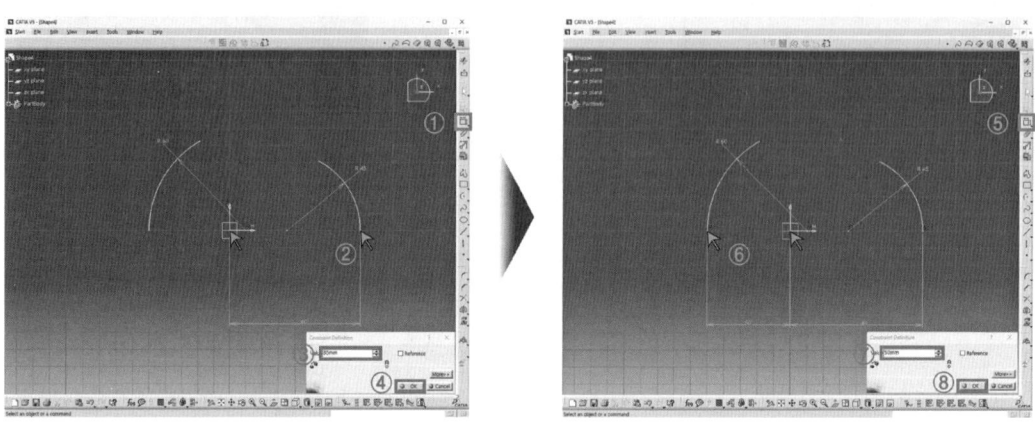

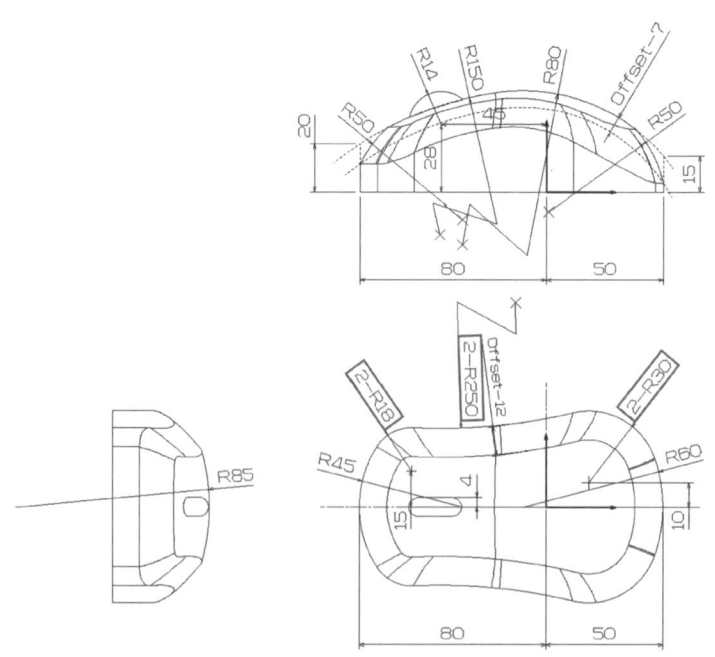

4-5. Extrude, Sweep

- [Arc: ⌒]을 클릭 → 임의의 호를 세 개 그린다.

  - [Constraints Defined in Dialog Box: 🔲]를 사용하여 아래와 같이 구속조건을 정의한다.
    1) [A와 B의 끝점 간 Coincidence(부합)/A와 B사이 Tangency(접선)] 구속 정의
    2) [E와 D의 끝점 간 Coincidence(부합)/E와 D 사이 Tangency(접선)] 구속 정의
    3) [B와 C의 끝점 간 Coincidence(부합)/B와 C사이 Tangency(접선)] 구속 정의
    4) [C와 D의 끝점 간 Coincidence(부합)/C와 D사이 Tangency(접선)] 구속 정의

- [Constraint: 🔲]을 클릭 → [Dimension: Radius], [(B) Radius: 30mm/(C) Radius: 250mm/(D) Radius: 18mm]로 설정한다.

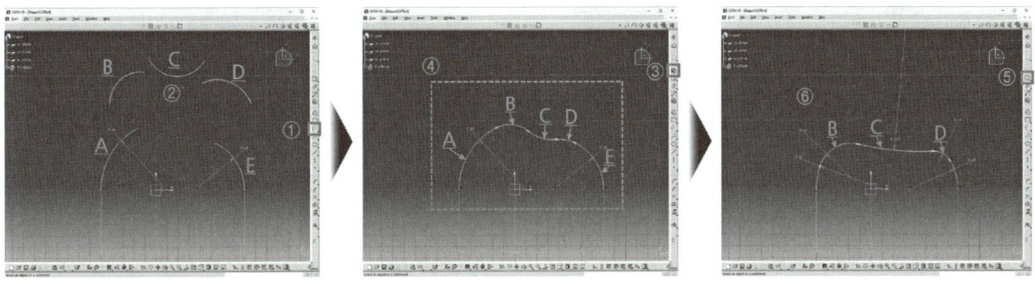

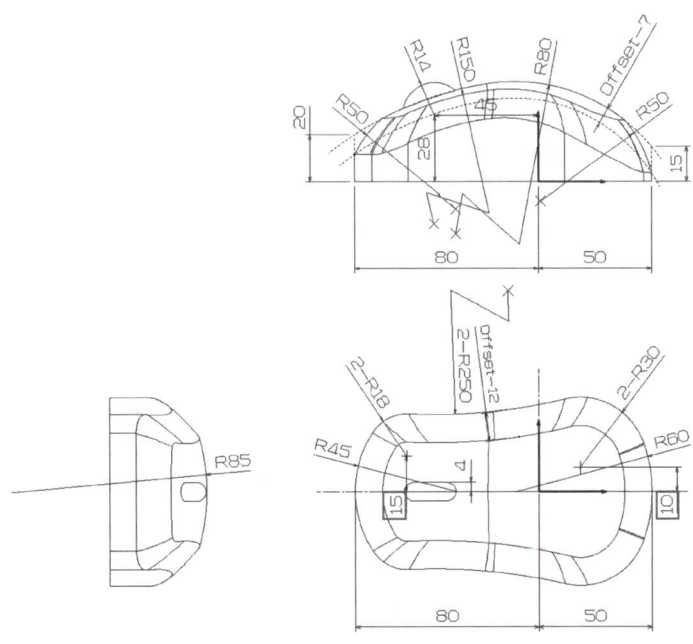

4-6. Extrude, Sweep

- [Constraint: ▣]을 클릭 → 중심좌표의 수평축과 호 (B)의 중심점 클릭 → [Value: 10mm]로 설정하고 [OK]를 클릭한다.
- [Constraint: ▣]을 클릭 → 중심좌표의 수평축과 호 (D)의 중심점 클릭 → [Value: 15mm]로 설정하고 [OK]를 클릭한다.
- Ctrl을 누른 상태로 모든 스케치 클릭 → [Mirror: ▣]를 클릭한 뒤, 중심좌표의 수평축을 클릭한다.
- 스케치의 모든 구속이 완료되었다면 [Exit workbench: ▣]을 클릭하여 Sketch를 종료한다.

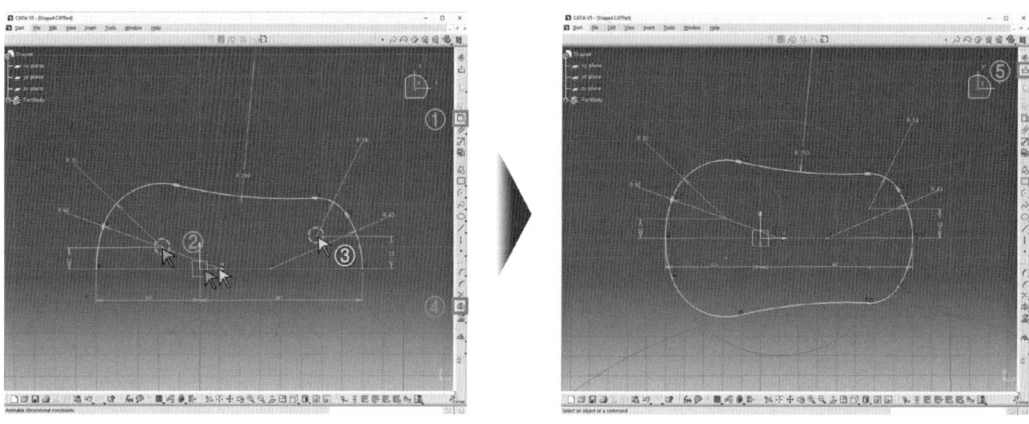

- [Extrude: ▣]을 클릭 → [Profile: Sketch.1/limit1 - Dimension: 60mm]으로 입력하고 [OK]를 클릭한다.

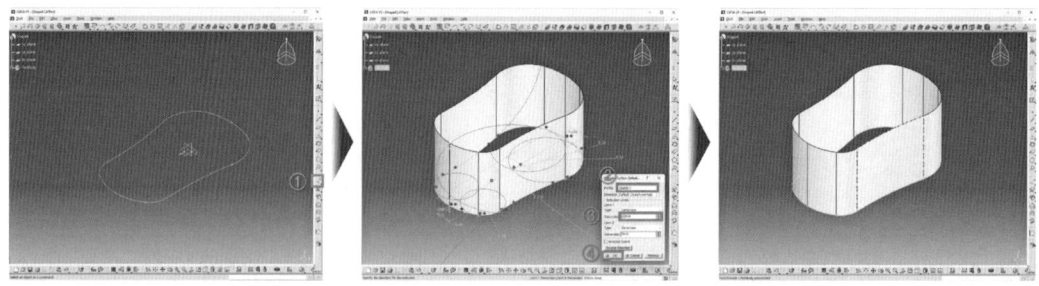

4-7. Extrude, Sweep

- [Specification Tree]에 zx Plane을 선택한 상태로 [Sketcher:]를 클릭한다.

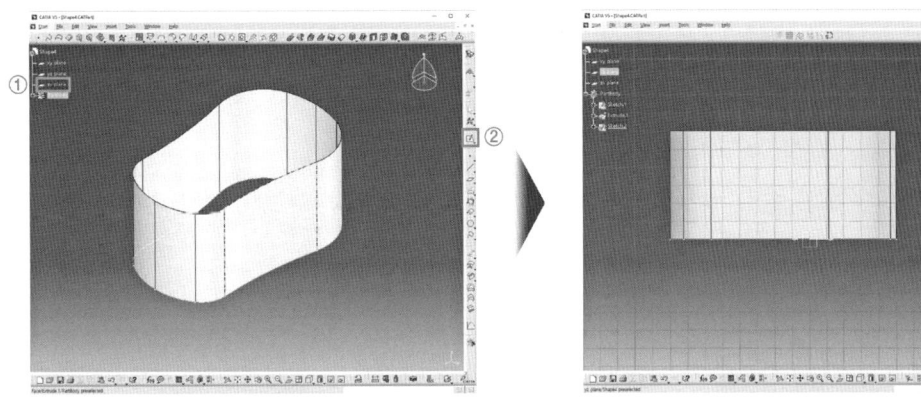

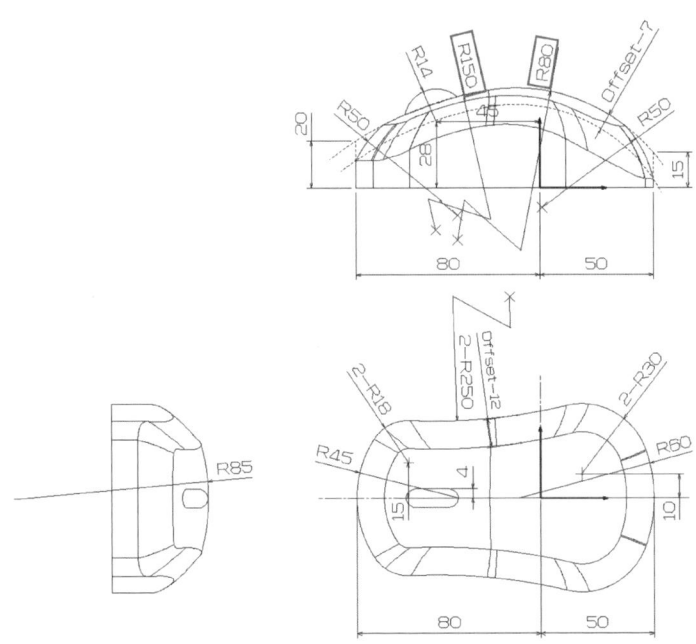

4-8. Extrude, Sweep

- [Arc:] 을 클릭 → 자동으로 구속이 걸리지 않도록 주의하며 임의의 호를 두 개 그린다.
- [Constraints Defined in Dialog Box:]를 사용하여 아래와 같이 구속조건을 정의한다.

1) [A와 B의 끝점 간 Coincidence(부합)/A와 B사이 Tangency(접선)] 구속 정의
2) [A의 중심점과 중심좌표의 수직 축 사이 Coincidence(부합)] 구속 정의

- [Constraint:]을 클릭 → [Dimension: Radius], [(A) Radius: 150mm/(B) Radius: 80mm]로 설정한다.

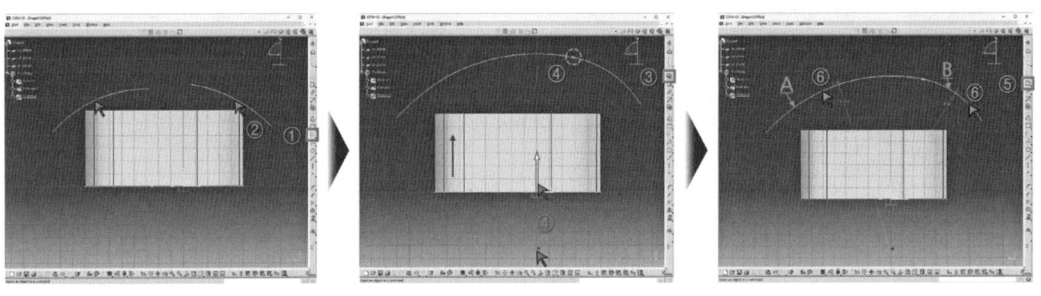

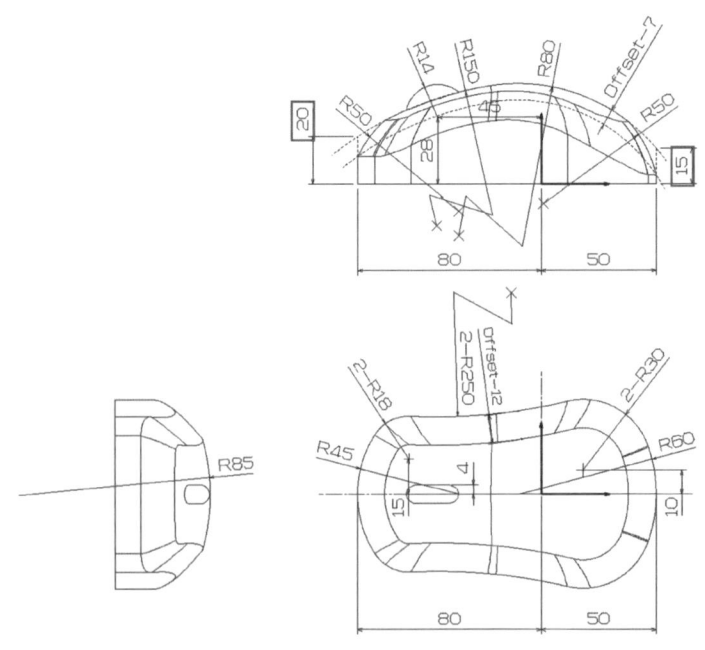

4-9. Extrude, Sweep

- [Axis: ▮]을 클릭 → 중심좌표의 수평축과 끝점이 일치하도록 임의의 두 점선을 그린다.
- [Constraints Defined in Dialog Box: ▦]를 사용하여 아래와 같이 구속조건을 정의한다.

> 1) [호 A와 B의 끝 점 Coincidence(부합)]구속 정의
> 2) [호 C와 D의 끝 점 Coincidence(부합)] 구속 정의
> 3) [B와 D의 수평축과 일치한 끝점이 Sketch.1의 양 끝점과 각각 일치하도록 Coincidence(부합)] 구속 정의

- [Constraint: ▣]을 클릭 → [(C) Value: 20mm/(D) Value: 15mm]로 설정한다.
- 스케치의 모든 구속이 완료되었다면 [Exit workbench: ▲]을 클릭하여 Sketch를 종료한다.

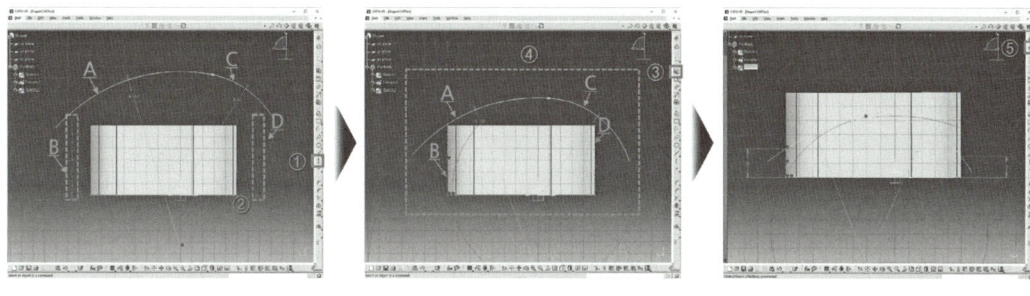

- [Plane: ▱] 클릭 → [Type: Normal to curve] → [Curve: Sketch.2] → [Point: Sketch.2의 끝점] → [OK]를 통해 새로운 Plane을 생성한다.
- 새로 생성한 Plane을 선택한 상태로 [Sketcher: ▨]를 클릭한다.

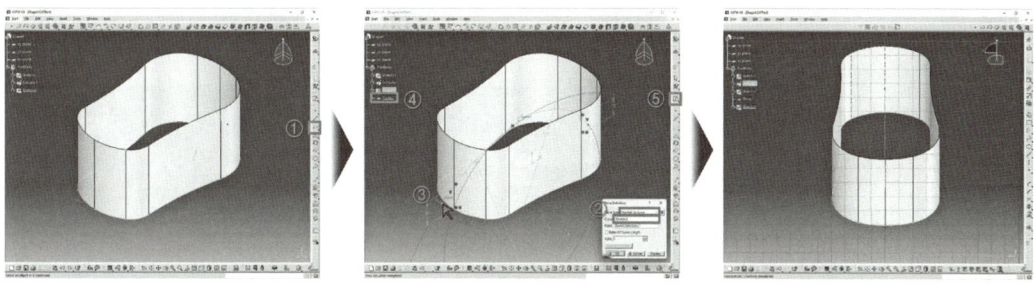

4-10. Extrude, Sweep

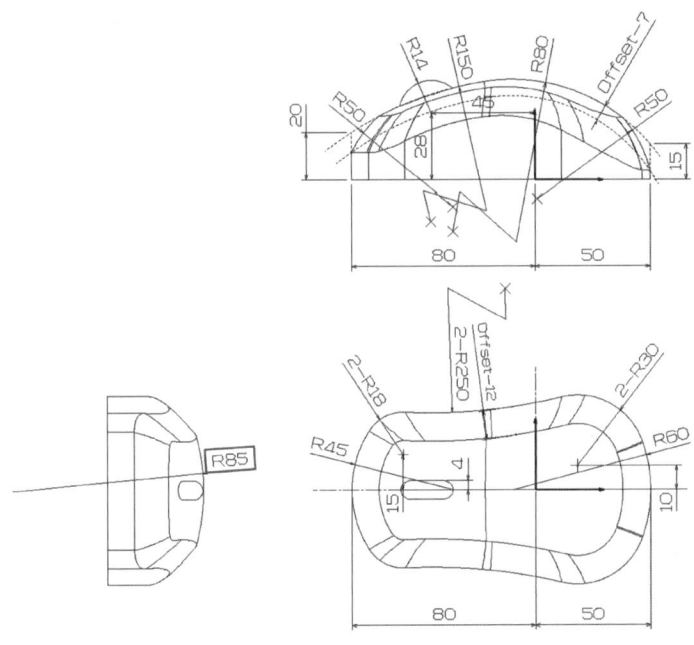

- [Arc: ⌒] 클릭 → 호의 중심과 중심좌표의 수직 축이 일치하도록 임의의 호를 그린다.
- [Constraints Defined in Dialog Box: 🔲]를 사용하여 [호와 Sketch.2의 끝점이 일치하도록 Coincidence(부합)] 구속을 정의한다.
- [Constraint: 🔲]을 클릭 → 호 클릭 → [Dimension: Radius], [Radius: 85mm]로 설정하고 [OK]를 클릭한다.
- 스케치의 모든 구속이 완료되었다면 [Exit workbench: 🔲]을 클릭하여 Sketch를 종료한다.

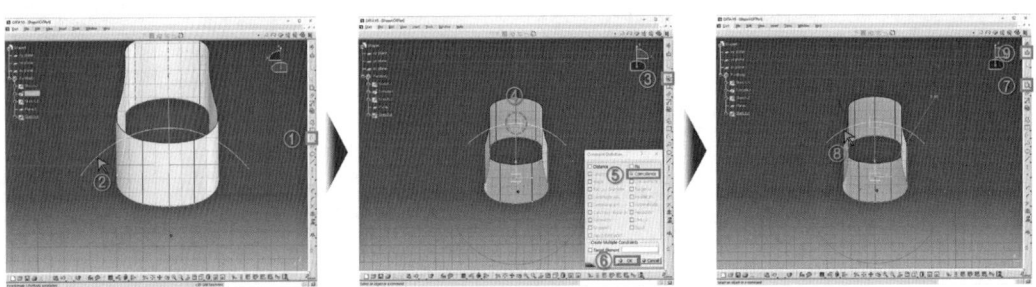

4-11. Extrude, Sweep

- [Sweep:]을 클릭하고 Sketch.2와 Sketch.3을 직접 클릭하거나 [Specification Tree]에서 클릭한다.
- [Profile type: Explicit]으로 설정 → [Subtype: With reference surface] → [OK]를 클릭한다.

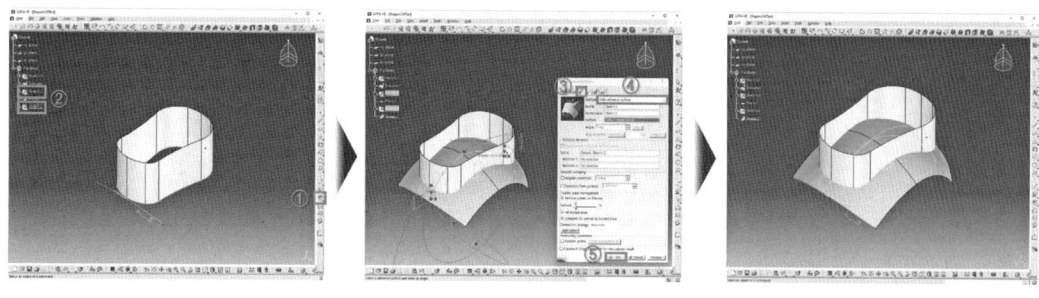

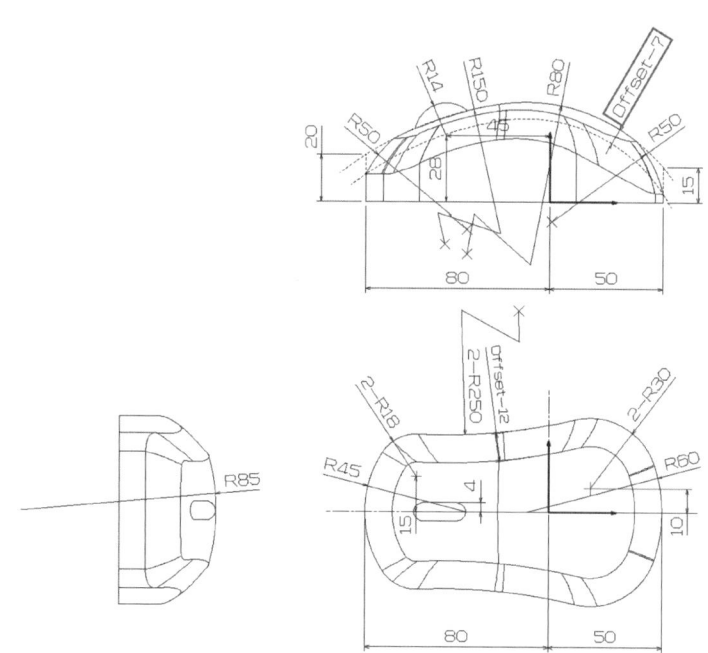

4-12. Extrude, Sweep

- [Offset: 🗟] 클릭 → [Surface: Sweep.1/Offset: 7mm] → [Reverse Direction]을 클릭하여 아래로 Offset 되도록 조정 → [OK] 클릭

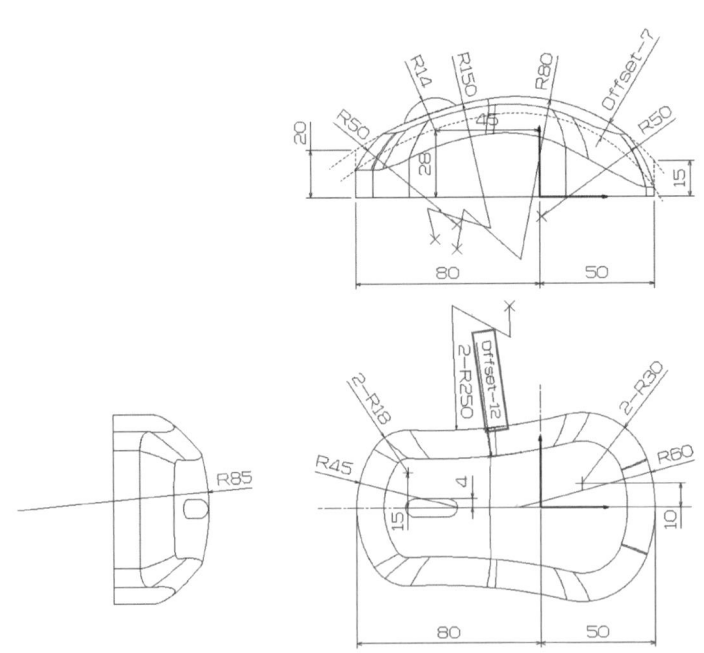

4-13. Extrude, Sweep

- [Specification Tree]에 xy Plane을 선택한 상태로 [Sketcher:]를 클릭한다.
- [Offset:]을 클릭 → Sketch.1 클릭 → 임의의 Offset Sketch를 그린다 → 치수를 더블클릭 → [Value: 12mm] → [OK]를 클릭한다.
- 스케치의 모든 구속이 완료되었다면 [Exit workbench:]을 클릭하여 Sketch를 종료한다.

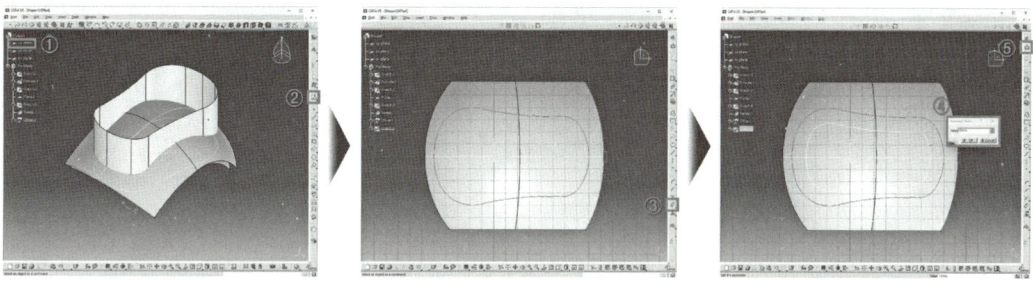

- [Projection:]을 클릭 → [Projection Type: Along a direction], [Projected: Sketch.4/Support: Sweep.1/Direction: xy Plane]으로 입력 → [OK]를 클릭한다.

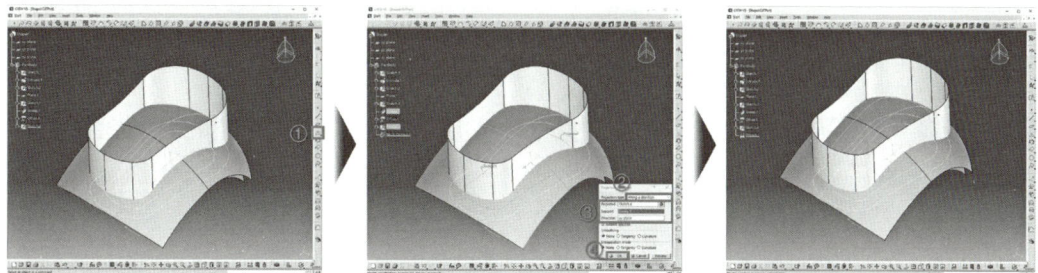

4-14. Extrude, Sweep

- [Intersection: 🔯]을 클릭 → [First Element: Offset.1/Second Element: Extrude.1]으로 입력 → [OK]를 클릭한다.

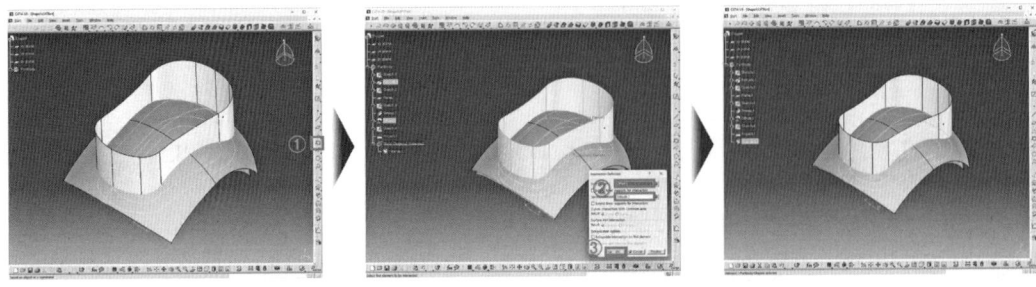

- [Specification Tree]에 zx Plane을 선택한 상태로 [Sketcher: 🔲]를 클릭한다.
- [Arc: 🔲] 클릭 → 사진과 같이 임의의 호를 그린다.
- [Constraints Defined in Dialog Box: 🔲]를 사용하여 아래와 같이 정의한다.

  1) [호의 끝점과 Project.1의 끝점 사이 Coincidence(부합)] 구속 정의
  2) [호의 끝점과 Intersect.1의 끝점 사이 Coincidence(부합)] 구속 정의

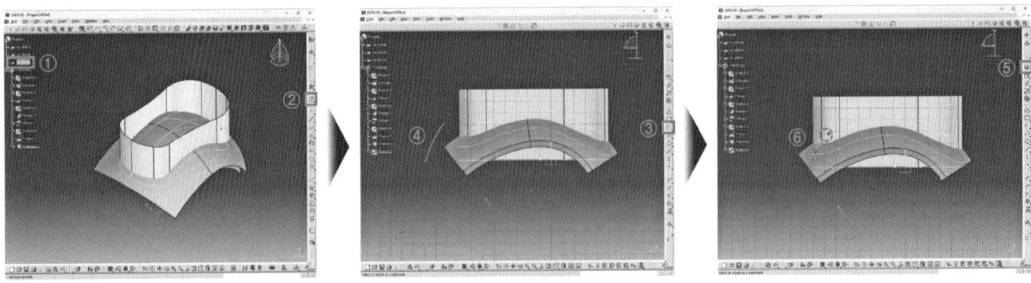

4-15. Extrude, Sweep

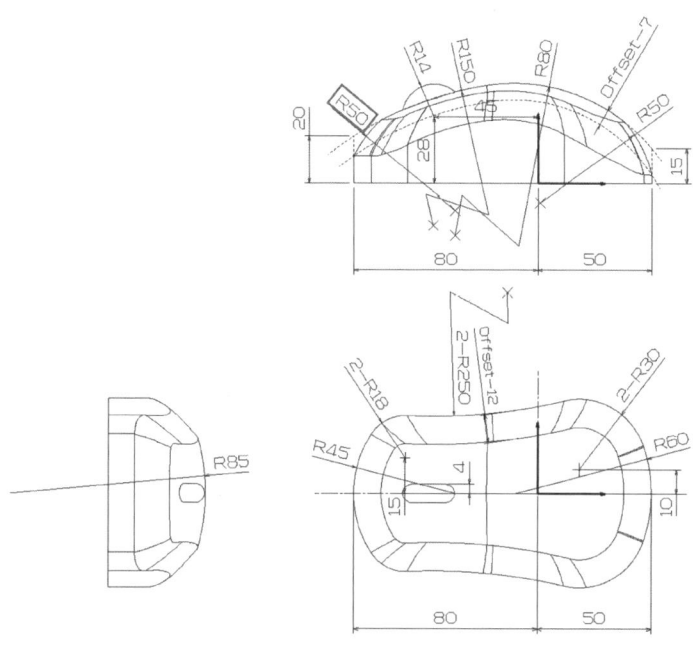

- [Constraint: ▢]을 클릭 → 호 클릭 → [Dimension: Radius], [Radius: 50mm]로 설정하고 [OK]를 클릭한다.
- 스케치의 모든 구속이 완료되었다면 [Exit workbench: ↥]을 클릭하여 Sketch를 종료한다.

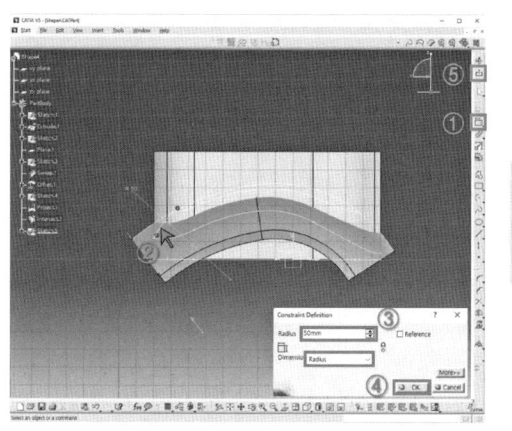 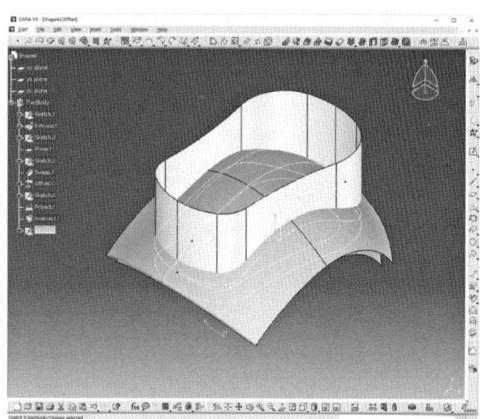

3. Generative Shape Design

4-16. Extrude, Sweep

- [Specification Tree]에 zx Plane을 선택한 상태로 [Sketcher: ⬚]를 클릭한다.
- [Arc: ⬚] 클릭 → 사진과 같이 임의의 호를 그린다.
- [Constraints Defined in Dialog Box: ⬚]를 사용하여 아래와 같이 정의한다.

1) [호의 끝점과 Project. 1의 끝점 사이 Coincidence(부합)] 구속 정의
2) [호의 끝점과 Intersect. 1의 끝점 사이 Coincidence(부합)] 구속 정의

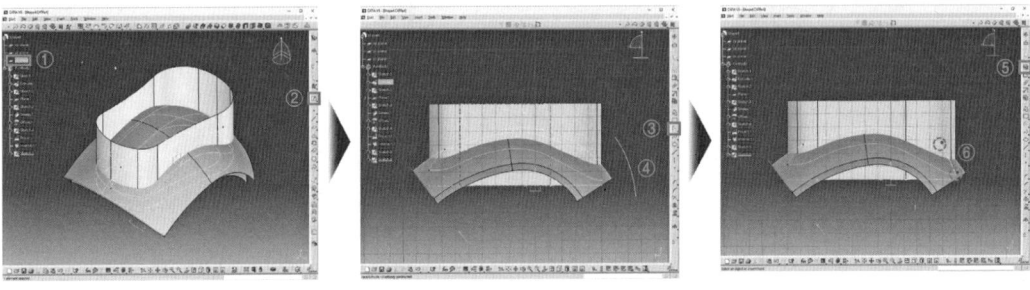

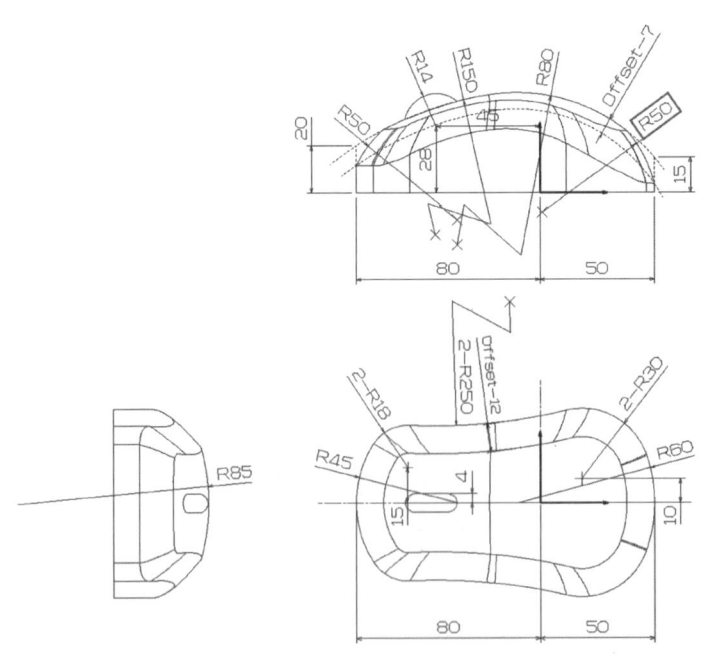

4-17. Extrude, Sweep

- [Constraint:]을 클릭 → 호 클릭 → [Dimension: Radius], [Radius: 50mm]로 설정하고 [OK]를 클릭한다.
- 스케치의 모든 구속이 완료되었다면 [Exit workbench:]을 클릭하여 Sketch를 종료한다.

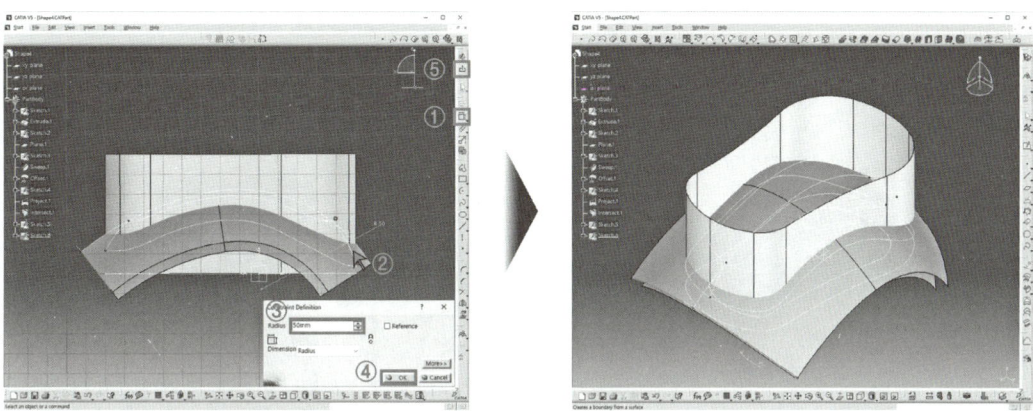

- [Multi-SectionSurface:]를 클릭 → Projection.1과 Intersect.1을 클릭 → Guide칸을 클릭한 후 Sketch.5와 Sketch.6을 클릭한다.
- 사진과 같이 각 Sketch의 Closing Point가 일치하도록 [Closing Point 우클릭→ Replace → 지정할 점 클릭] 후 각 포인트의 화살표를 클릭하여 화살표의 방향도 일치하도록 설정 → [OK]를 클릭한다.
- [Specification Tree]에서 앞서 생성한 Surface를 우클릭 → [Hide/Show]를 클릭하여 Surface 피처 숨기기 → Multi-Section Surface가 이상 없이 생성되었는지 확인한다.

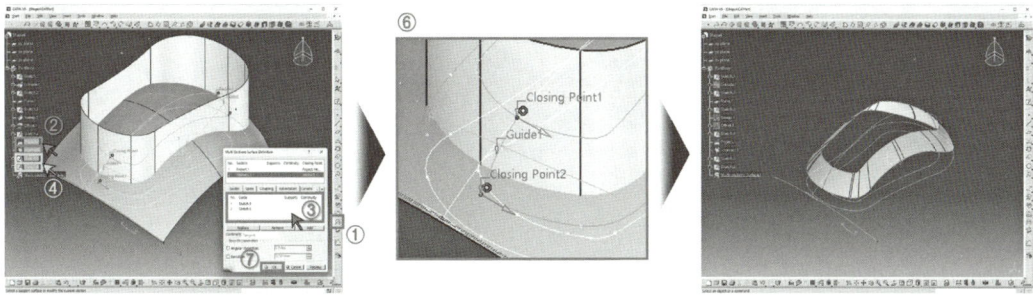

4-18. Extrude, Sweep

- [Trim: 🗹]을 클릭 → Multi-Section Surface.1과 Sweep.1을 직접 클릭하거나 [Specification Tree]에서 클릭한다.

  * 원활한 작업을 위해 다른 피처는 숨김 처리 한다.

- [Otherside/next element]와 [Otherside/previous element]를 클릭하여 원하는 면이 잘리도록 조정한 뒤 [OK]를 클릭한다.

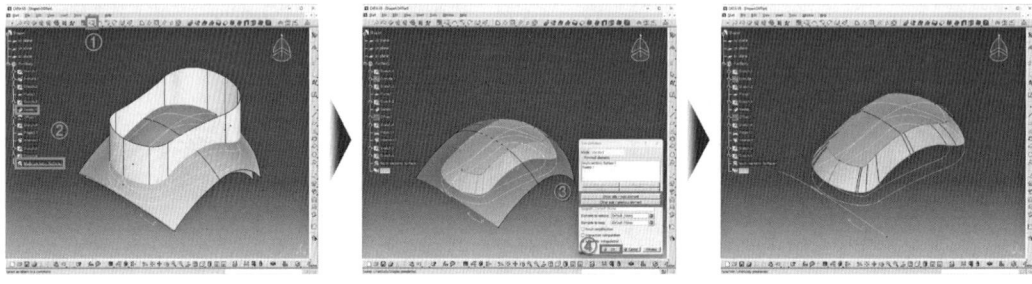

- [Trim: 🗹]을 클릭 → Trim.1과 Extrude.1을 직접 클릭하거나 [Specification Tree]에서 클릭한다.

  * 원활한 작업을 위해 다른 피처는 숨김 처리 한다.

- [Otherside/next element]와 [Otherside/previous element]를 클릭하여 원하는 면이 잘리도록 조정한 뒤 [OK]를 클릭한다.

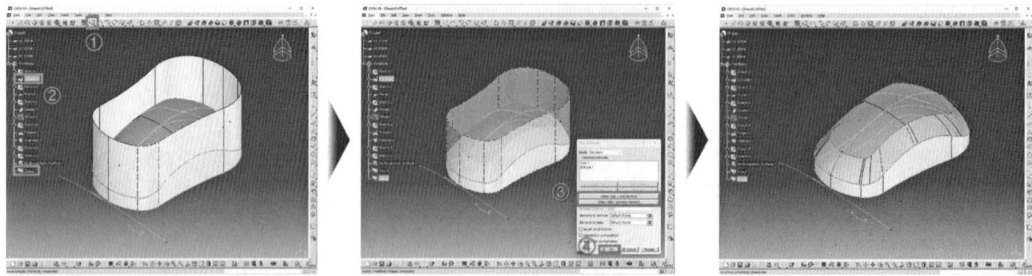

4-19. Extrude, Sweep

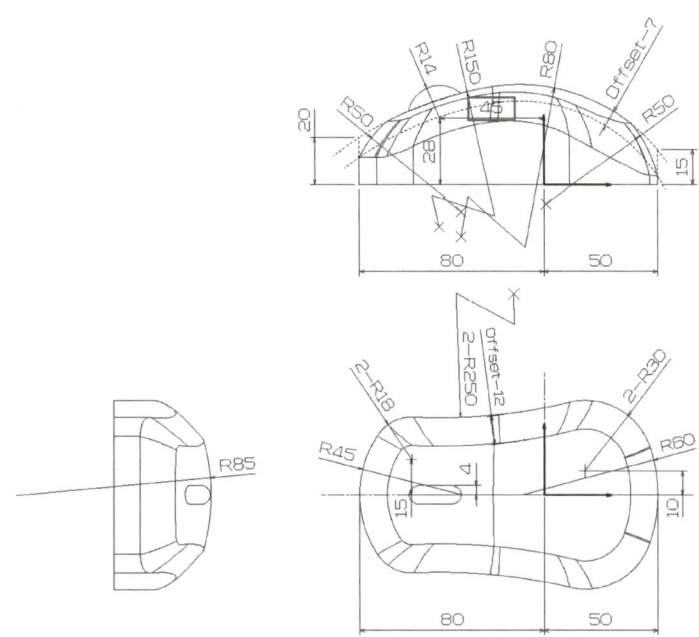

- [Plane: ▱] 클릭 → [Type: Offset from Plane] → [Reference: yz Plane] → [Offset: 45mm] → [OK]를 통해 새로운 Plane을 생성한다.
- [Specification Tree]에 Plane.2를 선택한 상태로 [Sketcher: ⌓]를 클릭한다.

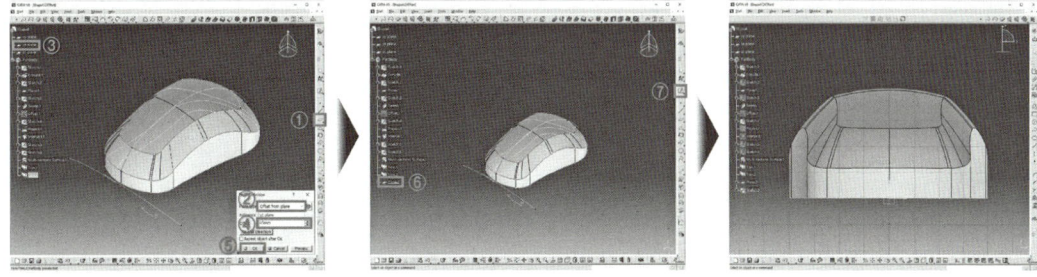

3. Generative Shape Design

4-20. Extrude, Sweep

- [Profile: ⬚]을 클릭 → 사진과 도면을 참고하여 임의의 선을 그린다.
- [Circle: ⬚]을 클릭 → 중심좌표의 수직 축과 원의 중심이 일치하도록 임의의 원을 그린다.
- [Constraints Defined in Dialog Box: ⬚]를 사용하여 아래와 같이 정의한다.

1) [원과 선의 양 끝점이 일치하도록 Coincidence(부합)] 구속 정의
2) [원과 양쪽 수직선 Tangency(접선)] 구속 정의

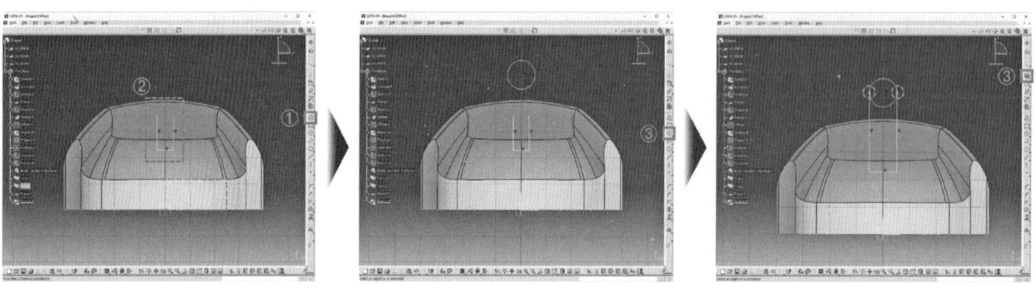

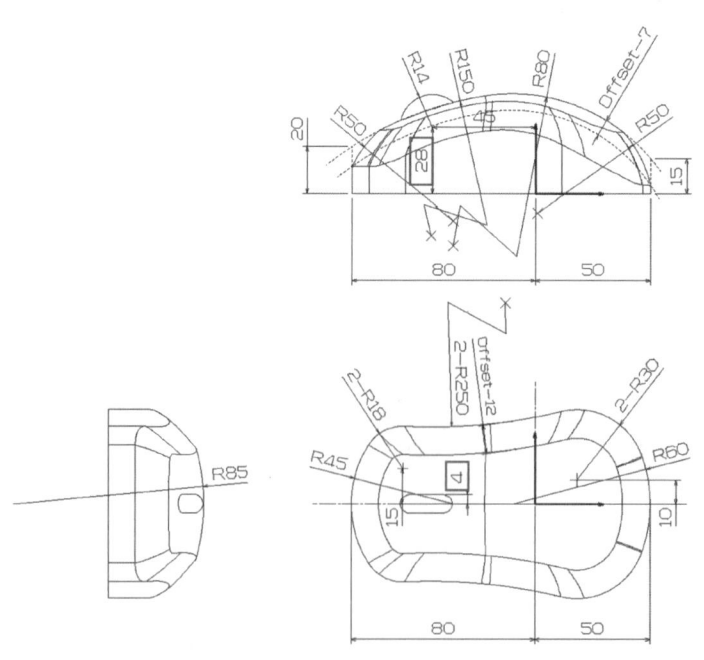

4-21. Extrude, Sweep

- [Quick Trim: ⌀]를 더블클릭하여 활성화 → 사진을 참고하여 불필요한 선을 클릭하여 제거한다.
- [Constraint: 🗔]을 클릭 → 호 클릭 → [Dimension: Radius], [Radius: 4mm]로 설정하고 [OK]를 클릭한다.
- [Constraint: 🗔]을 클릭 → 도형의 밑변과 중심좌표의 수평축 클릭 → [Value: 28mm]로 설정하고 [OK]를 클릭한다.
- [Constraint: 🗔]을 클릭 → 호와 중심좌표의 수평축 클릭 → [Value: 42mm]로 설정하고 [OK]를 클릭한다.
- 스케치의 모든 구속이 완료되었다면 [Exit workbench: 🗁]을 클릭하여 Sketch를 종료한다.

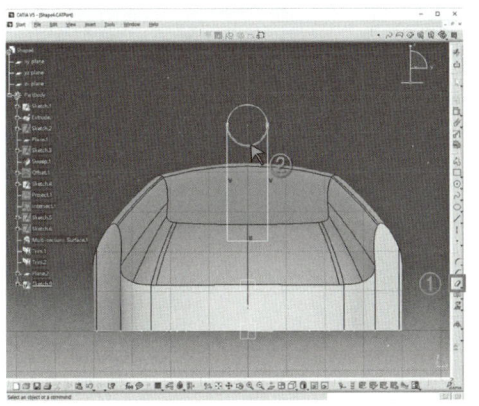 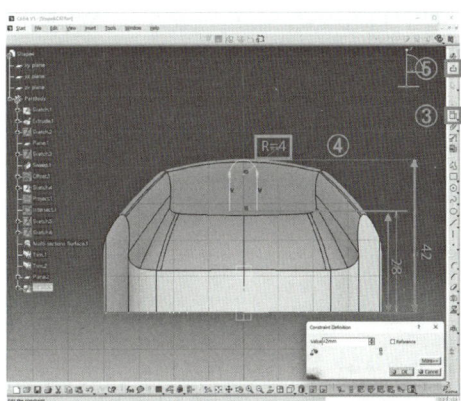

- [PullDownMenu: Start → Mechanical Design→ Generative Shape Design]을 클릭한다.
- Surface-Based Features의 [Close Surface: ⌀]를 클릭하고 Trim.2을 직접 클릭하거나 [Specification Tree]에서 [Trim.2]을 클릭한다.
- [Specification Tree]에서 [Hide/Show]를 통해 Trim.2을 숨긴다.

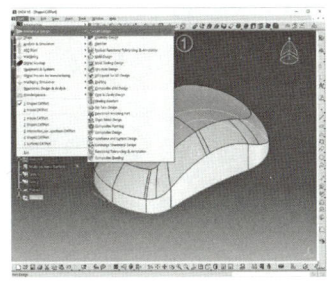 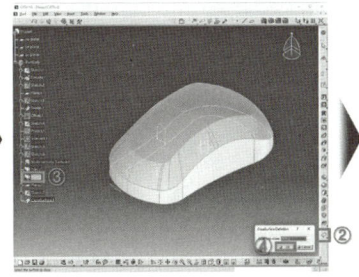 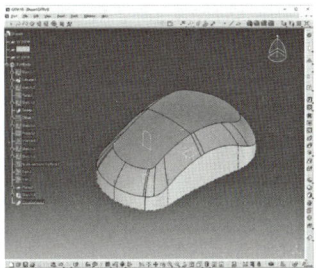

4-22. Extrude, Sweep

- Sketch-Based Features의 [Shaft:]를 클릭하고 Sketch.7을 직접 클릭하거나 [Specification Tree]에서 [Sketch.7]을 클릭한다.
- [First Angle: 360deg]로 입력, [Axis: Sketch.7]의 아랫변(수평선) 클릭 → [OK]를 클릭한다.

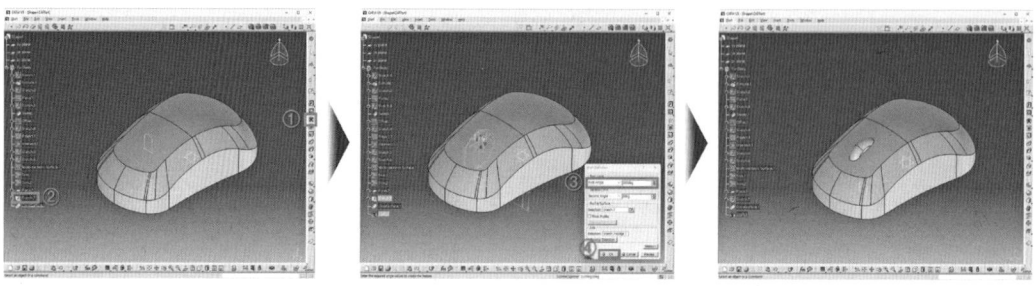

- [Applied Material:]를 클릭하고 피처를 직접 클릭하거나 [Specification Tree]에서 [PartBody]을 클릭한다.
- [Metal → Aluminum]을 클릭한 뒤 [OK]를 클릭한다.

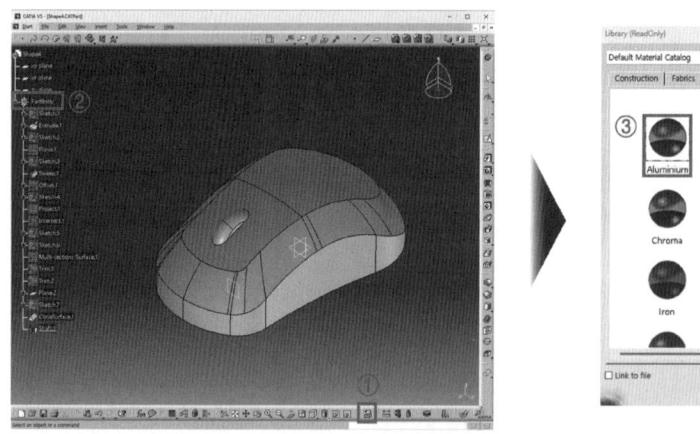
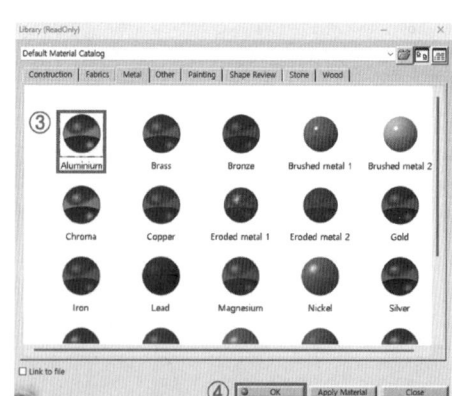

4-23. Extrude, Sweep

- [Specification Tree]에서 [Shape4]를 우클릭 → [Properties]를 클릭한다.
- [Mass]에서 무게 중심과 Mass 값을 교재와 비교해 보고 값이 일치하는지 확인한다.

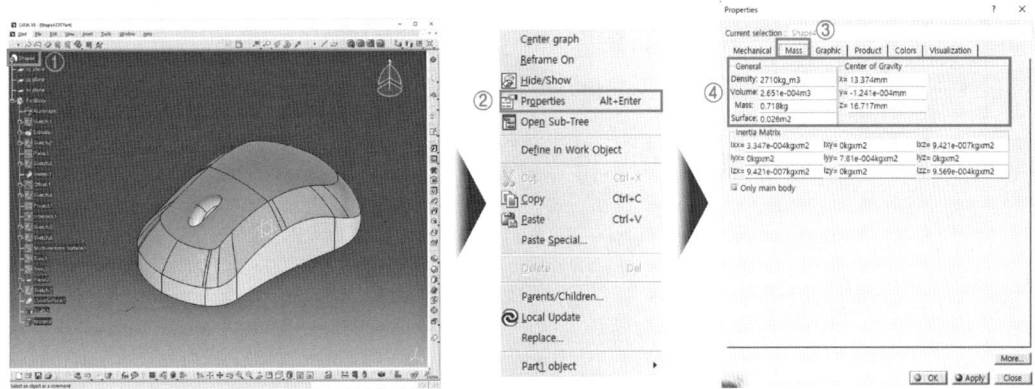

3. Generative Shape Design

5 Revolve

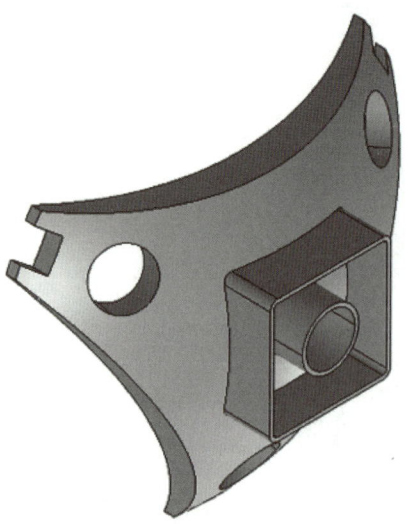

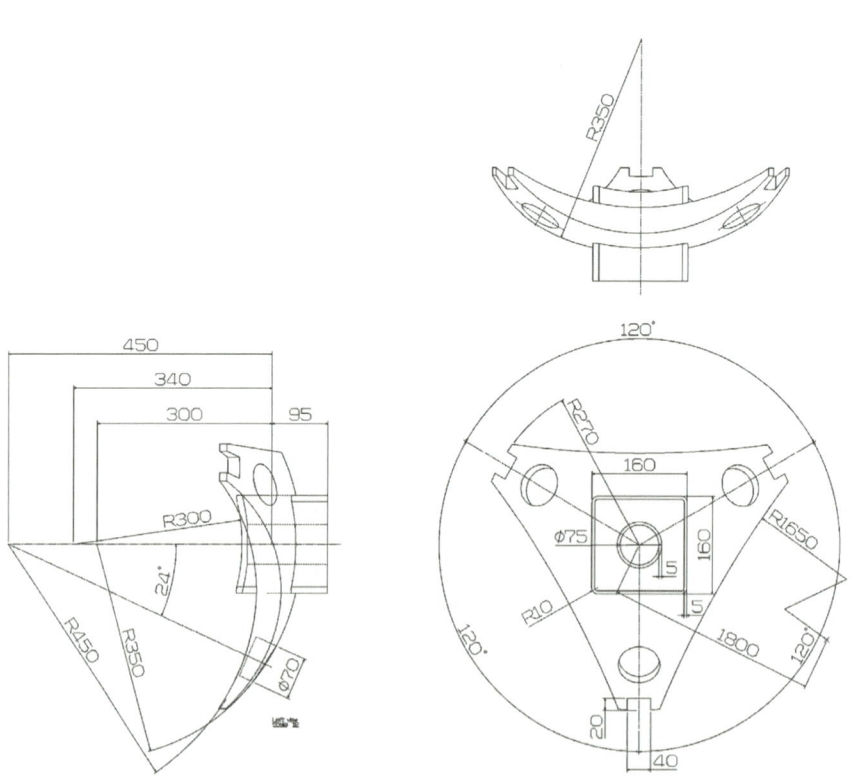

5-1. Revolve

- [PullDownMenu: Start → Shape → Generative ShapeDesign]을 실행한다.
- [Enter part name]에 'Shape5'를 입력한 뒤 다음과 같이 설정하고 [OK]를 클릭한다.

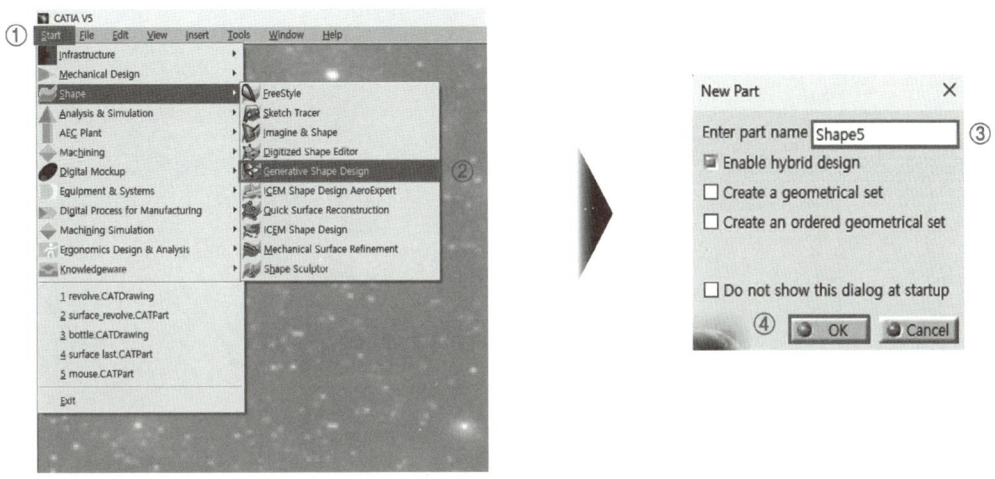

- [Specification Tree]에 yz Plane을 선택한 상태로 [Sketcher:]를 클릭한다.

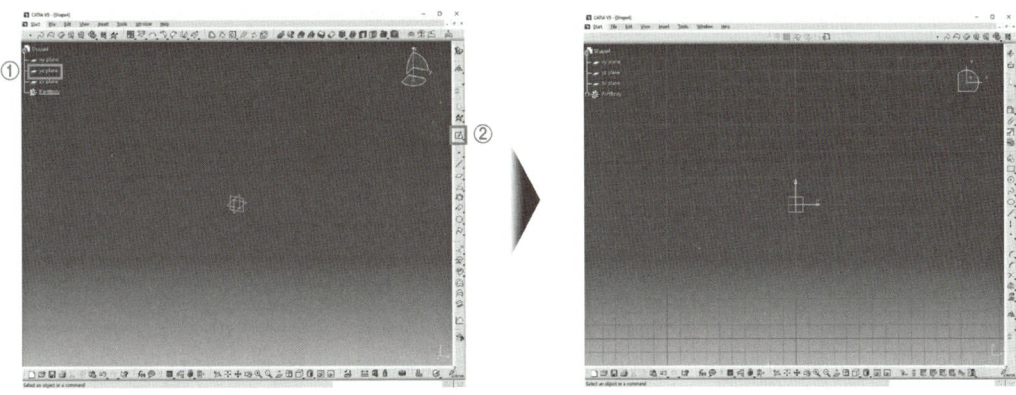

5-2. Revolve

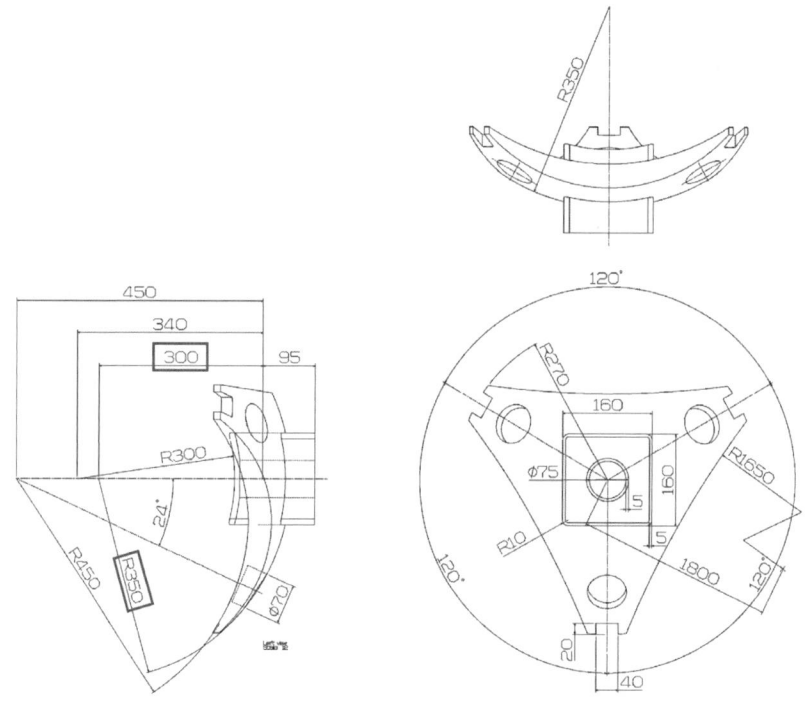

- [Arc:]을 클릭 → 호의 중심과 중심좌표의 수평축과 일치하도록 임의의 호를 그린다.
- [Constraint:]을 클릭 → 호 클릭 → [Dimension: Radius], [Radius: 350mm]로 설정하고 [OK]를 클릭한다.
- [Constraint:]을 클릭 → 중심좌표와 호의 중심을 클릭 → [Value: 300mm]로 설정하고 [OK]를 클릭한다.

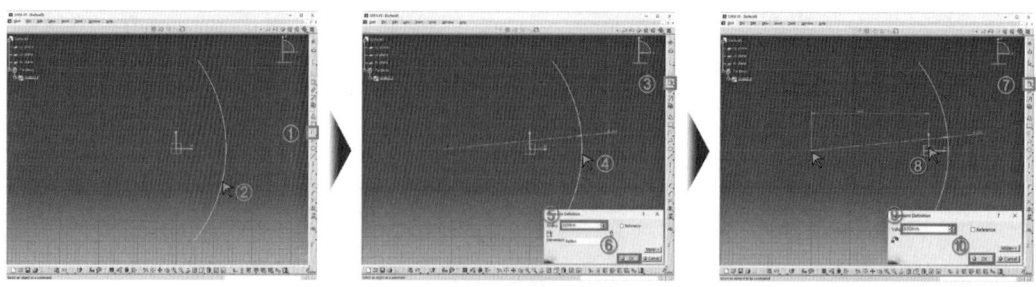

5-3. Revolve

- [Axis:]을 클릭 → 수직이 되도록 임의의 점선을 그린다.
- [Constraints Defined in Dialog Box:]를 사용하여 아래와 같이 구속조건을 정의한다.

   1) [점선과 호의 중심점 사이 Coincidence(부합)] 구속 정의
   2) [점선의 양 끝점과 호의 양 끝점이 일치하도록 Coincidence(부합)] 구속 정의

- 스케치의 모든 구속이 완료되었다면 [Exit workbench:]을 클릭하여 Sketch를 종료한다.

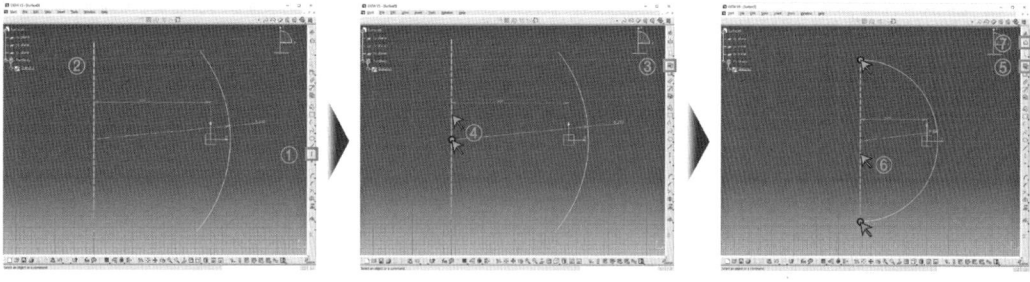

- [Revolve:]을 클릭 → [Profile: Sketch.1/Limit1 - Angle: 90deg/Limit2 - Angle: 90deg]으로 입력하고 [OK]를 클릭한다.
- [Specification Tree]에 yz Plane을 선택한 상태로 [Sketcher:]를 클릭한다.

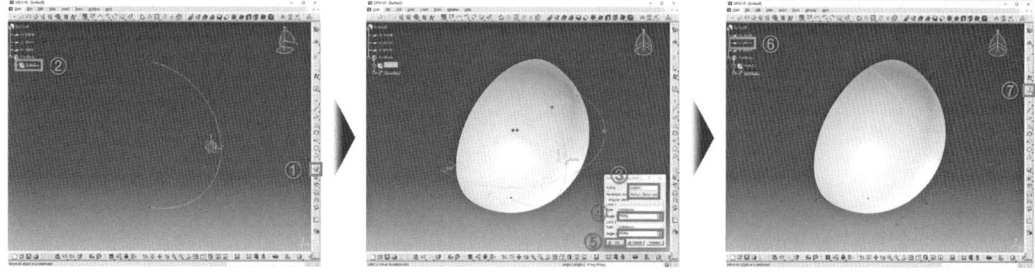

5-4. Revolve

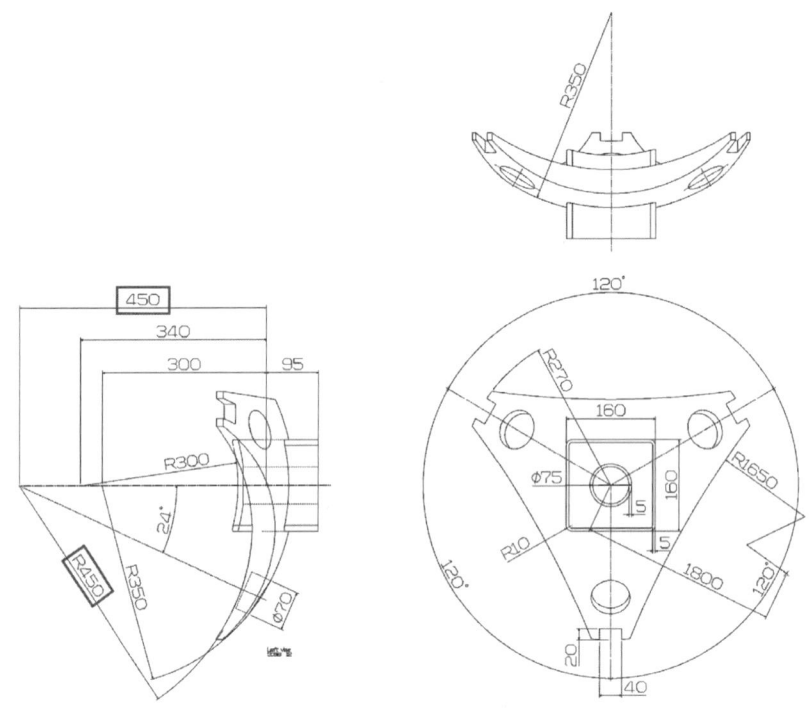

- [Arc:]을 클릭 → 호의 중심과 중심좌표의 수평축과 일치하도록 임의의 호를 그린다.
- [Constraint:]을 클릭 → 호 클릭 → [Dimension: Radius], [Radius: 450mm]로 설정하고 [OK]를 클릭한다.
- [Constraint:]을 클릭 → 중심좌표와 호의 중심을 클릭 → [Value: 450mm]로 설정하고 [OK]를 클릭한다.

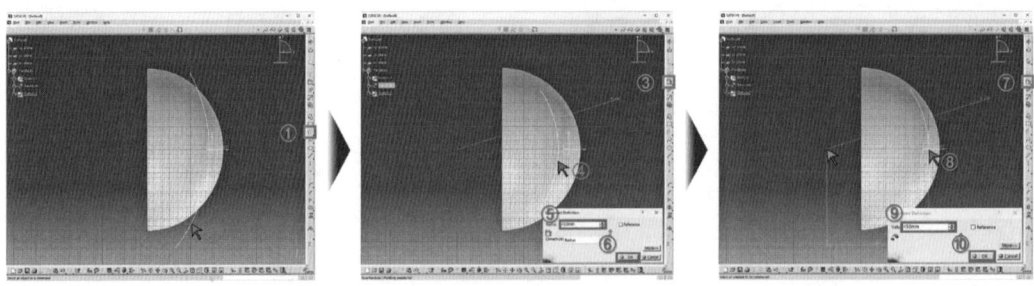

5-5. Revolve

- [Axis:] 을 클릭 → 수직이 되도록 임의의 점선을 그린다.
- [Constraints Defined in Dialog Box:]를 사용하여 아래와 같이 구속조건을 정의한다.

> 1) [점선과 호의 중심점이 일치하도록 Coincidence(부합)] 구속 정의
> 2) [점선의 양 끝점과 호의 양 끝점이 일치하도록 Coincidence(부합)] 구속 정의

- 모든 구속이 완료되었다면 [Exit workbench:]을 클릭하여 Sketch를 종료한다.

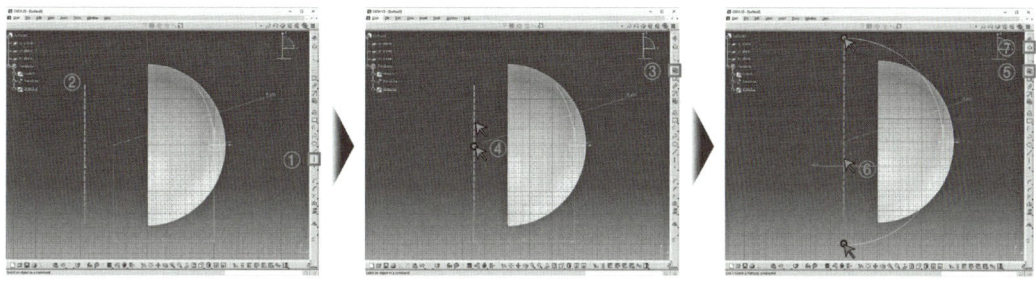

- [Revolve:]을 클릭 → [Profile: Sketch.2/Limit1 - Angle: 90deg/Limit2 - Angle: 90deg]으로 입력하고 [OK]를 클릭한다.

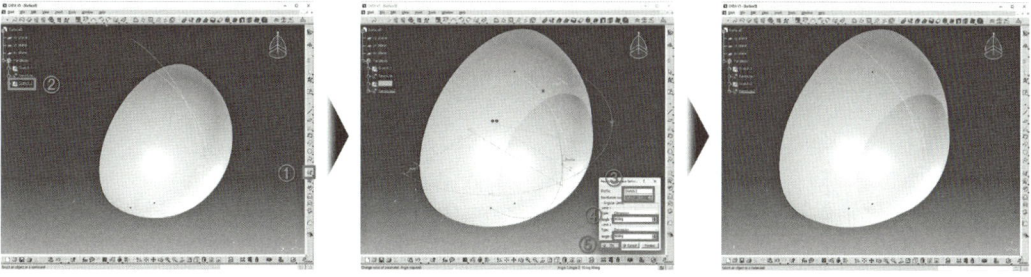

5-6. Revolve

- [Trim: ✂]을 클릭 → Revolute.1과 Revolute.2을 직접 클릭하거나 [Specification Tree]에서 클릭한다.
- [Otherside/next element]와 [Otherside/previous element]를 클릭하여 원하는 면이 잘리도록 조정한 뒤 [OK]를 클릭한다.
- [Specification Tree]에 yz Plane을 선택한 상태로 [Sketcher: ✏]를 클릭한다.

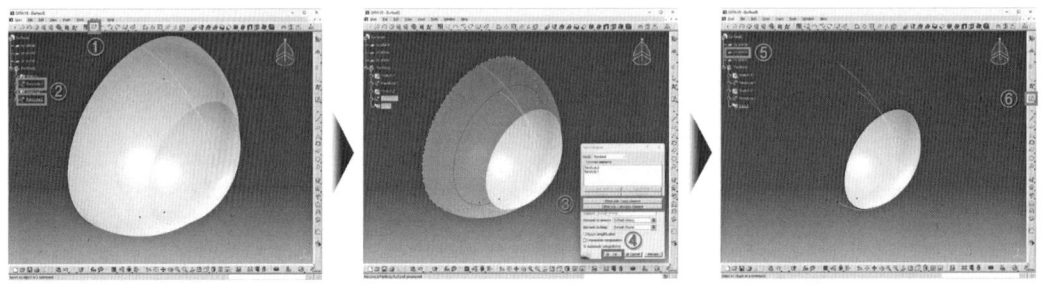

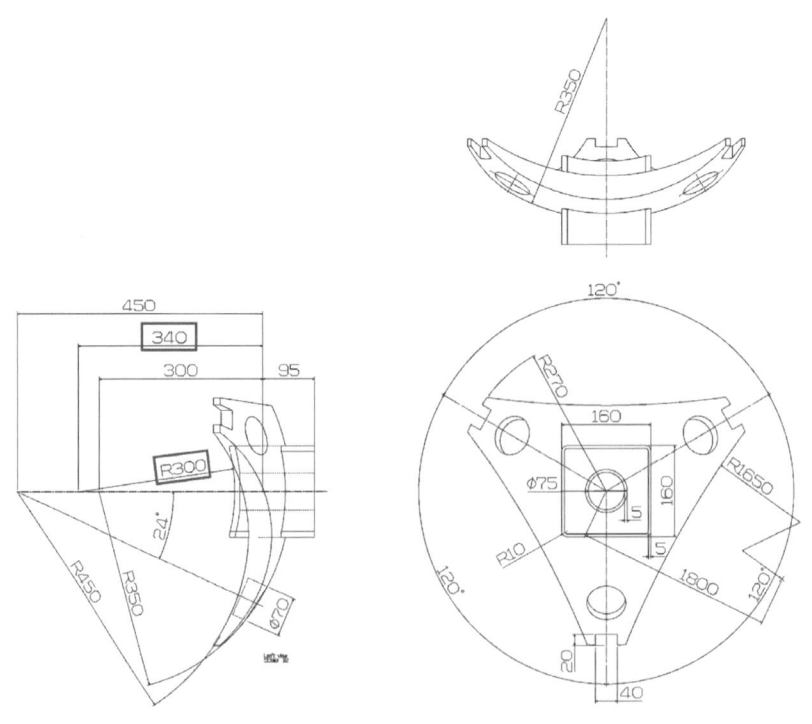

5-7. Revolve

- [Arc:]을 클릭 → 호의 중심과 중심좌표의 수평축과 일치하도록 임의의 호를 그린다.
- [Constraint:]을 클릭 → 호 클릭 → [Dimension: Radius], [Radius: 300mm]로 설정하고 [OK]를 클릭한다.
- [Constraint:]을 클릭 → 중심좌표와 호의 중심을 클릭 → [Value: 340mm]로 설정하고 [OK]를 클릭한다.

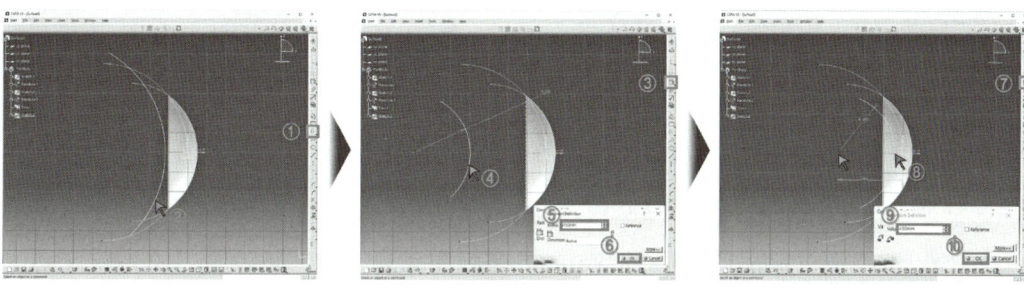

- [Axis:]을 클릭 → 수직이 되도록 임의의 점선을 그린다.
- [Constraints Defined in Dialog Box:]를 사용하여 [점선과 호의 중심점이 일치하도록 Coincidence(부합)] 구속조건을 정의한다.

* 사진과 같이 적정 크기로 조절한다.

- 스케치의 모든 구속이 완료되었다면 [Exit workbench:]을 클릭하여 Sketch를 종료한다.

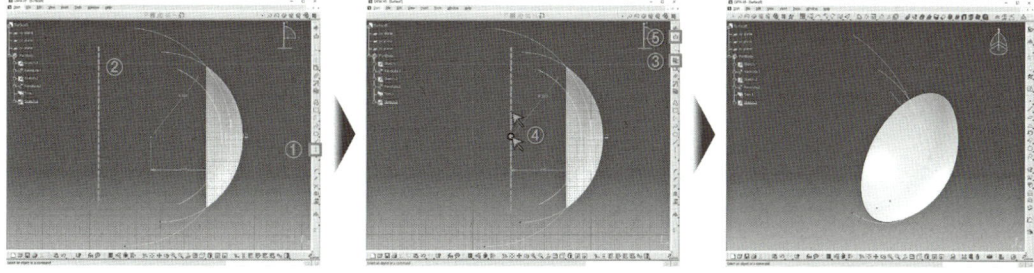

5-8. Revolve

- [Revolve: 🔧]을 클릭 → [Profile: Sketch.3/Limit1 - Angle: 90deg/limit2 - Angle: 90deg]으로 입력하고 [OK]를 클릭한다.

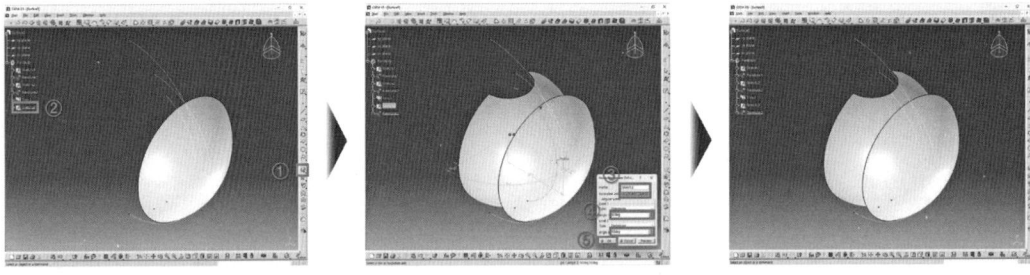

- [PullDownMenu: Start → Mechanical Design → Generative Shape Design]을 클릭한다.
- Surface-Based Features의 [Close Surface: 🔧]를 클릭하고 [Trim.1]을 직접 클릭하거나 [Specification Tree]에서 [Trim.1]을 클릭 → [OK]를 클릭한다.
- [Specification Tree]에서 [Hide/Show]를 통해 Trim.1을 숨긴다.

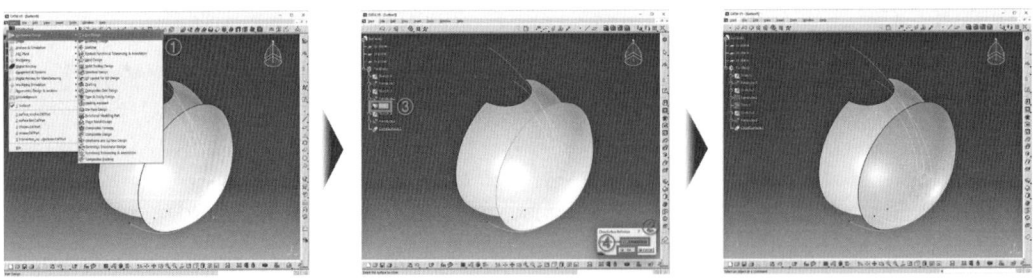

5-9. Revolve

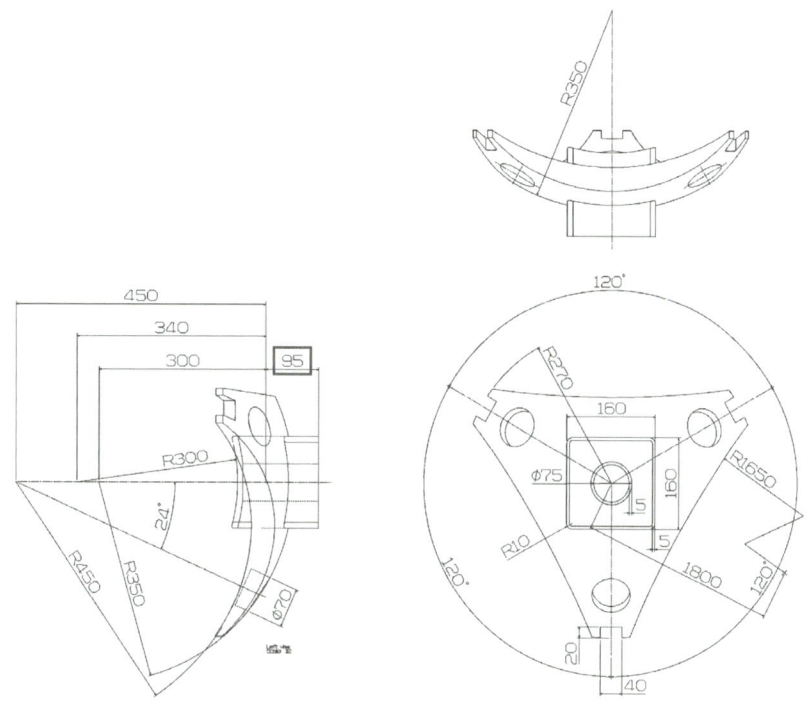

- [Plane: ⬦] 클릭 → [Type: Offset from Plane] → [Reference: zx Plane] → [Offset: 95mm] → [OK]를 통해 새로운 Plane을 생성한다.
- 새로 생성한 Plane.1을 선택한 상태로 [Sketcher: ⬚]를 클릭한다.

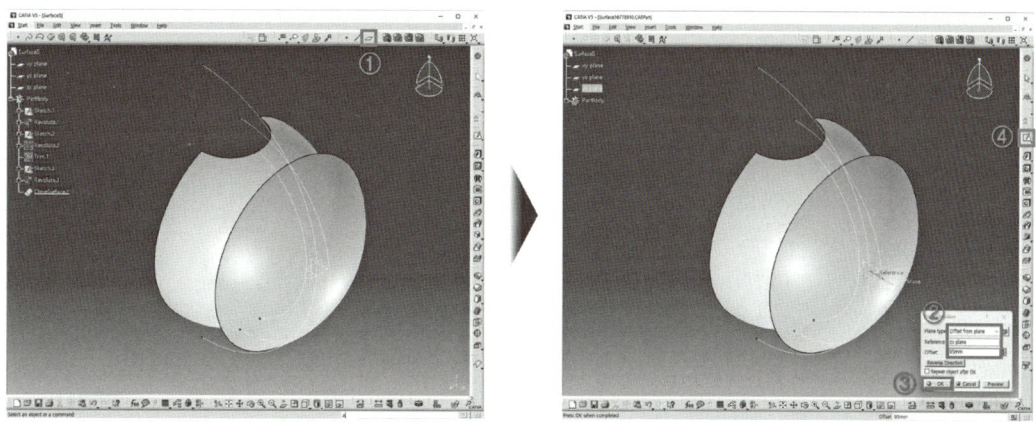

5-10. Revolve

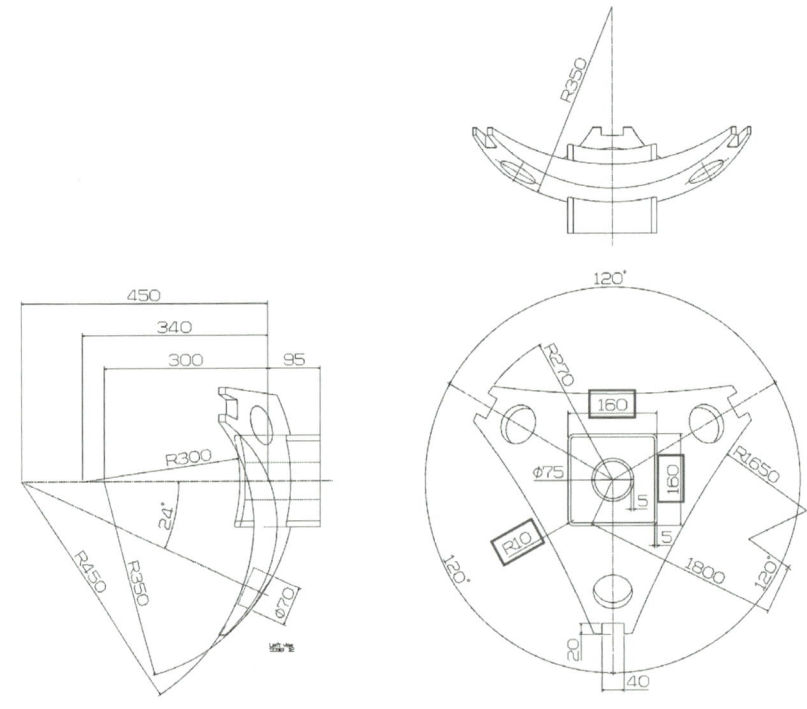

- [Centered Rectangle: ▣]을 클릭 → 중심좌표와 사각형의 중심점이 일치하도록 임의의 사각형을 그린다.
- [Constraint: 🔒]을 클릭 → 사각형의 윗변 클릭 → [Value: 160mm]로 설정하고 [OK]를 클릭한다.
- [Constraint: 🔒]을 클릭 → 사각형의 우측 변 클릭 → [Value: 160mm]로 설정하고 [OK]를 클릭한다.

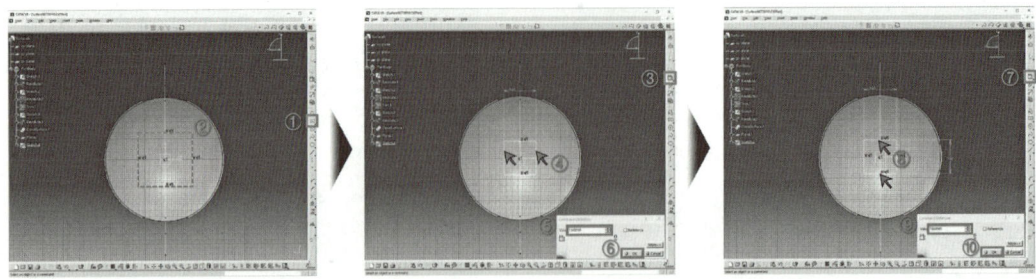

5-11. Revolve

- [Corner: ⌒]을 클릭하고 마우스 드래그를 사용하여 사각형의 모든 변을 선택한다.
- 적당한 Fillet 사이즈가 되도록 조정한 후, 설정된 치수를 더블 클릭하여 [Radius: 10mm]로 정의한다.
- 스케치의 모든 구속이 완료되었다면 [Exit workbench: ⬆]을 클릭하여 Sketch를 종료한다.

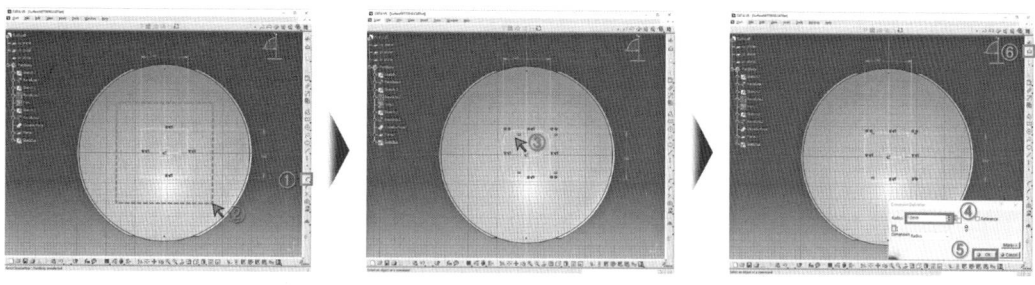

- Sketch-Based Features의 [Pad: ⬚]를 클릭하고 Sketch.4를 직접 클릭하거나 [Specification Tree]에서 [Sketch.4]를 클릭한다.
- [Type: Uptosurface], [Limit: Revolute.3]로 설정하고 [OK]를 클릭한다.

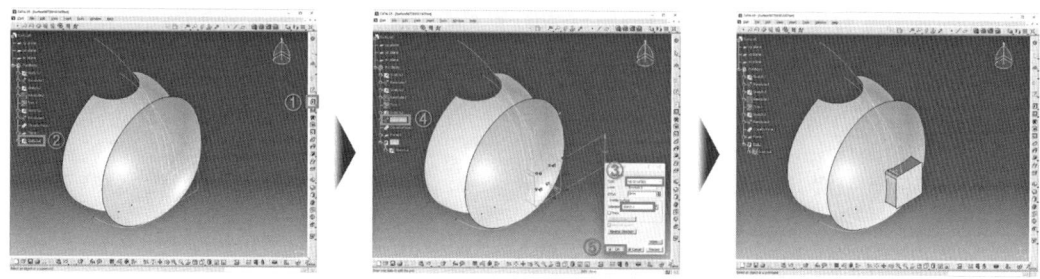

5-12. Revolve

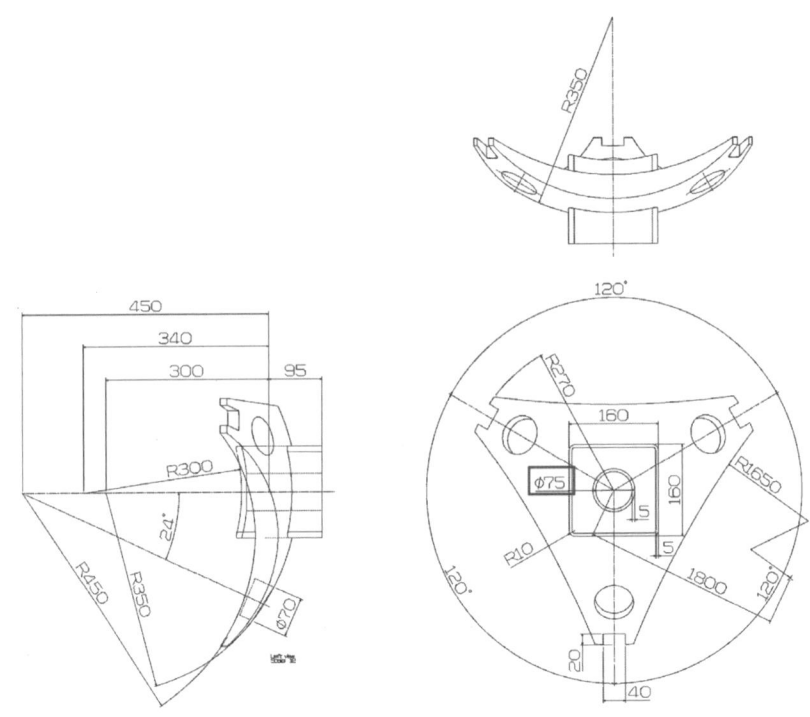

- Plane.1을 선택한 상태로 [Sketcher:]를 클릭한다.
- [Circle:]을 클릭 → 중심좌표와 원의 중심이 일치하도록 임의의 원을 그린다.
- [Constraint:]을 클릭 → 원 클릭 → [Dimension: Diameter], [Diameter: 75mm]로 설정하고 [OK]를 클릭한다.
- 스케치의 모든 구속이 완료되었다면 [Exit workbench:]을 클릭하여 Sketch를 종료한다.

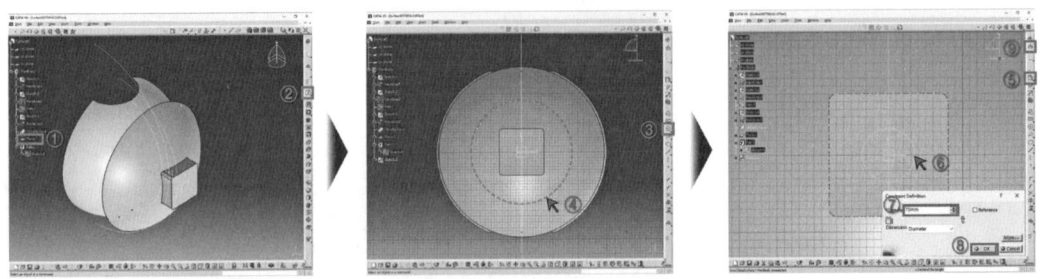

5-13. Revolve

- Sketch-Based Features의 [Pocket: 🔲]를 클릭하고 Sketch.5를 직접 클릭하거나 [Specification Tree]에서 [Sketch.5]를 클릭한다.
- [Type: Up to last] 설정하고 [OK]를 클릭한다.

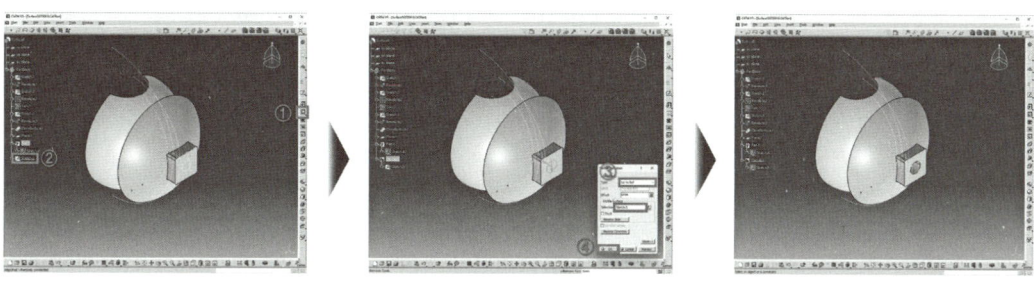

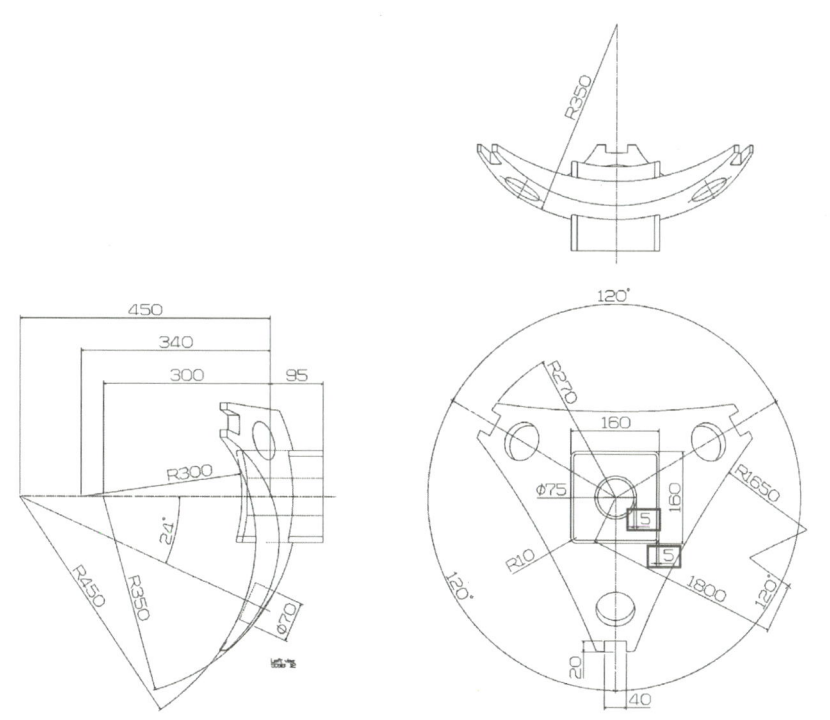

3. Generative Shape Design

5-14. Revolve

- 사진에 표시된 피처의 평면을 선택한 상태로 [Sketcher:]를 클릭한다.
- [Offset:]을 클릭 → 사진에 표시된 피처의 면을 클릭 → 적당한 위치에 사각형이 그려지도록 조절한다 → 치수를 더블클릭 → [Value: 5mm] → OK를 클릭한다.

* 원이 그려지는 경우 [ESC]를 통해 Offset 작업을 취소하고 면에서 사각형 테두리와 가까운 위치를 클릭한다.

- [Offset:]을 클릭 → 사진에 표시된 피처의 면을 클릭 → 적당한 위치에 원이 그려지도록 조절한다 → 치수를 더블클릭 → [Value: 5mm] → OK를 클릭한다.

* 사각형이 그려지는 경우 [ESC]를 통해 Offset 작업을 취소하고 면에서 원 테두리와 가까운 위치를 클릭한다.

- 스케치의 모든 구속이 완료되었다면 [Exit workbench:]을 클릭하여 Sketch를 종료한다.

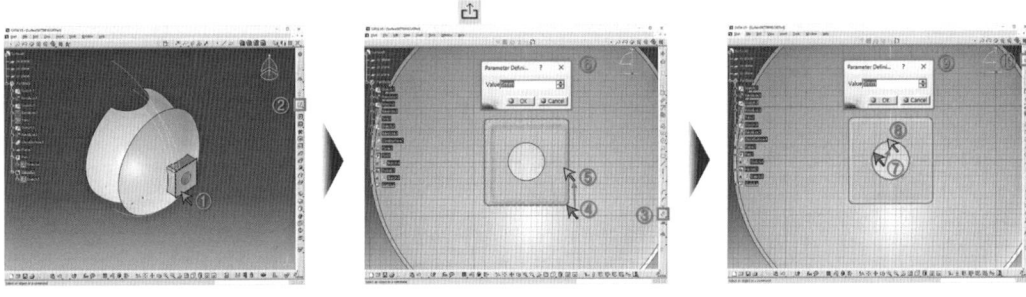

- Sketch-Based Features의 [Pocket:]를 클릭하고 Sketch.6을 직접 클릭하거나 [Specification Tree]에서 [Sketch.6]을 클릭한다.
- [Type: Uptosurface], [Limit: Trim.1]로 설정하고 [OK]를 클릭한다.

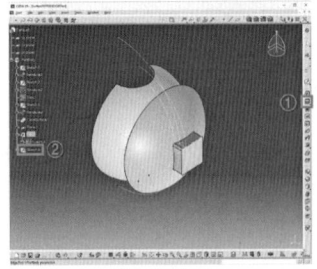 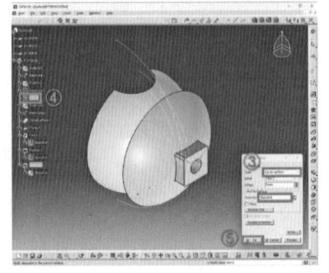 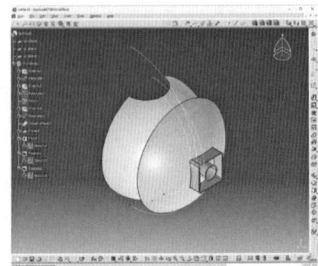

5-15. Revolve

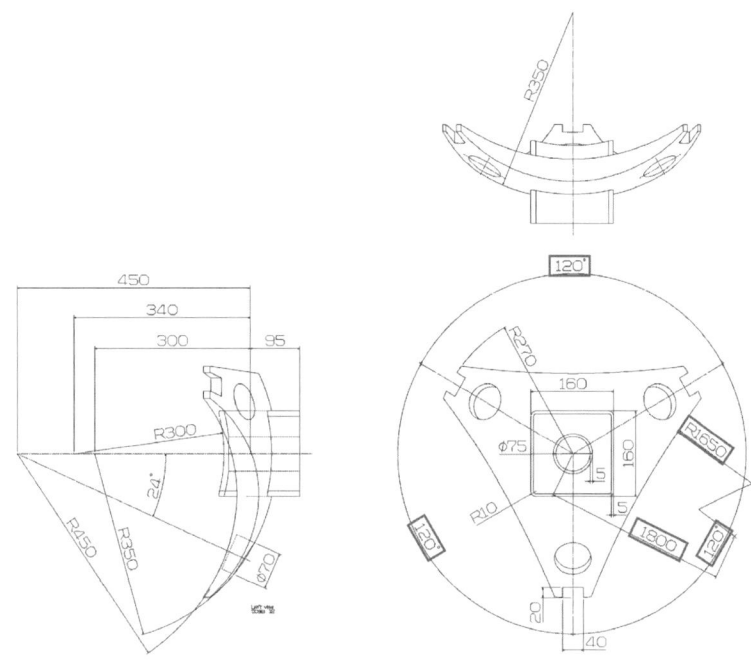

- zx Plane을 선택한 상태로 [Sketcher:]를 클릭한다.
- [Circle:]을 클릭 → 중심좌표의 수직축과 원의 중심이 일치하도록 임의의 원을 그린다.
- [Constraint:]을 클릭 → 원 클릭 → [Dimension: Radius], [Radius: 1650mm]로 설정하고 [OK]를 클릭한다.
- [Constraint:]을 클릭 → 원의 중심과 중심좌표 클릭 → [Value: 1800mm]로 설정하고 [OK]를 클릭한다.
- 스케치의 모든 구속이 완료되었다면 [Exit workbench:]을 클릭하여 Sketch를 종료한다.

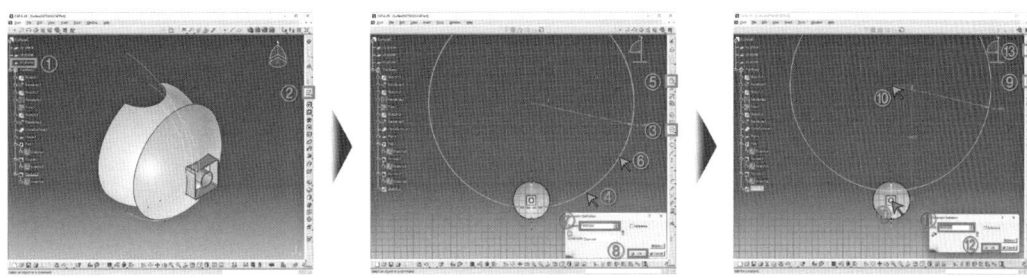

3. Generative Shape Design

5-16. Revolve

- Sketch-Based Features의 [Pocket: ▣]를 클릭하고 Sketch.7을 직접 클릭하거나 [Specification Tree]에서 [Sketch.7]을 클릭한다.
- [First Limit - Type: Uptolast], [Second Limit - Type: Uptolast]로 설정하고 [OK]를 클릭한다.
- [Circular pattern: ⚙]을 클릭하고 [Specification Tree]에서 [Pocket.3]을 클릭한 뒤, [Instance(s): 3/Angular spacing: 120deg/Reference element: zx Plane]로 설정 → [OK]를 클릭한다.

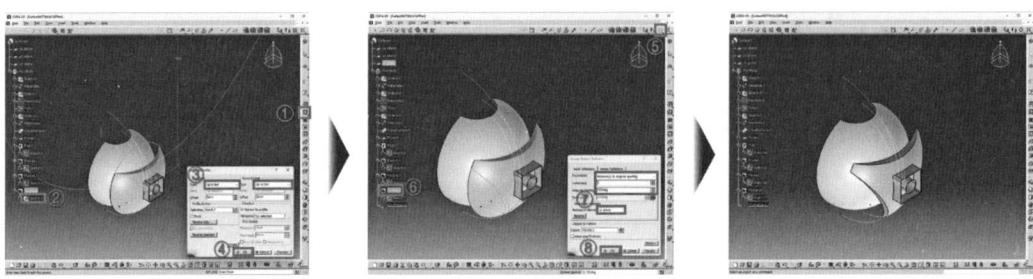

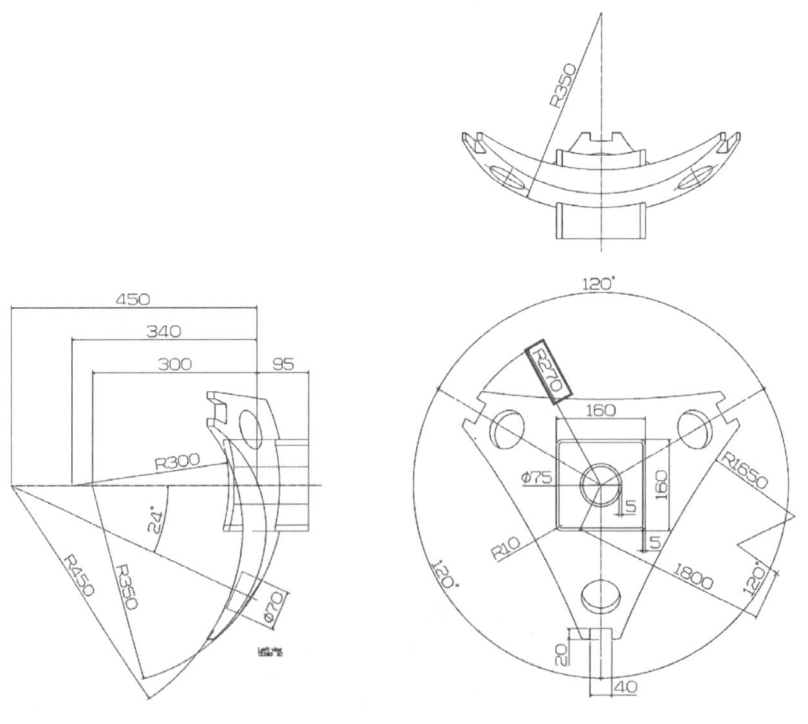

5-17. Revolve

- Plane.1을 선택한 상태로 [Sketcher:]를 클릭한다.
- [Circle:]을 클릭 → 중심좌표와 원의 중심이 일치하도록 임의의 원을 그린다.
- [Constraint:]을 클릭 → 원 클릭 → [Dimension: Diameter], [Diameter: 540mm]로 설정하고 [OK]를 클릭한다.
- 스케치의 모든 구속이 완료되었다면 [Exit workbench:]을 클릭하여 Sketch를 종료한다.

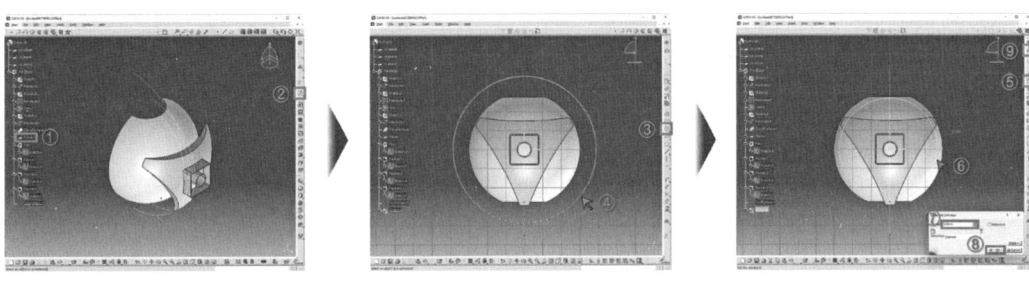

- Sketch-Based Features의 [Pocket:]를 클릭하고 Sketch.8을 직접 클릭하거나 [Specification Tree]에서 [Sketch.8]을 클릭한다.
- [Type: Uptolast]로 설정 → [ReverseSide]를 클릭하여 제거할 영역을 반전시킨다 → [OK]를 클릭한다.

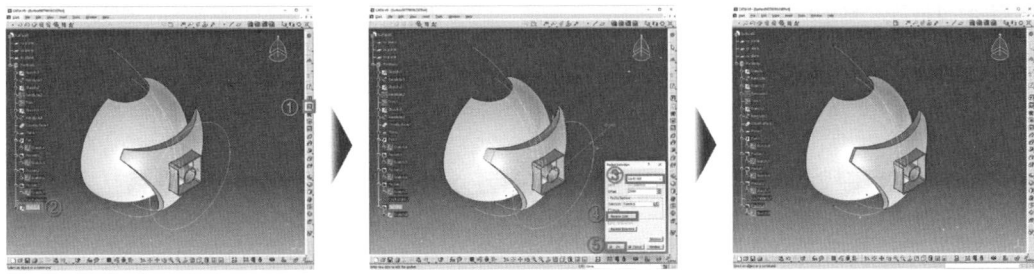

5-18. Revolve

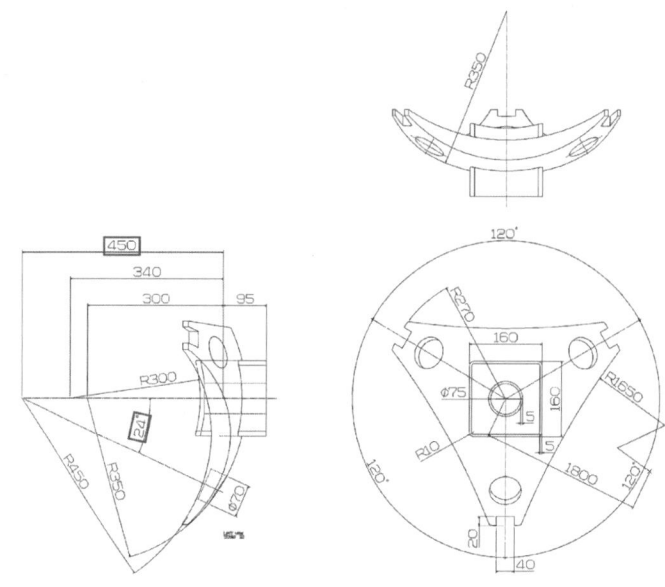

- [Specification Tree]에 yz Plane을 선택한 상태로 [Sketcher:]를 클릭한다.
- [Line:]을 클릭선의 한쪽 끝점과 중심좌표의 수평축이 일치하도록 임의의 선을 그린다.
- [Constraint:]을 클릭 → 중심좌표의 수평축과 선 클릭 → [Value: 24deg]로 설정하고 [OK]를 클릭한다.
- [Constraint:]을 클릭 → 중심좌표와 수평축과 일치하는 선의 끝점 클릭 → [Value: 450mm]로 설정하고 [OK]를 클릭한다.
- [Constraint:]을 클릭 → 선의 끝점이 피처의 곡면 밖으로 위치하도록 길이 [Value: 520mm] 설정 → [OK]를 클릭한다.
- 스케치의 모든 구속이 완료되었다면 [Exit workbench:]을 클릭하여 Sketch를 종료한다.

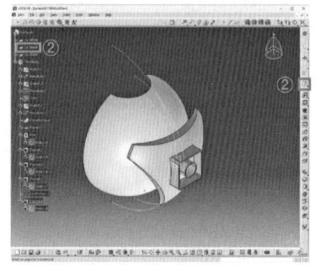 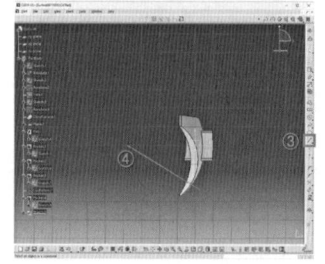 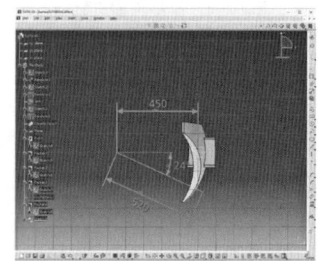

5-19. Revolve

- [Plane: ⬭] 클릭 → [Type: Normal to curve] → [Curve: Sketch.9] → [Point :선의 끝점] → [OK]를 클릭하여 새로운 Plane을 생성한다.
- 새로 생성한 Plane.2을 선택한 상태로 [Sketcher: ✏️]를 클릭한다.

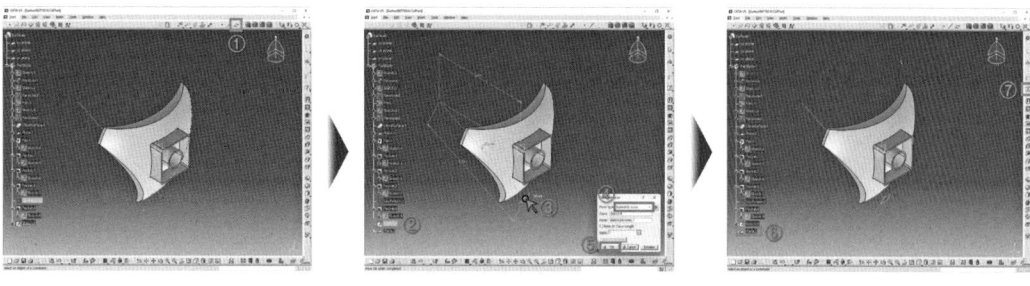

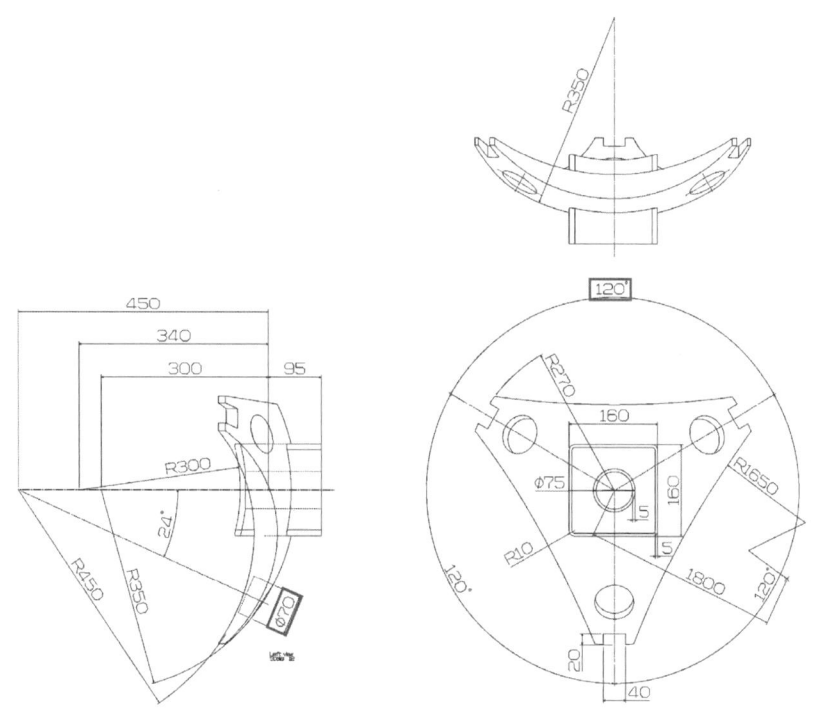

3. Generative Shape Design

5-20. Revolve

- [Circle: ⊙]을 클릭 → 임의의 원을 그린다.
- [Constraints Defined in Dialog Box: 🔳]을 클릭 → [원의 중심점과 Sketch.9의 끝점이 일치하도록 Coincidence(부합)] 구속조건을 정의한다.
- [Constraint: 🔳]을 클릭 → 원 클릭 → [Dimension: Diameter], [Diameter: 70mm]로 설정하고 [OK]를 클릭한다.
- 스케치의 모든 구속이 완료되었다면 [Exit workbench: 🔳]을 클릭하여 Sketch를 종료한다.

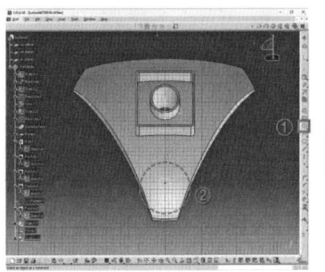 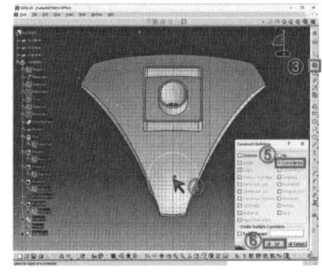 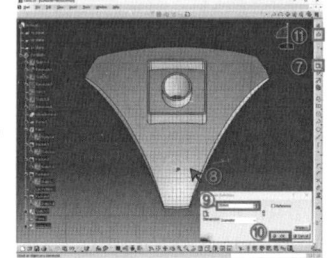

- Sketch-Based Features의 [Pocket: 🔳]를 클릭하고 Sketch.10을 직접 클릭하거나 [Specification Tree]에서 [Sketch.10]을 클릭한다.
- [Type: Uptolast]로 설정 → [OK]를 클릭한다.
- [Circular pattern: 🔳]을 클릭 → [Specification Tree]에서 [Pocket.3]을 클릭 → [Instance(s): 3/Angular spacing: 120deg/Reference element: zx Plane]로 설정 → [OK]를 클릭한다.

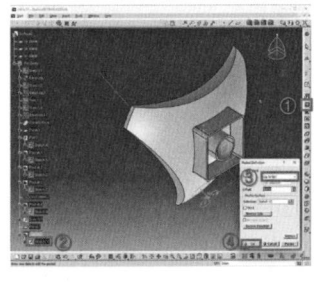 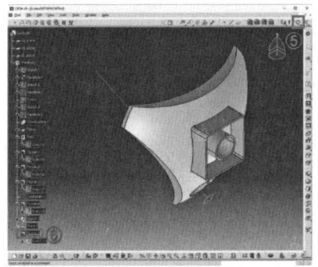 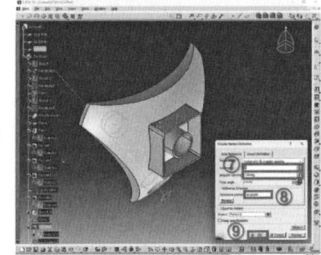

5-21. Revolve

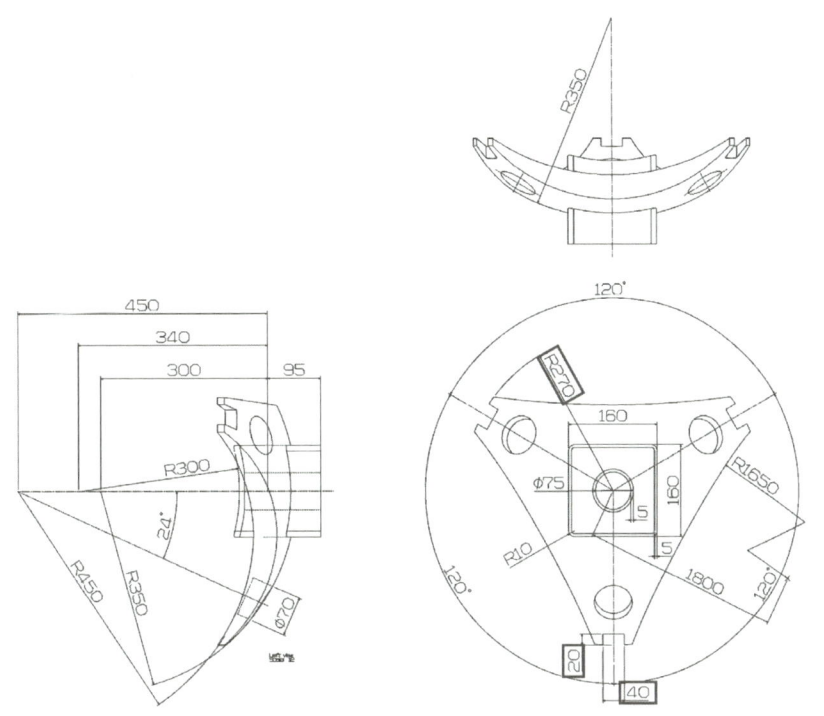

- Plane.1을 선택한 상태로 [Sketcher:]를 클릭한다.
- [Arc:]을 클릭 → 사진을 참고하여 중심좌표와 호의 중심이 일치하도록 임의의 호를 그린다.
- [Profile:]을 클릭 → 호와 연결되어 완전한 도형이 그려지도록 사각형을 그린다.
- [Constraint:]을 클릭 → 윗변 클릭 → [Value: 40mm]로 설정하고 [OK]를 클릭한다.

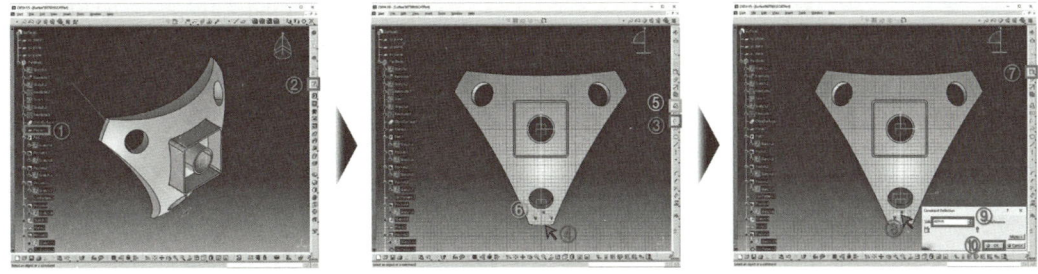

5-22. Revolve

- [Constraint: 〔□〕]을 클릭 → 중심좌표와 우측 변 클릭 → [Value: 40mm]로 설정하고 [OK]를 클릭한다.
- [Constraint: 〔□〕]을 클릭 → 우측 변 클릭 → [Value: 20mm]로 설정하고 [OK]를 클릭한다.
- [Constraint: 〔□〕]을 클릭 → 호 클릭 → [Dimension: Radius], [Radius: 270mm]로 설정하고 [OK]를 클릭한다.
- 스케치의 모든 구속이 완료되었다면 [Exit workbench: 〔□〕]을 클릭하여 Sketch를 종료한다.

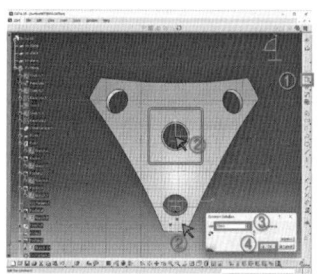 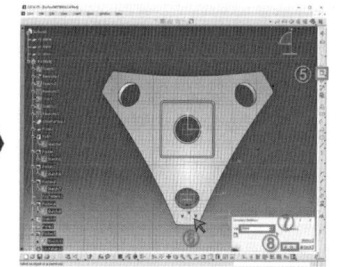 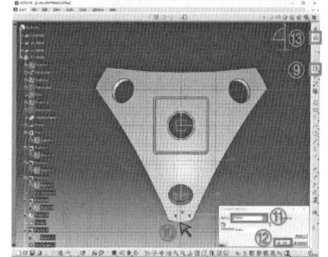

- Sketch-Based Features의 [Pocket: 〔□〕]를 클릭하고 Sketch.11을 직접 클릭하거나 [Specification Tree]에서 [Sketch.11]을 클릭한다.
- [Type: Uptolast]로 설정 → [OK]를 클릭한다.
- [Circular pattern: 〔□〕]을 클릭 → [Specification Tree]에서 [Pocket.6]을 클릭→ [Instance(s): 3/Angular spacing: 120deg/Reference element: zx Plane]로 설정 → [OK]를 클릭한다.

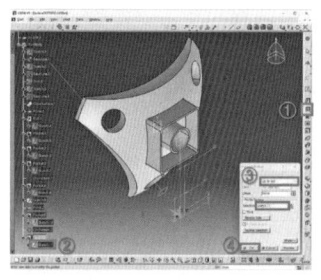 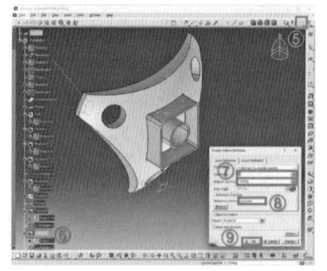 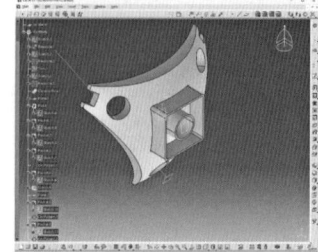

5-23. Revolve

- [Applied Material: 🗂]를 클릭하고 피처를 직접 클릭하거나 [Specification Tree]에서 [⚙ PartBody]을 클릭한다.
- [Metal → Aluminum]을 클릭한 뒤 OK를 클릭한다.

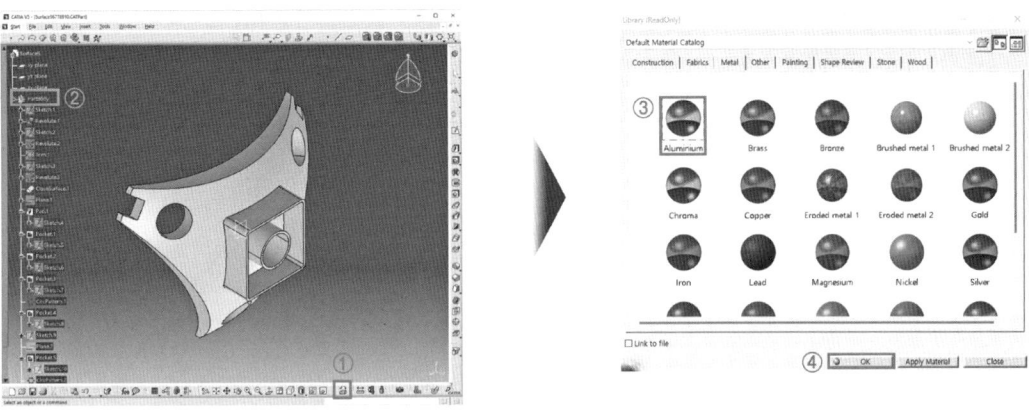

- [Specification Tree]에서 [⚙ Shape5]를 우클릭 → [Properties]를 클릭한다.
- [Mass]에서 무게 중심과 Mass 값을 교재와 비교해 보고 값이 일치하는지 확인한다.

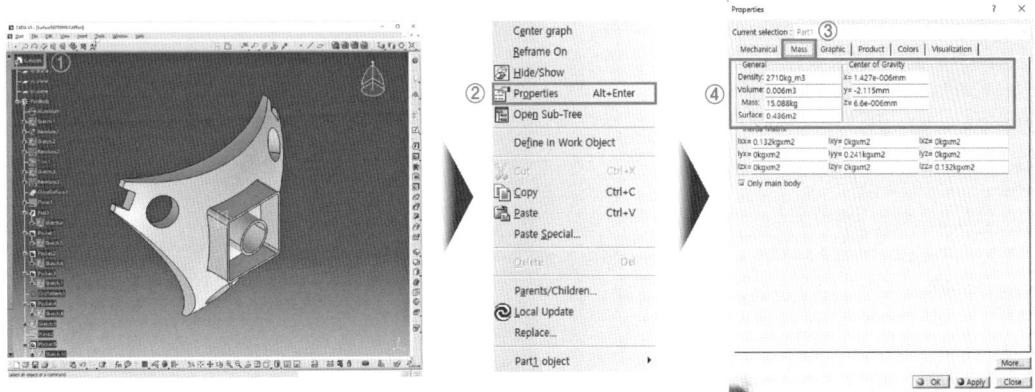

예제로 배우는
CATIA V5 기초

ⓒ 김한승·강병호·김창완, 2025

초판 1쇄 발행 2025년 2월 21일

지은이	김한승·강병호·김창완
펴낸이	이기봉
편집	좋은땅 편집팀
펴낸곳	도서출판 좋은땅
주소	서울특별시 마포구 양화로12길 26 지월드빌딩 (서교동 395-7)
전화	02)374-8616~7
팩스	02)374-8614
이메일	gworldbook@naver.com
홈페이지	www.g-world.co.kr

ISBN 979-11-388-4055-2 (13550)

- 가격은 뒤표지에 있습니다.
- 이 책은 저작권법에 의하여 보호를 받는 저작물이므로 무단 전재와 복제를 금합니다.
- 파본은 구입하신 서점에서 교환해 드립니다.